新 技術科の授業を創る

子どもの学びが教師を育てる

尾高　進
川俣　純
木下　龍
直江貞夫
平舘善明

編著

学文社

まえがき

　本書は，書名が示すとおり，中学校技術科（技術・家庭科の技術分野）の授業をどう創るか，ということを考えた著作です。

　まず，本書の対象と，基本的な立場について述べておきましょう。

　本書の読者として主に想定しているのは，技術科の教員免許状を取得しようとする学生ですが，技術科教師になって2～3年くらいの人が読んだときにも，十分参考になることを目指して編集を行いました。というのも，一通り技術科の授業を担当して，とりあえず技術科の全体を見通せるようになったとき，自分の授業はこれでいいのか，という疑問を抱くことがあると考えるからです。そうした疑問を抱くことは，いわば次の飛躍へのチャンスだともいえます。そのとき，本書が何らかの力になれればと希望します。

　さて，そのキャリアの長さに関係なく，技術科教師が子どもから向けられる問いに「どうしてこの教科（技術科）を学ばなければならないのか」というものがあるのではないかと思います。この問いは非常に本質的な問いです。これが例えば英語や数学などの教科であれば，極端な話，受験に必要だから，という答えを用意してこの問いを片付けることは，とりあえずは可能です。しかし，技術科の場合，それはできないことがほとんどですし，また，それが可能だとしても，そういう「回答」をもってこの問いに答えることが適切であるとも思えません。

　この問いに対する私たちの立場は，本書の書名である「授業を創る」に込めています。本書は，本文中に出てくる「つくる」は，さまざまな言葉が考えられることから，原則的にひらがなで表記していますが，書名だけは「創る」を用いています。これは，学習指導要領や教科書に出ているから，というだけの理由で，目的や内容を十分に吟味することなく，解説書の通りに「授業をする」のではなく，よい授業とは何かを探究しながら，文字通り，

授業を創っていこうという立場だといえます。よい授業を創るということは，なぜこの教科を学ぶのか，という問いに応えることでもあると思うのです。

　そしてその際，よりどころとなるのは，当の子どもたちは，技術科をどのように学んでいるのか，ということです。子どもたちの学ぶ姿に学ぶことなしによい授業は創れない，その思いを副題の「子どもの学びが教師を育てる」に込めました。

　次に本書の構成について，簡単に触れておきます。

　第Ⅰ部は「技術科教師の世界へようこそ」で，技術科および技術科教師の魅力はどういうところにあるか，ということと，その魅力をつかむまでの道のりを具体的な例を通して描くことに努めました。技術科教師の魅力をつかむ過程でたどった苦闘の様子も包み隠さずに書いています。技術科教師なんて，と思っている人にこそ読んでもらいたいところです。

　第Ⅱ部は「実践編：子どもの学びが教師を育てる」で，5本の教育実践を収めました。ここに収められた5本の教育実践が，全体としてどう選ばれ，どういう特徴をもっているかは，第Ⅱ部の冒頭に記したので，そちらをお読みいただければと思います。第Ⅱ部こそが，本書の中心部分であり，本書を特徴づけています。

　第Ⅲ部は「理論編：子どもとともに授業を創る」です。第Ⅲ部は，本書の前書である『技術科の授業を創る─学力への挑戦』の「第3部　中学校技術科の授業論」での理論を踏襲しながら，本書第Ⅱ部での実践に依拠し，あるいはそれらの成果を，社会的構成主義をはじめとする近年の教育学の新たな動向をみすえて理論化する形で書き改めました。前書は，技術科教師がおさえておくべき技術学の基本が，到達目標として全領域にわたって示しつくされた点に他書に類をみない特徴・意義をもっています。本書は，そうした技術学の基本すなわち専門性をもった，あるいは専門性の担保を自覚した技術科教師が，「子どもの学び」の姿に目を向けて授業を展開するという教育の営みの本質的側面にスポットを当てて論じました。本書は，いうなれば前書

での教育研究の成果の上に積み上げたものです。

　最後に，本書のなりたちについて触れておきます。

　本書は，私たち技術教育研究会の活動から生まれました。技術教育研究会では，技術科教育に関して，1982年に『たのしくできる中学校技術科の授業』（あゆみ出版）を，続く1983年に『技術教育の方法と実践』（明治図書）を刊行しました。これに加えて学文社から『技術科教育法』（1972年），『新版技術科教育法』（1990年），『改訂版技術科教育法』（1994年）を出版してきました。

　さらに私たちは，1995年に「小・中・高校を一貫した技術教育課程試案」（以下「試案」）を発表しました。この「試案」が土台となって学文社から発行されたのが，本書の前書である『技術科の授業を創る―学力への挑戦』（1999年，2011年に改訂版発行）です。

　このようななりたちをもつ本書は，やはり私たちが編集した『工業高校の挑戦―高校教育再生への道―』（学文社，2005年），『ノンキャリア教育としての職業指導』（学文社，2009年）と合わせて，技術・職業教育のテキストとして，いわば三部作をなすものです。

　本書は，どの部分から読んでも理解できるように書きましたが，全体に目を通していただければ，各部分同士の関連も明確になり，より深く理解してもらえるものと思います。

　技術・職業教育の発展のために，本書が活用されることを願ってやみません。

2020年7月

　　　　　　　　　　　　　　　技術科テキストワーキンググループ一同

目　　次

第Ⅲ部　理論編：子どもとともに授業を創る

第 **I** 部

技術科教師の世界へ
ようこそ

第1章 どうしてどうして，技術科教師は捨てたもんじゃない

1 技術科教師という選択肢を

技術科という言葉は，やや聞き慣れない言葉かもしれない。本書では技術科（あるいは中学校技術科）を，中学校に設定されている教科である技術・家庭科の技術分野を指す言葉として使うことにする。

さて，この本を手にしたみなさんは，おそらく中学校技術科の教員免許状を取得しようとしている人だろう。技術科の教員免許状を取得しようと思ったのは，どういう理由からだろうか。

この問いに対して，中学生の時の技術科の授業や先生が素晴らしかったから，そう答える人もいるだろう。そういう人はある意味で幸運だ。自分が目指すべき技術科の授業や教師のイメージを描きやすいからだ。こちらのグループに属する人は，その後，どういうルートをたどってそうなるかは別にして，多くの人が，いずれ技術科教師を目指すことを考えているのではないだろうか。

しかし，そうではない理由，たとえば大学で自分が所属する学科では技術科の免許状しか取れないから，あるいは親に勧められたから，といったような理由で技術科の教員免許状取得を目指す人もいるかもしれない。こちらのグループに属する人は，技術科の教員免許状を取得しても，技術科教師になることまでは考えていないかもしれない。

もちろん私たちは，教師になりたい人だけが教員免許状を取得すべきだと考えているわけではない。

その理由の一つに，教師になりたい人だけが教員免許状を取得するようになると，何らかの事情で教師が足りなくなったときに適任者がすぐに見つか

らなくて困る，というものがある。しかし，それ以外にも理由がある。

　理由の二つ目は，教師にならないけれども教員免許状を取得する人がいるということは，学校や教育への理解者を増やす，というものである。

　現在の日本では，ほとんどの人は学校で教育を受ける。すなわち，ほとんどの人は，学校教育を受けた経験をもつ。したがって，そうした経験を基に，教育とはこういうものだ，という考えをもつようになることは自然なことだ。そうした考えの基は自分の経験（事実）なのだから，自分が抱く考えは一般的なものであるようにみえる。

　しかし，そうした考えが自分の経験という事実に基づいているとしても，実は，直ちにそのことが教育についてのあなたの考えが一般的であることを保障するわけではない。そもそも，経験したことは事実に違いないだろうが，経験は1回限りのものだし，他の場合と比較することも難しいから，自分の考えを客観的に検証しにくい。

　教員免許状を取得するということは，大学の教職課程で学ぶということとほとんど同じことだが，このことは，自分が教育に対してもっている考えを客観化・相対化し，広い視野から教育をとらえることを可能にする。特に教育実習は，教師の仕事を通して学校や教育について広く学び，成長することが可能であるという点で，かけがえのない機会だといえるだろう。

　学校教育に限定してみても，子ども・青年と教師だけで教育が成り立つなどということは絶対にない。よりよい教育をするためには，教師以外の学校のスタッフや保護者はもちろん，地域の住民との協力・共同が不可欠である。学校が保護者や地域と協力・共同を進めようとするとき，学校の外に教育を広い視野からとらえられる人がいることは，協力・共同をよりよく進めるために重要であることは多くの説明を要すまい。

　やや繰り返しになるけれども，教師にならなくても，教員免許状を取得することは，それはそれで意味があることだ。しかし，同じ技術科の教員免許状を取得するなら，技術科教師になることを進路の選択肢にぜひとも加えて

いただけないだろうか。技術科の教師は，そのくらい，可能性とやりがいの ある仕事だと私たちは確信している。実際に，よい教師になるかどうかは， 大学時代に教師を志望する度合いが強かったかどうかとは，おそらくほとん ど関係はない。

　そうはいっても，そもそも技術科でどういうことを学んだか思い出せない， とあなたはいうかもしれない。あるいは，現在の技術科の時数の少なさが気 になる人もいるかもしれない。

　どちらもその通りだ。技術科は中学校にしかないため，せっかく学んでも 高校ではその学びが継続せず，記憶が薄れてしまうし，中学校技術科自体も， 時数が少ないため，充分に学びを深めにくい。こうした点は私たちも大きな 課題だと考えている（これらの点については第Ⅲ部で触れる）。

　しかし，そうした課題があってもなお，技術科は大きな可能性をもつ教科 であり，技術科の教師には大きな魅力がある。

2　技術科を学ぶ意味

　技術科で学んだことは，その後の人生においてどのような意味をもつのか。 そういう問いを抱いている人はいないだろうか。この問いに対して私たちは， もちろん大きな意味がある，と考えている。以下，この問いを考えてみよう。

　技術科の授業で，木材加工や金属加工によって製作品をつくったり，作物 を栽培した経験をもつ人は少なくないだろう。もちろん実習だけが技術科の 授業ではない。いわゆる座学によって技術を科学として学ぶことも技術科の 重要な側面だが，さしあたりここでは実習に光を当てて考えてみよう。

　たとえば木材加工によって本棚を製作するとしよう。先生による課題の提 示や指導が適切であれば，あなたは首尾よく本棚を完成させることができる だろう。完成した本棚を目の前にして，あなたはどんなことを考えるだろう か。

　「こういうものを自分でも作れるんだ」そう考えたとしたら，その考えに

は，おそらく二つの側面があり，それぞれの側面からとらえた意味をもつ。

一つは，製作品（この場合は本棚）をつくるだけの技能を自分が身につけた，ということである。それはとりもなおさず，昨日よりも今日の自分が成長した証であり，自分を信じる心（自己肯定感）につながっていくものだろう。

もう一つは，工具や機械という技術を駆使して何かをつくることを通して社会を理解する，ということだ。

この二つの点は，別々のことにみえるかもしれないが，実は密接につながっている。どういうことだろうか。

まず，一つ目の点について考えよう。それは，この製作過程をあなた自身との関わりという点からみる，ということだ。本棚をつくろうと思ったら，材料である木材に対して，工具や機械を用いて働きかけなければならない。しかもその作業は，自分が思いつくやり方（加工法）や順番（工程）でうまくいくことは少なく，決まった方法や順番で作業することが求められる。完成までにはたくさんの工程があり，それぞれの工程を確実にこなさなければ，満足できる製作物をつくることはおろか，完成させることさえおぼつかないだろう。しかも，ものをつくるときは，頭のなかの知識だけでうまくいくことは稀で，実際に手を動かして工具や機械を使い，材料などに働きかけるといった作業をやってみて初めてわかることも少なくない。

だから，製作物が完成したということは，あなたの知識や技能についてあなたがもつたくさんの力を総動員し，また，製作に取り組むなかでそれらの力を伸ばしたということなのだ。これはすごいことだ。

次に，二つ目の点を考えよう。それは，この製作過程を社会の側からみる，ということだ。一つ目のところでみたように，何かをつくろうと思ったら，たくさんの工程の一つひとつを順番通り，決まった手順で確実にこなさなければならない。実はこのことは，社会におけるものづくりの，いわば擬似体験ともいえる。というのも，社会のなかで，普段私たちが目にするもの（製品）は，それがどんなに単純に見えるものであっても，多くの工程を経てで

きあがっているからなのだ。これらの工程は通常，分業されていることが多いのだが，技術科の製作では，複数の工程を一人ですべて行うことが多いだろう。先ほど，擬似体験だといったのはそういう意味だ。しかし，擬似的な体験であっても，社会的な生産にふれるということに違いはない。

　私たち人間は，自然に目的意識的に働きかけ，自然から資源や原料として材料を取得し，生産活動によってその形態を変化させて衣食住などに必要な物的財貨をつくることによって生活を営んでいる。この活動を労働という。

　労働は人間生活の基本的かつ永久の条件であり，労働なしには人間社会は一日たりとも存在しえない。今後，AI に代表されるようなコンピュータがどれほど発達しても，労働が不要となる社会は考えられない。また人間は労働によって，自然を変化させると同時に人間そのものも変化させる。労働によって人間の肉体的・精神的能力は発達し，そこから文化が発生し発展してきた。[1] すなわち，労働は人間が生きていくために本質的だということができる。

　教育がもつ重要な目的の一つを，次代の社会の担い手を形成することだと考えれば，教育のあり方を労働との結びつきにおいて考えることは当然であることは容易に理解されるだろう。歴史的にみても，労働と教育とを結びつけてとらえる思想は，トマス・モア『ユートピア』やトンマーゾ・カンパネッラ『太陽の都』など，16 世紀以来の長い歴史をもつ。

　一人の人間を次代の社会の担い手に育てようとするとき，労働が求める科学や技術，技能が教えられるべき内容の重要な柱となることはいうまでもなく，そうした教育を，技術・職業教育とよぶ。とはいえ，中学校技術科で扱えるのは，現実の社会からみれば，それはごく限られた内容かもしれない。というのも，第Ⅲ部で触れるように，技術科の時数は，現在非常に少ないことに加えて，そもそも技術科は，たとえば大工を養成するといった特定の職業に就くための準備をすることを目的としてはいないから，特定の分野の技術や技能を，職業としてやっていけるほど深く学ぶことは考えられない。

しかし，それでもなお，技術科でそれらの基本的な内容を学ぶことは，社会においてどのようにものがつくられるのかを理解することによって，社会にとってものがつくられることの意味や，それらのものを作り出す人間の労働の意味を中学生にわがものとさせるために必要不可欠だと私たちは考えている。

　そして，こうした労働が求める科学や技術，技能を学ぶに当たっては，技術や技能に込められた工夫やすばらしさ，社会でものがつくられるときは，必ず他者との協力・共同が必要である，といったようなことを自らの実感として学ぶことによって，頭のなかに冷たく整理されただけの知識ではなく，あなたの人格の深いところで結び付き合い，現実の社会ともつながるような，いわば生きた知識や技能となるのではないだろうか。

　もうおわかりだろうか。完成した本棚を前にしてあなたが思った二つのこととは，人間が社会的にものづくりを行う過程を，人間の側からみるか（労働過程），社会の側からみるか（生産過程），ということだったのだ。

　このことがもつ意味は，すでに述べたので繰り返さないけれども，技術科という教科は，社会的生産を学ぶという文脈で具体物に働きかけるほぼ唯一の教科であり，このことは技術科が固有にもつ意義だということをここでは強調しておきたい。この意義を納得してもらえるならば，中学校の教科を，いわゆる主要5教科と，それ以外の，たとえば技能教科とに分けるというような考えが，いかに表面的なものであるかがわかるだろう。この考えは，いわゆる技能教科を主要ではないとみなしているからだ。

3　技術科の可能性 ① ―技術をわがものとする―

　ここまで，技術科がもつ意味をみてきた。では，これからの社会において技術科がもつであろう可能性には，どんなことがあるのだろうか。それは大きくいえば，技術がもつ性格のうち，自然との関わりだけではない部分，すなわち技術と社会や文化との関わりについても考えることのできる人間を育

てる，ということだ。二つの点から，このことを考えてみよう。まずは少し前置きをさせてほしい。

　技術は，自然現象とは異なり，極めて人工的な営みだ。その素材的な源泉は自然から求めるほかはないし，素材のふるまい自体は自然の法則に厳密に従っている。しかし，それらの素材をどのように加工し，組み合わせ，意図することをどうやって実現するかは，人間（社会）が決定している。別のいい方をすれば，人間が，どういう社会をよいと考えるかによって，技術のありようは変わってくるということだ。あるいは，技術は社会によって選択されるものだ，ということもできるだろう。こうした判断や選択は，本質的な意味において，AIにできるものではない。

　しかし，とあなたはいうかもしれない。確かに技術は社会によって選択されるかもしれないけれど，そういうことは専門家に任せればいいんじゃないの，と。だいたい，技術のことなんてよくわからないからめんどうくさいし，自分には関係ないし，と。

　なるほどそういう面はあるかもしれない。だが，本当にそうだろうか。技術科がもつ可能性について考えたい一つ目の点は，この，技術の選択に際して，私たちはどう関わっていくのか，ということだ。仮定の話だが，具体的な例で考えてみよう。ごみ処理場があなたの居住地の近くに誘致されるかもしれない，となったら，あなたはどうするか。あなたはごみ問題の専門家ではないとする。

　ごみ問題の専門家ではないあなたには，詳しいことはわからなくても，まずは当然だろう。しかし，その状態のままで成り行きに任せればよいとは思えない。事の次第によっては，地域の土壌や大気が汚染されたり，水質汚濁が発生するなどの不利益を被るかもしれない。

　では，事情がよくはわからないがとにかく反対すればよいのか。ごみ処理場の誘致に反対するという意思表示を行うこと自体は，民主主義社会に生きる市民として何ら問題はない。しかし，意思表示を行うなら，その理由も述

べる必要があることは当然だろう。

　私たちが提案する行動は次のようなものである。何よりもまず必要なのは，この問題の全体像をとらえることである。そのためには，この問題の専門家を探しだし，話を聞くことが問題の輪郭や考える方向性を大まかにつかむ上で有益かもしれない。

　しかし，専門家が常に正しいとは限らない。専門家といえども人間である以上，意図していなくても間違ったことをいう可能性もある。また，前に述べたように，技術は社会によって選択されるということは，同じ技術に対しても，立場によって意見が異なることがあり得るということだ。すなわち，その専門家が取る立場によって意見は大きく変わる可能性がある。

　したがって，自分たち自身でこの問題を理解できるように学ぶことが必要になってくる。その際，さまざまな立場の意見から学ぶこと，同じ地域の住民と共同で学ぶことは，民主主義社会に生きる一人の市民として，この問題に対する妥当な意見を作り上げる上で，決定的に重要だ。このようなプロセスを経て，最終的な意思決定を行う。

　以上が私たちの提案だが，こうした行動を取ろうとするとき，私たちは技術科で学んだことが大いに力を発揮すると考えている。

　それはどういうことだろうか。前に述べたように，技術科では製作品をつくる課題に取り組むことで社会的生産の擬似体験をしたり，いわゆる座学によって，技術を科学として学ぶ。これらの学習を通して，技術と社会との関係について，私たちの頭のなかには何らかの考え（認識）が形成されているはずだ。しかもそれは，現在ある技術を単に消費するだけという受動的な立場ではなく，ものをつくるという立場，いいかえれば技術に能動的に関わることによって，技術と社会とをより深く理解する立場に基づいた考えだ。

　もちろん，技術科では基本的なことしか学ばないので，そうした考えは十分深いとはいえないかもしれないけれども，しかしたとえそうではあっても，そうした考えがあるのとないのとでは，その後のあなたの人生における行動

と，それが社会に与える影響という点で，大きな違いが生まれるだろう。ともかくも技術と社会との関係についての考えがあれば，それを手がかりにしてさらに考えを深めていくことができるからだ。

　このことを，先ほどのごみ処理場の誘致問題に即していえば，技術科を学んだことによって，あなたはごみ処理場で採用される予定の技術について，さまざまな手段を使って理解を深めることができる。しかもその理解は，単に技術的な立場からのものにとどまらない。そのごみ処理場ができた場合の周囲の環境に与える影響や，ごみ処理場の社会的必要性とあなたの居住地の近くに建設する必然性の有無など，ごみ処理場の建設という問題を，ごみ処理場の技術を入り口にして，社会との関係でとらえるような視野の広がりをもった理解になっているのではないだろうか。

　社会において解決が求められる課題に対して，何らかの技術的な手段によってその課題を解決していこうとするとき，提示される技術的解決策のうちのどれかが，解決が求められる課題の諸要素すべてを100％解決する，いいかえればAかBかを単純に選択する，などというようなことは，現実にはほとんどないことだといってよい。だから現実には，その時点の技術的水準と，課題のうちのどの部分をどの程度まで解決するのかとの間で，うまく折り合いをつける必要がしばしば生じる。

　こうした局面に至ったとき，技術科を学んだことによって，あなたは前に述べたような，ごみ処理場の建設問題を，単なる技術だけでない，社会との関係でとらえるような視野の広がりをもって理解することができる。そして，そうした理解をみんなと共有し，それを基にして判断し，意思決定を行うなら，どういう結論になるにせよ，それは単純な賛成や反対をはるかに越えたよりよい（合理的な）意思決定になるだろう。

　ここでの話の範囲からははみ出ることを承知でさらに付け加えれば，この課題に向き合うなかで，あなたは大量にごみを出す現在の社会のあり方に対しても，批判的なまなざしをもつようになるかもしれない。

技術科でごみのことを学ぶ機会はないかもしれないけれども，それは本質的な問題ではない。だからたとえば，原子力発電や遺伝子組み換え食品をどうみるか，という問題でも，まったく同じことがいえる。

以上述べてきたことは典型的なケースだが，私たちは決して，このケースは，実際にあり得ないほど極端だとは考えていない。技術科の授業がきちんと行われれば，民主主義社会を生きる一人の市民として，このケースのように行動し，意思決定できる人間を育てることは十分に可能だと確信している。

ここまで，技術を選択するに際して私たちになにが求められるのか，ということについて述べてきた。それは，技術を自分のこととして考え，選択し，行動できること，と表現できるだろう。このことを私たちは，技術をわがものとする，といういい方をする。

4　みえない技術をみえるようにする―技術をわがものとするために―

しかし，技術をわがものとする，と簡単にいっても，それを実現していくことは，実はそれほど簡単なことではない。現代の社会においては，技術の本質的な面がみえにくくなっているからだ。

その一つに，人間と自然との間接性が増大しているという点がある。技術とは，人間にとって価値のあるものをつくるために自然に働きかける，相互に結びついた道具や機械のまとまりのことをいうが，生産が個人的なものから社会的なものになるにつれて，人間が働きかける対象も，道具から機械，さらにはコンピュータとなっている。人間がコンピュータに働きかける場合，コンピュータが機械を制御し，その機械が自然に働きかけるというように，人間と自然との関係は間接性を増しており，同時に，人間と機械（技術）との関係も，より間接的になっている。

そして二つ目には，私たち自身がそうした社会のあり方に順応していくことによって，ますます技術の本質的な面がみえなくなっている，ということがある。技術のことはよくわからないから専門家に任せておけばよい，とい

う考えも，この二つ目の点に連なっているといえる。

　しかし，とまたあなたはいうかもしれない。技術のことがわからないことがそんなに困ることなの？と。スマホの仕組みなんて複雑すぎてわかるわけない，と。

　確かに，日常生活では，技術のことがわからなくても何も困らないようにみえる。しかしそれは，便利に技術が使えればそれでいい，という立場に立っている限りでのことだ。

　一例をあげよう。近年，地球温暖化にどう対応するかが世界的に大きな問題になっていることはあなたも耳にしたことがあるだろう。国連の気候変動に関する政府間パネル（IPCC）の「1.5℃特別報告書」によれば，産業革命（1700年代）より前の時代と比較して，現在は世界の平均気温が人間の活動によって約1度上昇しており，気温の変化がこのまま続けば，その上昇幅は2030年から2052年の間で1.5度に到達する可能性が高いとされている。この上昇幅が1.5度に収まるか，それとも2度になるかによって，サンゴ礁や低緯度の小規模漁業，陸域の生態系，沿岸地域の洪水，食物の収穫量，暑さや熱に関連する疾病や死亡などの影響やリスクにかなりの違いを生じることが明らかになったという。その影響の違いは大きい。

　地球温暖化に，もっとも大きな影響を与えているのは二酸化炭素に代表される温室効果ガスの排出だ。これまで私たち人間は，さまざまな便利さと引き替えになっている温室効果ガスの排出という事実，およびその排出によって成り立っている技術や，そうした技術を許容している社会のあり方に，十分に目を向けてこなかった。その結果が，差し迫った課題として私たちに突きつけられている地球温暖化という刃なのだ。

　こう考えてくると，技術のことがわからなくても何も困らない，という考えの問題は，技術の問題は，本当は自分にも関係があるのに，日常生活においては，その技術によって私たちの生活に影響がおよんでいることが一見してわかりにくいため，あたかも関係がないようにみえてしまう，ということ

だと気づく。さらにいえば，技術のことを知らないことによって実は不利益を被っていても，そのこと自体に気がつかない，ということであるともいえる。

　つまり，私たちが享受している技術は非常に便利なものであるけれども，その便利さに隠れた別の面がないか批判的にみる目が必要だということだ。しかし，批判的にみるといっても，どうすればよいのか。

　たとえば，本書第Ⅲ部の教材紹介「１ワット（W）の実感」をみてほしい。授業者の川俣純は，工作用紙とセロファンテープを用いた風車で風力発電コンテストを行っている。生徒は，自分たちがつくった風車がどのくらいの電力を生みだすかを測定する。３時間の授業で彼らがようやくたどり着く風車の最高性能はせいぜい１Ｗ程度，しかも効率は１％にも満たない。しかし，この取り組みを行った生徒は，日常生活のなかで当たり前のように使われている電気エネルギーの見方を大きく変えるに違いない。このようにして，技術を私たち自身の実感を通してみることができるようになったとき，私たちは狭い範囲かもしれないが，確かに技術をわがものにしたといえる。その積み重ねは私たちを変え，私たちが関わる社会を変える道につながっていくだろう。その道は広くも平坦でもなく，遠いものだとしても。

　あれこれ考え，失敗をしながらいろいろ挑戦した末に何かを学ぶ，ということは技術科の学習にとって必要なことだと私たちは考えている。なぜそんな回り道が必要なのか，もっと手っ取り早く「正解」にたどり着く道はないのか，という声が聞こえてきそうだ。現在の社会には，そうした「回り道」を無駄なことだと考える風潮がある。それに対してここでは，自分で考え，つくるのが猿を人間に進化させた原動力であり，ものをつくる過程では，自然を相手にするわけだから，一直線に正解にたどり着くことは極めてまれであるとだけいっておこう。

5　技術科の可能性 ② ―未来の社会の主人公になる―

　技術科がもつ可能性について考えたい二つ目の点は，私たちがみな，技術を十分にわがものとすることができるようになったとき，どんな展望が開けるのか，ということだ。このことは，現実問題としては，まだ少し先のことだと思うが，現在，私たちは，そうした未来に続く入り口がほんの少し開いている地点にいると考えている。

　先に，技術科がもつ可能性の一つ目の点として，技術をわがものとする，ということについて述べた。このこと自体は，現在の技術科が中学生に付けさせたい力として目指していくべきもっとも重要な点であるといえる。

　しかし，技術をわがものとするということは，現在ある技術を前提として，その技術をどのように的確に把握できるか，ということであり，その限りでいえば，受け身的な面をもつ。

　これに対して，社会の構成員である私たちがみな，技術をわがものとするという課題を達成するようになったら，その先には，技術に，どうやってより能動的に関与していくのか，という新たな課題が出てくるのではないだろうか。それは，技術の進歩に，どうやってより積極的に寄与していくのか，という課題だといってもいいだろう。二つの例で考えてみよう。

　一つ目は，技術的には「可能」であることでも，あえてそれを選択しない，という行動をとることだ。これは，先の，技術をわがものとする，ということとも重なる部分があるが，これから未来に向かって課題になる点でもある。

　これまで技術の発展は，人間がそれまでできなかったことを実現することであり，少なくとも社会の進歩とほぼ同じ（よいこと，社会にとってプラス）と理解されてきたといってよい。しかしたとえば，原子核エネルギーをどう利用するか（あるいは利用しないか）という問題を考えてみよう。

　原子核エネルギーは現在，原子力発電という形で実用化されている[2]。しかし，2011年の東日本大震災の過程で引き起こされた東京電力福島第一原子

力発電所の過酷事故を一つの契機として，今後も原子力発電を維持していくのかどうかが私たちに鋭く問われるようになっている。

　現在実用化されている原子力発電は，実用化されているといっても，そもそも解決されていないさまざまな問題を抱えていることが指摘されている。[3)]このことは原子力発電に限らない。同じことはほかにも，たとえば遺伝子組み換え食品の問題などに容易に見出すことができる。

　原子力発電や遺伝子組み換え食品の例のように，ある技術が開発されるにあたって，社会，もっと直接的にいえば私たちの生活に対する影響が十分に明らかになっていない段階で，さしあたり採算が取れるようになった範囲だけを取り出して「実用化」していく，という流れは，少なくとも今後，一定の期間は続いていくと思われる。

　こうした流れに対して，これからの社会においては，技術的には可能であっても，場合によっては，社会としてその技術を選択しない，という行動が求められる場面が出てくるだろう。

　二つ目は，より能動的に技術の進歩に関わるあり方として，現在の技術の問題点に気づき，その問題点を改善していく，ということだ。新しい技術を生みだすことに，何らかの形で寄与していくこと，といってもよいかもしれない。

　新しい技術を生みだす，と簡単に書いたけれども，実はこれはとてつもなく大変なことだ。なぜなら，今ある技術は，それまでの長い過去の到達点であり，どれほど不合理にみえても，そうなっている理由があるからだ。この点をみないで，新しいアイデアをもってきても，うまくいくはずがない。

　ではどうすればよいか。それは，今ある技術を徹底的に調べ，理解することである。その作業のなかで，今ある技術の課題が明確になる。その過程を通らないで新しい何かが生まれるということは，まずなかったといっていいだろう。

　この，今ある技術の課題をとらえて改善していくという作業は，これまで

専門的な知識や技能をもつ専門家が担ってきた。

　しかし，主として情報通信技術の発展などによって，こうした状況に変化が生まれてきている。すなわち，専門的な知識（や技能）に対するアクセスが容易になっていることにより，これらは専門家だけの専有物ではなくなってきているのだ。このことは，子どもであっても新しい技術的解決策を提案できる可能性があることを意味する。

　そうなると今度は，世界中にあふれている技術についての情報のなかで，それらを理解した上で，何を選び，何を選ばないか，という取捨選択をできる目があるかどうかが非常に重要になってくる。

　ここでも，技術科で，技術について，それが関連する諸分野とつながった形で学んだことが生きるはずだ。すなわち技術科では，擬似的にではあれ，現実の技術を学ぶわけだし，そのなかでは実際にものをつくる作業は重要な位置を占める。ものに働きかけるということは，頭のなかで考えていたことだけではわからないことや，実際に作業をしてみて初めてわかることがある，ということを理解することだ。こうしたことが技術についての情報を判断する上で重要であることは，もはやいうまでもないだろう。

　私たちの生活において技術は，一見しただけでは，単に生活を便利にする手段としてしか私たちの目に映らない。しかし，技術を科学の目でとらえ，実際にものに働きかけてものをつくることを通すと，技術のみえ方はまったく変わってくるだろう。その時みえる技術は，深いところで社会と結びつき，私たちの現在と未来に大きな影響を与えるものとしてその姿を現していることだろう。技術科を学ぶことは，深いところで社会を動かしている原理を理解することにつながるもので，それは，中学生が将来，社会の真の主人公となるためにぜひとも必要なことだといえる。

　さて，本章の最後に，社会にとって，技術・職業教育が正当に位置付くことの意味について，簡単に触れておきたい。

　技術・職業教育は，現代社会が維持・発展するためには不可欠なものであ

ることはすでに述べた通りである。しかし同時に，現実の学校教育と教養とは，何よりも人びとが労働から脱出するためのパイプの役目を果たしていることも事実である。したがって，現代社会と公教育としての技術・職業教育とは「ひとつの鬼子[4]」とされる。すなわち，願われて生まれ，頼られるべきである一方で，実際に生まれると嫌われる存在だということだ。現在の日本において，技術科が軽んじられている理由の一つがここにある。

　技術・職業教育を社会においてまっとうに位置付けるには，現代社会において本質的に主人公の位置にあるとはいえない働く者（労働者）の立場から公教育のあり方を問い直すことが不可欠だ。別のいい方をすれば，技術・職業教育は，それが営まれる社会および公教育の民主主義的性格の度合いを示す表示器といえる[5]。すなわち，社会において技術・職業教育が今よりもまっとうに位置付くとき，その社会および公教育は民主主義的に前進したといえる。

　私たちの願いは，主権者として自分で自分の未来を考え，行動できるような，未来の社会における真の主人公を育てたいということだ。

　あなたも，その一員に加わらないか。そして，私たちと共に語り合える日が来たらうれしい。心から待っています。

　どうだろうか。技術科を学ぶ意味をつかんでもらえただろうか。もし，そうだといってもらえるならば，私たちとしてはとてもうれしいことだ。

　しかし，そうだとしても，この話はこれで終わるわけにはいかない。なぜなら，いくら技術科に学ぶ意味があるとしても，それを授業によって担うのは教師であり，教師がどんな教育実践をしても，技術科を学ぶ意味が中学生に伝わるとは限らないからだ。加えて，おそらく今の中学生のほとんどは，残念ながら，技術科を学ぶことがその後の自分自身の人生にとって重要な意味をもつとは考えていないだろう。

　ということは，あなたが技術科教師になったとすると，あなたは生徒から

の，何でこんな教科を勉強しなくてはならないのか，というまなざしに向きあいながら日々の授業を考え，生徒に技術科を学ぶ意味を伝えるべく実践しなければならないということだ。これはほとんどの技術科教師がぶち当たる壁といってもよいだろう。

この作業は，技術科の授業をよりよくしていくためには，非常に重要なポイントだが，簡単にはいかないことも事実だ。生徒に，技術の本質的な姿と出会わせるためには，うまくいかない経験のなかで，時にもがくことも必要かもしれない。初めからうまくいく人など誰もいない。

こうした壁を乗り越えるには，生徒の学びをリアルにとらえることが絶対に必要だ，というのが本書の立場だ。さまざまな過程を経て壁を乗り越えたとき，あなたは技術科を学ぶ意味を，自信をもって語れるようになっているはずだ。それは，受験に必要だから，などといった外付けの「理由」ではない，まぎれもないあなた自身の言葉でだ。

次の第2章では，一人の技術科教師に，自らの挫折とそれを乗り越えた過程を振り返ってもらった。まずはじっくりみてほしい。

〈注〉
1）田中喜美「技術・職業教育の教師として21世紀を生きる」『技術教育研究』第56号，2000年。
2）原子核エネルギーを利用したものとして，核兵器もあるけれども，そもそも兵器は人間を殺傷することを第一の目的にしているものであり，論外だといえる。なお，核兵器については，2017年に国連で，核兵器禁止条約が採択され，国際的には，違法なものであるとされた。
3）石橋克彦編『原発を終わらせる』岩波新書，2011年など。
4）中内敏夫『教育学第一歩』岩波書店，1988年，p.94。
5）田中前掲論文。

第2章 技術科教師として
～8年目の私が振り返る技術科教師の日々～

1　はじめに

　先日，7年間を過ごした学校の離任式に出席した。その際，お礼の手紙を貰ったが，ある生徒の言葉が頭から離れない。

　手紙をくれたその生徒は，もの静かで，会話も少なく，黙々と作業する性格だった。缶つぶし器づくりを始めた頃は，お世辞にも，楽しそうに興味を持って取り組む姿は見られなかった。しかし，離任式でこの手紙を見て，

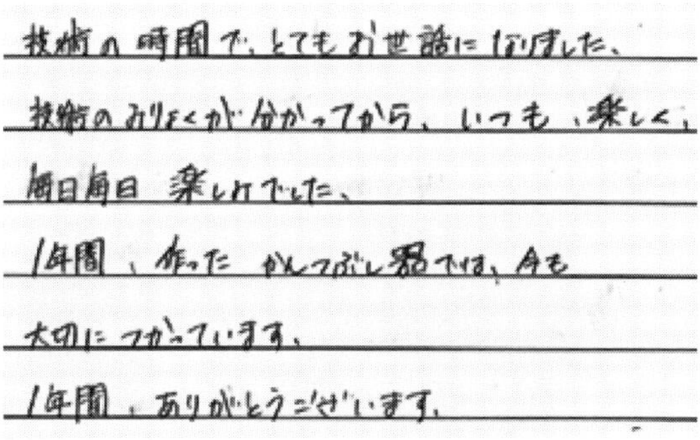

技術の時間で、とてもお世話になりました、

技術のおもしろくが分かってから、いつも、楽しく、

毎日毎日　楽しけでした、

1年間、作った　かんつぶし器では、今を

大切に、つかっています、

1年間、ありがとうございます、

図Ⅰ-2-1　生徒の手紙

私は彼女が私の授業を楽しみにしていたことがわかり，嬉しく，ホッと安堵すると共に，技術科教師の一人として，胸が熱くなった。

　なぜなら，私は1年目に授業が上手くいかず，精神的にも追い込まれ，教師を辞めようと考えていたからだ。当時を振り返ると懐かしさと共に，苦境に喘いでいた自分自身が思い出される。授業が辛い。生徒の反応が怖い。大げさでなく，私は率直にそう感じていた。その頃から7年の歳月が過ぎた。現在，私は8年目の技術科教師として，生徒たちと共に充実した日々を過ごしている。しかしあの頃，なぜ授業が上手くいかなかったのか。

　生徒が熱中し，夢中になるような技術の授業がしたい。できるようになり

たい。上記生徒の「技術の**みりょく**が分かってから」という一節に，楽しくて興味深い技術科の授業のヒントがある気がした。目の前の生徒たちの反応が気づきを与えてくれるのではないか。私はそう感じ，今までの日々を振り返ることにした。これから技術科教師を目指す人の助けになることを願って。

2　教職特別課程での学びはあったが……

　私は約4年間の社会人生活の後，2011年に教職特別課程で技術科の教員免許を取得した。この課程は，1年間の限られた期間で教職の単位を履修し，教員免許が取得できる。ここでの学びが，いま技術科教師である私の大きな支えである。また，この時大変お世話になった先生がおり，この先生に「缶つぶし器製作」と「ダイコンの袋栽培」の実習を通し，技術科教育の基礎・基本を学んだ。この教えは，私にとって衝撃だった。なぜならこの学びで，

図Ⅰ-2-2　缶つぶし器　　　図Ⅰ-2-3　袋ダイコン

私は，それまで抱いていた「技術科の授業」のイメージが大きく変わったからだ。自分の生活に役立つ本棚やCDラックをつくる。電気スタンドを組み立てる。PCで新聞づくりをする。私が考えていたのは「ものをつくる」ただ，それだけだった。当時の私は「完成を目指して何かものをつくる」それが技術科の授業であり，その過程の「作業体験」や完成時の「達成感」こそが重要であると考えていた。もちろんそれらも重要ではある。しかし，深みがなかった。技術の授業はそんなものじゃない。もっとワクワクと生徒の知的好奇心を揺さぶり，彼らが夢中になる世界がある。この先生から学んだこ

とだった。

　たとえば，簡単そうに見える木製品でも，その完成にはいくつもの工程があることを教え，現実の製品の価値を実感させたり，１本の大根づくりから栽培経験と知識を与え，スーパーに並ぶ作物をみる目を変化させたり，延長コード作りから，電気の認識を変化させるなど，生徒の現実社会のとらえ方に変化を起こす授業だった。技術科は興味深く面白い。実習と座学，両方のアプローチで魅力的な授業ができる。そんな技術科の醍醐味を教えていただいた。しかしそれを私が教師の立場で教えることは，また別次元，別世界のことだった。

3　生徒ではなく自分をみていた

「やめなさい！　なんで，そんなところを切っている?!　ふざけるな！」
　悲しく，情けない話だが，本来はキレイなはずの，木工室の机やイスに不自然な「切り溝」や「クギの跡」が残っている。教職特別課程で恩師に学び「技術科の魅力」や，その「醍醐味」を理解したつもりだった。知的好奇心を揺さぶり，生徒たちがキラキラと目を輝かせ，夢中になって参加する楽しい授業ができるはずだった。しかし，教師１年目の私は，苦しんでいた。

　どうしても授業が上手くいかず，生徒が落ち着いて説明や話を聞いてくれない。それは，なぜだったのか。今，振り返ると私は「生徒に向けて授業をする」のではなく，「自分に向けて授業をしていた」のではないか，そう感じている。

　当時の私は，生徒の姿をみてはいなかった。私がみていたのは，漏れがないように，抜けがないようにと余裕なく，必死に暗記した説明を繰り返す自分自身だったように思う。生徒たちの様子をみること。発問への反応や実習中の変化を感じ取ること。そのなかで彼・彼女らの想いや願いをくみ取って授業に生かすこと。それができなかった。いや，できなかったのではなく，

その事実にすら気づけていなかった。これでは授業が上手くいくはずがない
し，何よりも生徒たちと信頼関係を築けない。しかし，どうすればよいのか。
技術科教師は学校に一人しかいないため，授業内容について相談できる相手
がいない。また，授業が上手くできず，周りの先生方に心配や迷惑を掛けて
いる自分自身を恥ずかしく思い，私は精神的にも追い詰められていた。当時
は本当に苦しく，大袈裟に思われるかもしれないが，まさに絶望の淵にいた。

　このような時に，技術教育研究会「合宿研究会」の知らせを発見した。こ
こに相談しよう。当時孤立していた私は，まさに「藁にも縋る」想いだった。

4　つながることで希望が見えた

　「では，春休みに一度，集まりましょう！」「大丈夫ですよ。」

　2013年2月，技教研の合宿研究会で掛けられた言葉だ。私はこの言葉，
この出逢いをきっかけに技教研に参加するようになった。前述の通り，教職
特別課程での学びはあったが，日々の授業が上手くいかなかった。悪循環に
陥り，生徒の言動にも悩まされた。この状況を何とかしなければならないと，
日々，一人で悩み焦っていた。しかし，答えが見つからなかった。

　「ここに顔を出して相談し，助けてもらおう……」

　今，振り返ると図々しさ甚だだが，当時の私は本当に追い込まれていた。
研究会二日目。終了間際に会場に潜り込む。見知らぬ人びとの空間に，私と
同世代の方がいた。きっと技術の先生だろうと，気づいた時には，自身の苦
境を堰を切ったように話す私がいた。その相手は，技教研の若手メンバーで
あり，最後には冒頭の言葉を頂いた。この時からすでに6年が経過したが，
私にとって，この出逢いが希望の光となった。苦しく辛い時に周りの人びと
に助けを求める。自らその行動を起こす。この重要性を今，改めて実感して
いる。

　「先日お話ししたように，一度集まる機会を……」メンバーの方々の対応
は素早く，研究会の数日後には，このメールをいただいた。

「何とか三学期まで頑張って退職しよう……。」

　精神的にも追い込まれ，本気でこのように考えていた私にとって，まさに一筋の希望の光が差した瞬間だった。2013年3月，私の勤務校で初めての勉強会を開催していただいた。当日は，各先生の授業内容やワークシートを紹介して頂いたり，私の1年間の取り組みや資料の紹介，授業運営上の悩み相談，問題のある生徒への対処法まで，事細やかに丁寧なアドバイスをいただいた。

　技術科教師として，自信を失っていた私にとって，メンバーの方々からの言葉は「技術科教師としてもう一度，頑張ってみよう！」と勇気をくれるものだった。そして再び，希望を持って2年目の教師生活を歩み始めることができた。この出逢いと，勉強会がなかったならば，きっと今も技術科教師である私は存在していない。「人の思いやりの温かさ」「人と人のつながりの重要性」「困ったときに素直に助けを求める勇気」など，今後の教師生活の支えとなる考え方，姿勢を学んだひと時だった。

図I-2-4　勉強会当日に説明する私　　図I-2-5　缶つぶし器 製作会の様子

　この話には続きがある。「この板と板を接合する場合，どちらにけがき線を描いたらよいですか？」板書を使い，発問する私。

　2016年9月，私の勤務校で再び勉強会を開催していただいた。この会は12回目であり，私が恩師に教えをうけ，1年目から実践していた「缶つぶし器」の製作会を授業形式で行った。振り返ると1年目に，この授業で生徒

たちに翻弄され，苦境に喘いでいた自分が思い出された。ネジのない木工イスや，不自然な切り溝が残る木工机と共に，当時の辛い記憶が甦る。一方で，その頃から約3年半の月日が流れたこの会で，勤務校の前任者でお世話になっている先生から嬉しい言葉も頂戴した。

「吉澤さん，立派になったね。見ていて安心したよ」。お褒めの言葉に素直に喜ぶと共に，以前にこの先生に伺った言葉が忘れられない。「俺たちは，この免許，技術科で飯を喰ってるんだからさ，頑張らないとね！」

技術科教師となり，8年。日々の授業に慣れ，成長した自分を嬉しく思うと共にこの言葉の重みを痛感し，自分を鼓舞している。

5　生徒の学ぶ姿に学ぶ

1年目，いや3年目でも静かにならない生徒たちに困惑し「ふざけるな！」と激怒した私。目の前の生徒たちが落ち着かない苦しさ。それは，教師のいうことを聞かない生徒がいけないのか。それとも，教師である私の力量がないからなのか。少なくとも，今の私は目の前に騒がしい生徒がいたら「どうしたの？」と聞く。机にクギを打ち込んでいる生徒がいたら，叱ると同時に「なぜそんなところに打っている？」と尋ねるだろう。以前は怒るだけの私だったが，今はこの生徒の様子をみる，反応を感じ取る，意見を聞くという感覚が普通である。しかし新任の頃の私にはそれができなかった。なぜだろうか。

それはきっと授業というのは「教師のいうことを生徒に聞かせ，理解させること」，「教え込むことだ」と私が勝手に思い込んでいたからだと思う。教師が上で，生徒が下，そして教え込む。

もちろん，そのような考え方，感覚がまったくダメというものではない。教師

図I-2-6　けがきに集中する生徒の姿

の威厳は大切だ。しかし私はそのような方法で苦しんだ。生徒たちの反発を
くらった。なぜなのか。思うにそれは，目の前の生徒たち，生身の人間の存
在を無視していたからではないのか。こちらのいうことを聞かせることしか
頭にない状況。これでは授業が上手くいかないのは当然だ。しかし私は，こ
の感覚を実際に教壇に立ち授業をするまで理解できなかった。

　現実の生徒たちを相手にして初めてわかったこと。「生徒の姿」「様子」
「反応」「表情」など「生徒の学ぶ姿に学ぶ」。この感覚を理解するのは簡単
ではなかった。冒頭で「技術の**みりょく**が分かってから，いつも楽しく
……」という生徒の手紙を紹介した。「技術の**みりょく**」とはどんなことな
のか。

　一つ私が想像するのは，この生徒のなかに「気づき」があったのではない
か？　ということだ。すなわちそれは，毎時間の授業のなかで「のこぎり切
断は，リズムよく，弱い力でやったら上手にできるな」とか「やすりがけっ
て，木目に沿ってかけると本当にキレイになるんだ」とか「ニス塗りのコツ
は，ニスを沢山付け過ぎないことなんだ」など，教師に一方的に教え込まれ
たことではなく，自らの行動や取り組みのなかでわかったことや納得できた
こと。それに気づく自分の成長を実感し，喜びを感じていたのではないか。
そして，次の新たな発見，自身の成長を次の授業に期待する。

　「技術の**みりょく**が分かってから，いつも，楽しく，毎日毎日，楽しみで
した」。このコメントには上記のような背景があったのではないか。

　今の私は，あの生徒の後ろ姿や表情，言葉を目の前にいる生徒たちに重ね
合わせ，授業改善を行う日々である。教師の一方的な教え込みではなく，教
師が，生徒の学ぶ姿に学ぶことだ。

6　教科書に書いてあることだけど

　今，2年生で「2足歩行ロボット」の製作をしている。そのなかで黄銅フ
レームを直角に曲げる工程がある。軸受けとして利用するためだ。同時に知

図Ⅰ-2-7 塑性変形と弾性変形のクリップ

識として「加工硬化」や「弾性変形」「塑性変形」を教えている。その説明にクリップを使った。「クリップは弾性変形と塑性変形のどちらでしょう？」

「弾性変形！」生徒が答える。「そうだね。」「では，こうすると何変形になる？ 税金のムダ使いになってしまうけど（笑）」そう言って私は思い切り力を込めて，クリップを広げた。

「お～」生徒たちの笑顔と共に，驚きの表情が印象的であった。生徒の学ぶ姿に学べたと思った。この教え方はなかなかよいかもしれないと……。

「弾性変形：力を取り除くと元の形に戻る変形」

「塑性変形：力を取り除いても元の形に戻らない変形」

教科書にはこう記述されている。

「黄銅フレームの加工は直角に曲げた後，元の形に戻らない。だから塑性変形だ」。生徒がこのように答えれば，教科書の内容を理解していると考えられる。だからそれでよいのか？ よくないだろう。ワクワクと生徒の知的好奇心を揺さぶりたい。ものづくりの面白さ，奥深さの気づきを与えたい。そう考えるなら，教科書をただ教えるだけではもの足りない。

大きく開き，弾性限界を超えて，元の形に戻らなくなったクリップを見て驚きの表情を浮かべた生徒たち。その表情はきっと，教科書に書いてある知識が，自身の身近な世界の現象につながった驚きと発見ではなかったか。私はそう思う。生徒の学ぶ姿に学ぶ。いくつになっても生徒たちの反応や様子，その表情を感じ取る「学ぶ教師」でありたい。初任時のあの苦い思い出と経験を忘れずに，それを生かしていきたい。

7 技術科教師として

　今まで記した通り，私は「生徒が熱中し，夢中になるような技術の授業がしたい。できるようになりたい。」と日々思っている。

　それと同時に思うことがある。それはいくらよい授業を参観し，多くの先生方に教えをいただいたとしても，授業者本人に「技術科への想い」がなければ，良い授業はできないのではないかとの考えだ。私には一つ，生徒たちに「ものづくりに誇りを持った人々の存在を知って欲しい。」という願いがある。私は父から影響をうけ，このような考えをもつようになった。私の父は東京の下町で小さな鉄工所を60年近く営んでいる。

　「仕事をしている時が一番楽しい」。10年程前に父から聞いた言葉だ。今年で76歳になる父だが，今も現役で難解な「第三角法」の図面を読みこなし，材料発注，組立，溶接をして完成品を納めている。下町の町工場での「ものづくり」。率直に華やかな世界ではないと思う。事実20代の頃の私は，父のその仕事に対する想いや誇り，職業人としての魂のようなものを感じ取ることができなかった。しかし，世の中の人びとが気づかないかもしれない，父のような無数の人びとの働きや努力，真摯な想いの労働が世の中を陰で支えている。私は父の姿から「ものづくり」の偉大さに気づくことができた。

図I-2-8　父と従業員の方々

　このような価値観があることを生徒たちに伝えたい。それを教え込むのではなく，生徒の学ぶ姿に学ぶなかで伝えられたらと願う。今の社会は，AIやセンサを用いた計測と制御により，高度に情報化されている。3Dプリンタはさらに普及するだろう。そして小学校ではプログラミング教育が必修化されている。こうしたなかでも，構

想・設計から始まるものづくりのプロセス，人が担うものづくりの根幹は変わらないだろう。これまでも，これからも，この世の中を支える「ものづくりの技術」，その可能性，奥深さ，醍醐味を伝えるべく授業実践に励みたい。そして今の私の目標は，胸を張って「技術科の授業をしているときが一番楽しい。」と言える人物になることである。

　以上，私の8年間の技術科教師生活を振り返ってみた。当然のことだが，授業がいきなり上達したのではない。生徒の学ぶ姿に学び，8年間の日々の小さな積み重ねで，今の私がいる。そして，私一人でそうなったのでは決してない。技術教育研究会の皆さんや技術科の醍醐味を教えて下さった恩師。いつも温かく応援して下さる前任者の先生。本当に多くの方々の支えがあって今の私がいる。生徒たちが熱中し，目をキラキラと輝かせ夢中になって取り組む技術科の授業ができる人物，技術科の授業をしている時が一番楽しいと言える人物を目指し，一歩ずつ，いや半歩ずつでも前に進んでいきたい。

第Ⅱ部 ·································

実践編：

子どもの学びが
教師を育てる

第Ⅱ部は技術科教育の実践編として，五つの教育実践を取り上げた。これらの教育実践の内容や第Ⅱ部の構成は，類書にない三つの特徴をもっている。

　まず，各実践が扱っている内容は全体として，中学校学習指導要領で定めている技術科の4単元（材料と加工，生物育成，エネルギー変換，情報）を，いわば「バランスよく」取り上げてはいない。そればかりか，4単元から大きくはみ出る実践さえある。

　本書で私たちは，現実の技術がもつ本質的な面を中学生に示す，ということを重視し，それが本書を一貫するように心がけた。これが一つ目の特徴である。現実の技術がもつ本質的な面を中学生に示すことを考えの起点にした結果，私たちが現在示すことのできるのが，本書で取り上げる教育実践である。この考え方を採用する場合，たとえば4単元の内容をバランスよく取り上げる必要があるかどうかということは，重要でないとまではいわないけれども，考慮の順番は下がるだろう。詳しくはぜひ第Ⅲ部を参照してほしい。

　次に，中学生の学びに着目して実践を描くように努めた。これが二つ目の特徴である。私たちは，中学生は本来，学びたい，発達したいという願いをもっているという立場に立つ。この立場に立つ限り，中学生がどのように学んでいるかを，教師である私たち自身が学ぶことなしに，こうした中学生の願いに寄りそった指導をすることはできないだろう。

　こうした立場は，実は特段目新しいものではなく，これまでも日本の優れた教育実践において示されてきたものである。とはいえ，中学生の学びに学ぶという立場を，ここまで一貫して示したことは，本書の大きな特徴であると考える。

　そして，三つ目の特徴は，教育実践に取り組むなかで，教師として成長していく姿を描いている，ということである。これは，先に述べた二つ目の特徴の，いわば裏返しの点ともいえる。

　すなわち，教師の側が，何らかの想いや願いをもつことなしに授業を行うことはあり得ない。同時に，中学生の学びから学んで授業をよくしていこう

とすれば，教師自身の想いや願いだけで授業がうまくいくはずがない。

　これは，どんな教育実践であっても，試行錯誤や失敗はつきものであるということでもある。うまくいった教育実践を，野球のクリーンヒットに例えるなら，その背後には凡打の山があるともいえる。もちろんここでいう凡打は，決して無価値ではないことはいうまでもない。

　そして，教師として成長していく姿を描くということは，こうした試行錯誤や失敗をも描くということである。本書の教育実践のなかには，中学生の学びに学ぶことの大切さに気づく過程が描かれているものもあることに注意してほしい。誰でも始めからうまくいくわけではないのだ。

　最後に，本書の教育実践のいくつかには，自分がおかれている状況への問題意識（違和感や怒りなど）から出発しているという共通点があることも付け加えておきたい。こうした問題意識は，よい教育実践を追求するために重要な役割を果たすといえるだろう。そういう意味では，先に述べた三つの特徴が本書の教育実践を織りなすタテ糸だとすれば，こうした問題意識は，いわばヨコ糸にあたるといえるかもしれない。

　本書の教育実践に触れたみなさんが，これらの教育実践に続く，あるいはそれらを乗り越える教育実践を生み出してくださることを心から期待する。

第1章 社会資本を自分ごととしてとらえる

1 中学教師としての私のチャレンジ

「これテストにでるの？」

　これは，中学校技術科教師として勤めだした初年度，私がよく耳にした生徒の質問であり，気になった言葉であった。たとえば，金属の種類を説明する際，元素記号を黒板に書いていくと，決まって「先生，それテストに出るの？」とすぐに質問された。木材を切る・削るなどの実習場面ですらそうであった。

「なかなかやるね。うまいね」と私が褒めると，

「やった！　そしたらＡなん⁉」

「これやったらＢなん？」

　などのリアクションが返ってきた。自分自身の実習の意味や教師の励ましが，すぐに成績の評定記号に結びつけてしまう彼らの感覚に大きな違和感を覚えた。

　というのも，私は中学技術科教師になる前に，小学校で技術科教師としての勤務経験があり，そこで出会った子どもたちの反応とはあまりにも違ったからである。その小学校では全国的にもめずらしく「工作・技術科」という教科が置かれていた。そこで出会った子どもたちはものづくりが大好きで，技術室は休み時間も放課後も寸暇を惜しんで，何か好きなものをつくりにきたり，つくって遊んだりする子どもたちでいっぱいだった。その時の授業では，どんなに小さなことでも思い切り喜び，できないことがあったときには突っ伏して泣いてしまうほどの本気の挑戦の時間であった。授業でできるようになったことを生かして家で自分なりに改良した製作物をつくってくると

か，何か別のものに応用したりする子どもはたくさんいた。家で何か自分なりに考えてつくったものを持ってきた日には，すぐに教員室にやってきて見せてくれた。

「すごいね。どうやってつくったの？」と質問すれば，「待っていました！」と言わんばかりに自分の"ものづくり物語"を熱心に語ってくれた。ものづくりへの期待を感じる雰囲気，ものづくりと自分自身の成長の喜びが一体になっている感じがあった。教科としての「工作・技術科」は，そういった子どもたちの期待に支えられていた。

ところが，中学校で目の前にいる生徒たちの様子は，以前に見た小学生と何か根本的な違いがある。私は次のような疑問を抱くようになった。

「あの小学生たちのような期待に満ちた技術の授業を中学校でいかにすれば可能になるのか」

学ぶことやできることと，生きることが一体になっていると感じられた小学校の子どもたちといっしょに過ごした技術の授業では，躓きながらもその痛い体験を通して成長していく生徒たちの喜びがあった。

目の前の中学生たちにとって，学ぶ意味や成果物に対する自身の価値づけは，最終的には学期末に配布される成績表の評定記号に結びつけられており，極端な言い方をすれば，学ぶ内容が何であろうと，授業時間に自分がどのような関わり方をしようが，「評定記号さえ良ければそれで良い」，「Aを取る」，「Cでなければいい」という外的な動機付けによる価値観に支配されているようであった。加えて，学期末や卒業式などの節目になれば，ノートやプリントだけでなく製作物もごみ箱に捨ててしまう生徒がいることも，その表れであると感じた。たった1年，2年経つだけでどうしてこうも変わってしまうのか？　これは，私にとってとてもショッキングなできごとであった。

これらの課題の根幹には，学校としての課題，学内推薦制度の問題も同時に含んでいることはわかってはいた。しかし私は，何とか技術科の授業という側面からアプローチしていきたいし，それが自分自身の大きなチャレンジ

であると自覚した。それは，生徒たちにとっての学ぶ意味を，外発的なもの
から内発的なものへ変えることであり，生徒自身の伸びてやまない成長のな
かに，学ぶ意味を一体感をもって獲得させてやることだと思った。

　当時私自身が喫緊の課題として取り組みたかったことは，二つあった。一
つは，授業で作った製作物を持ち帰らないどころか無理に持ち帰らせると学
校や駅のゴミ箱に捨ててしまうことであった。もう一つは，あれほど綺麗な
図面をかく生徒が，簡単なほぞ組の木取り図をかけないことであった。これ
らは，学校や授業での学びが自身の成長や喜びと繋がっていないことの表れ
であり，指導のあり方が内実を伴わない作品至上主義のような「形式的なも
の」になっている証拠でもあると感じた。私がブリッジコンテストの実践に
取り組んだのは，こうした問題意識からであった。

2　強度試験としてのブリッジコンテスト

(1)　何のための図面なのか？

　ブリッジコンテストに取り組む以前，技術科の授業ではトレースを含めた
製図学習にほぼ1年間取り組ませていた。製図の作品のでき具合とは関係な
く，木工などの実習場面では簡単な相欠継の図面が読み取れなかったり，木
取りができない生徒が予想を越えて多かったことが気になっていた。実際の
物と図面との有機的なつながりがなく，「何のための図面なのか？」といっ
た図面の意味は彼らのなかでは棚上げされているかのようであった。少なく
とも「ものづくりの中で図面が生きる」ような活動を授業に取り入れられな
いかと考えていた。

　そのようなことを考えていた時，私はITEA[1]（「国際技術教育協会」
International Technology Education Association）というアメリカの技術教育の研
究大会（1997年のフロリダ大会）に参加した。その教材展示会場にて画面上の
橋梁構造の強度をゲーム感覚で学ぶことができるソフトを偶然発見した。そ
のソフトに非常に興味を持ち，「これは実際にやってみた方が面白いのでは

ないか」と思った。生徒たちが生き生きと図をかきながら物をつくるために協働して活動していくのにうってつけではないかと考えた。

帰国後，私は土木学会誌でタイのカセサート大学[2)]で行われていた子ども向けのブリッジコンテストのイベントを知り，それを参考にしてブリッジコンテストを行った。それは，およそ20年以上前（1997年度）のことである。このときバルサ材を使った橋の模型製作と強度を競うコンテストを中学校の技術の授業で行い，そのことを土木学会誌にも紹介した。当時行った授業は，バルサ材で作った橋の模型を上弦材（橋模型の上部の材料のこと）に荷重する方法で行い，バネばかりを用いて載荷量を測定するというやり方での授業であった。

このような取り組みは当時，私自身が持っていた「何のための図面なのか？」という問題意識，「ものづくりの中で図面が生きる」ような活動への一つの解決策としてのものであった。それは，思い切って"きれいにかかせる"ための活動時間をなくし，思いつきやアイデアの時に手が動いてしまった結果としての図や他者とのディスカッションのなかで加筆・修正されていく図を最大限評価し，学習活動に位置付けたものであった。このような経緯で，ブリッジコンテストという活動を始めるに至った。

(2) 多様なブリッジコンテスト

ブリッジコンテストとは，限られた材料で一定のスパンにかかる橋の模型（建造物）を製作し，その強度についてコンテスト形式で評価する，知恵と工夫を活かした学びが展開されるコンテストである。当時から欧米の大学レベルの教育機関では盛んに行われており，「国際ブリッジコンテスト」（International Bridge Building Contest[3)]）においては優勝者には奨学金などを授与するほどの熱の入れようであった。

現在，ブリッジコンテストは，さまざまな立場の人がさまざまな条件で行っており，実に多様な形態が生まれてきている。それらを材料，工作方法，強度試験の方法，目的と評価の方法などの視点から，整理してみると以下の

通りとなる。

第1は，材料や工作方法である。構造物（橋の模型）をつくるための材料は実にさまざまなものが利用されている。新聞紙からケント紙などの紙類を使用するもの，アイスクリームのバーや松，バルサなどの木材，ストローや爪楊枝などの日用品，スパゲッティなどの食材をつかったものまである。また構造物の工作方法についても，クリップやホットボンド，瞬間接着剤などさまざまなものが使われている。

第2は，破壊方法である。製作した橋の模型に何らかの負荷をかける点は共通している。しかし実際の方法には，① 測定器など取り付けて，同じ場所に荷重をかけながら，その増加率を極めて滑らかにした静的荷重，② ある一定の重りが橋模型の上を移動する動的荷重，③ 分銅やウォーターボトル，本などを乗せていく静的荷重のようで動的荷重の要素も入っているものまである。また，橋模型の上弦材に荷重ポイントがある場合と，下弦材（橋模型の一番下の材料のこと）に荷重ポイントがある場合なども考えればさらに細かく分類できるだろう。

第3は，目的と評価方法である。大きくは設計デザインを主たる目的として行うものと，強度試験（破壊試験）などによる強度評価を行うものがある。

これらの取り組みの多くは，構造力学を教えるため体験として導入されている。大学を含めたさまざまな種類の学校で行われており，チームで協力しながら，問題解決のプロセスを体験しながら学んでいくという点では共通している。またその立場に関わりなく共通していることは，現実に使われている土木技術に関心をも持ってもらいたいという願いのもと，さまざまな立場の人びとが知見を出し合っていることであり，そのことこそが重要な意味を持っていると考えた。

私の授業では，平面（2D）の構造物を強度試験するやり方を採用した。多くの学校で行われている「ブリッジコンテスト」は，3次元の構造物をチームで作りその強度を評価するタイプのコンテストである。確かに3次元の構

造物は自立するので破壊試験は比較的楽に行いやすい。しかし，3次元の構造物は製作時間がかかるだけではなく，側面に使用する構造物を2パターンつくる必要があり，これには完成までの間の集中力とモチベーションの維持が必須となる。イリノイ大学のように大学生が取り組むのならそれの方がよりリアリティがあって良いと思うのだ

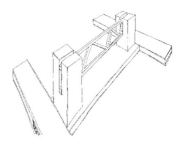

図Ⅱ-1-1　破壊試験台

が，中学生が行うには少々難しいと考えた。しかも，授業のなかでそれを行うとなると週1時間しかない授業時間を数週間以上にわたって使うことになり，すべての生徒がモチベーションを維持するのが困難であると判断した。そこで，2Dの構造物を製作させ，強度試験をするという簡素なものにした。

　2次元の構造物は自立しないため試験台に工夫が必要となる。そこで装置に工夫をもたせた（図Ⅱ-1-1）。この実験装置では，スリットに構造物を挿入しセットするのだが，スリットの遊びがほどほどにあり，製作した構造物が多少いびつであってもセットできるようにした。それによって生徒が自分たちで強度試験を行えるようにしたのだ。

　ただし，"遊び"があると厳密な意味ではスリット内で試験片が斜めにセットされることになり，しかもウォーターボトルや本を重りにした紐で中央一点荷重にすると，前後の揺れ（構造物に対して横殴りのような力）が生じる。この試験方法は，静かに吊り下げられた錘のような静荷重でありつつ，揺さぶられるような動きから生じる動荷重の要素も混じった試験方法となり，積載荷重の測定は複雑かつ測定精度が落ちることは確かであった。とはいえ，生徒自

図Ⅱ-1-2　破壊試験をしている様子

身が簡単にセットして強度試験を行えるという利点は何よりも代えがたいと考え，図のような試験方法を採用した（図Ⅱ-1-2）。

　また，「より強く，より軽く」という競争を中心課題とし，構造物の積載荷重を自重で割った割合で競い合うルールを設定した。それ以前には，配布材料を限定し「限られた条件のもとで，最善の橋を作ろう」という目標で働きかけていた。しかし，落ちている材料を付け足し補強してしまうなど，公平性に欠けるものになってしまった。そこで自重と積載荷重の比率で競争さ

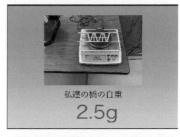

図Ⅱ-1-3　生徒のプレゼンスライドの一部
（調査や試験の気づきを生徒自身の言葉で振り返っている）

せることによって公平性を高めた。またそれによって製作の観点に「コスト」の視点を付加した。

　さらに「美しさ」も目標に入れており，生徒による相互評価を取り入れている。加えて，自分たちの考えたアイデアやこだわりをプレゼンする機会も作った（図Ⅱ-1-3）。

⑶　ブリッジコンテスト始動

　当時の技術の授業では，「ものを正確につくる」という印象が強かった。だから「破壊」する活動は新鮮であった。生徒たちもそれに少々戸惑っているようであり，授業初めの時間帯ではなかなか作業が進まない様子であったが，「何度でも破壊試験をしても良い」ことを生徒たちに伝えると，生徒たちは「失敗してもいいんだ！」と口々に言いながら，活動が盛んになっていき，「しなってんで，もう」，「あかんて，あかんて」という瞬間には，製作中の班の生徒も，試験中の破壊試験台に吸い寄せられるように集まっていくという様子であった。

　「三角形をなるべく中に入れるようにすることと中心を強くするため小さな割り箸（試験材料のこと）を何重にもつけて重ねた」とトラス構造に注目する生徒や，「もっと木のふれあう表面積が多くなるように（木口を斜めに切断）改良した方が良かった」という加工精度に注目する生徒，「下のおもりが揺れないように『そーっ』と入れるようにしたらいい」というように試験方法に注目する生徒，「橋全体を均一にしなければならない」と橋全体の構造に気づく生徒もでてきた（図Ⅱ-1-4）。

　生徒たちは，強度や構造のみならず試験方法まで言及するくらいブリッジコンテストという活動に対してとても興味を持って意欲的に取り組んだ。授業後には明石海峡大橋建設のビデオを観て，さまざまな気づきを残してくれた。

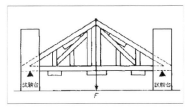

図Ⅱ-1-4　生徒が製作した橋模型の一例

そのなかには「ただたくさん材料を使えばいいのではなく，まあ安全は第一だけど，あんなに細い橋脚でも　長い橋桁を支えられる。こういう仕事いいなあと思った」とか「現場の人は，ものすごい技術をもっているんだなと思った。ミリ単位の狂いしかないのは神業だと思った」など，単に構造の学習としてだけでなく，工学や技術への関心の高まりやキャリア意識へのアプローチまで行っている生徒もいることが窺われた。

この授業のサンプルは『技術科の授業を創る[4]』を参照していただきたい。

(4)　土木学会での広がりと私が持った違和感

私は，このブリッジコンテストの実践を土木学会誌上で発表した[5]。すると，会員の方々からさまざまなコメントをいただくことができた。

それらのなかには「私たちが机上で学んだ構造力学や材料力学といった授業とは異なり，失敗しながらも実際に自分の力でより良い『ブリッジ』を作っていく作業は，とても魅力があり，中学校の授業とはいえ，私もやってみたいと思いました。…（中略）…許容や終局といった言葉を知ったとき，『あっ，あのときの……』と思い出してくれるかもしれません。（後略）[6]」と大学の講義での学びに向けた良い先行経験として評価して下さるものもあった。その後，多くの会員の方々（主として高専の先生や大学工学部の先生）から先行授業実践として取り上げていただき，それぞれの場所でさらに発展した形でブリッジコンテストの授業が行われてきた[7][8]。

高専や大学の工学部では構造力学や材料力学に関する基礎科目を履修させる必要があり，そういった講義の先行経験として，学生たちの興味関心を引き出すための良い教材であると先生方は考えておられるようであった。現に中学・高校でも構造の特徴や力学的な視点からブリッジコンテストを導入している学校は多い。

しかしながら，高専や大学の工学部の方々からの肯定的な評価とは別に，中学校の技術科としてのブリッジコンテストの別の価値があるように私には思えてならなかった。私にはただ構造力学的な視点のみでブリッジコンテス

トを行うのは何かもったいないという感じがしたのであった。こうした背景もあって，最初にブリッジコンテストを導入した年から，明石海峡大橋の建設に関係する人びとの熱意，ミリ単位にこだわった材料加工や組み立ての様子を，ビデオを通じて生徒たちに見せた。こうしてブリッジコンテストは，労働観を含めたキャリア意識，橋というインフラの公共性，住民・国民にとっての財産であるという視点からアプローチすることができ，そうした点からもブリッジコンテストを評価することで，構造力学的な事象以外にもより多くのことが学べるはずだ。

3　社会資本を自分ごととしてとらえるブリッジコンテスト

(1)　再設計した授業計画とその背景

「現場の人は，ものすごい技術をもっているんだなと思った。」という生徒の感想から，私自身が気づかされたことがあった。それは，橋という大きなものをつくることが，とてつもなくダイナミックなことであり，そもそもそこに橋梁建設が必要なのかどうかといった判断や住民理解，地質調査に材料や工法の選択の適否など完成に至るまでに数々のプロセスが含まれているだけでなく，多額の血税をつぎ込んだ失敗の許されない緊迫したものづくりであるという点である。社会資本としてのインフラは，文字通り人と人とのつながりのネットワークを支える私たち共通の財産であり，政治・経済・文化に深く関係する。そこで私は，ブリッジコンテストの実践を橋，道路，鉄道，トンネル，ダム，上下水道，ビルなど，人びとの社会活動を支えるインフラをつくるということの大きさを想像できるようなものへと発展できないかとも考えた。[9), 10)]

　こうした問題意識から再設計した授業の流れ（表Ⅱ-1-1）では，これまでの構造物の製作が続く途中にさまざまな活動を加え，橋についての生徒たちのイメージが膨らむことをねらった。それは，人が乗れるアーチ橋づくり，練って打ち込むモルタル試験など，建設現場で使われる材料に触れることで

表Ⅱ-1-1　授業の流れの一例

No.	内　　容	参考時間	内容補足
1	調査	1(h)	ブリッジコンテストを理解し，構造物についての調査を行う。インターネット，過去の作品（デジタルアーカイブ）の調査。
2	構造物の設計	1(h)	各チームでアイデアを出し合い，設計を行う。特派員のように各グループの進捗状況を取材し交流しながら，各チームのアイデアに生かしていく。
3	製作	3-7(h)	設計図をもとに製作作業を行うが，リサーチに戻ったり，試作品の破壊も含めて各チームがそれぞれ活動する。この製作フェイズのなかで，アーチ構造物の体験（1h），モルタル強度試験（1h），吊り橋の建設工程の体験（1h）を行う。
4	プレゼンテーションと強度試験	1(h)	タブレットでプレゼンテーションを行ったあと，各チームで構造物の自重を測定し，載荷試験を行う。その様子を各チームでビデオで記録する。各チームは動画編集を行い「振り返り」コメントと共に提出する。
5	まとめ	1(h)	NHKビデオ「テクノパワー」など，実際の橋の建設がわかるビデオを視聴し，振り返りを行う。
6	現場への接続	1-2(h)	現場との接続（以下のことは年によってあったりなかったりする）。世界一のスパンを誇る明石海峡大橋の見学（有志）に行き，当時の建設に関わってこられたエンジニアの方のお話を聴きながら主塔の頂上まで案内していただいたり，現場の第一線で活躍されておられた方に来校していただき特別講義をしていただく。（土木学会ではCCV組織の方々がいて，次世代の子どもたちに土木技術に関心を持ってもらえるよう活動されている）。また，国土交通省の方やその関連する会社の方々に来ていただき，われわれ国民が直面している課題（主には保守管理）とそれに向けたアプローチの取り組みをお話しいただいている。

より本物を想像する助けになるとの考えからであった。さらに，吊り橋の建設工程を実感できる活動を取り入れることで，巨大プロジェクトとしての橋梁建設のマネジメントを想像しやすくなるであろう。

　ブリッジコンテストにおいては，最終的に製作した橋の模型を各チームで破壊して強度を評価する。それはバルサの橋模型に過ぎない。しかし，その

破壊局面に至るまでに，アーチ橋づくりやモルタル強度試験，建設工程のワークを取り入れることによって，自分たちで製作した構造物が，単なる木製の橋模型ではなく一味も二味も違ったものとして生徒たちの目に映っているはずだ。

　毎年ではないが，世界一のスパンの長さを誇る明石海峡大橋の見学ツアーに有志の生徒を連れて行くことにしている。また国土交通省の方々に来ていただき，われわれ市民が直面している老朽化の問題と対策について話していただいている。また土木学会関係の方々（大学の先生や企業で研究しておられた方々）からは，現場でのさまざまな問題をいかに工夫して解決してきたかなどの話をしていただいている。

　このような仕掛けによって，ブリッジコンテストを終えた後の感想では，単に構造の工夫に言及するだけでなく，広い視点からより深い振り返りを行えるようになったと思っている。

　明石海峡大橋の見学会に参加した生徒たちからは「橋模型製作をしてみて，普段は身近にあってゆっくりと橋について考えてみたことはなかったけど，今回ひとつの橋をつくるのにもたくさんの人が知恵を出し合って，壊れないように作ってくださっていることに感謝したいです。コンクリートの破壊試験では約50kgまで耐えていたので，とても頑丈なことがわかりました。今までビルなどの建物をみたときになぜコンクリートなのだろうと思っていた謎が解けた」との感想も出された。こうした感想からは，多くの人びとの関わりのなかで橋がつくられていることをより実感を持って感じているように見える。

　また，「橋を作り終えたとき，橋は簡単だなと思えた。だが，土木学会の先生の話などを聴いていくうちに，コストが安く，強い構造，また環境との調和，そして住民の理解，そういったものをクリアしていかないといけないと知った。いつも渡っている橋にそんな苦労があったのだと思えるようになった」という感想からは，橋の構造だけにとどまらない大きな視点を獲得し

ていることもわかる。

　さらに「今ここにいる生徒，先生，物まですべての体重がのしかかっているのにもかかわらず，割れずに耐えることができているなんて凄すぎると思います。今まで何事もないように生活していた家も，はじめは柔らかいジェラートのようなモルタルから作られているのかと考えると面白いなと思います。」と，生活のなかに溶け込んでいる技術を生き生きと表現してくる生徒もいた。

　これらは，実際の建設現場で使われる材料であるモルタルやレンガのワークを通して橋梁建設のイメージがより自分の感覚のなかに染み込んできたことがうかがわれるのではないだろうか。生徒たちは，普段目にしているが気にも留めないモルタルの景色のなかに，建築物という構造のなかで材料が圧縮されているというイメージが宿ることになった。それはブリッジコンテストの一風景にすぎない木製の橋模型とて同じことであろう。本物の橋をバルサのような木材でつくることは不可能であるし，接着剤で部材を接合することは，現実味に欠けた茶番劇のようなものであることは生徒も百も承知である。しかし実際の骨材に触れ合う体験，巨大プロジェクトのマネジメントのワークを通して，一歩ずつ本物の体験に近づくことができると考えられる。

(2) アーチ構造の体験

　つぎにこの授業で取り組んだアーチ構造の体験について述べる。本校は校舎がレンガで作られているが，そのことを意識できる生徒は少ない。この活動ではベニア板で型枠を作り，レンガを積んでいき，レンガの間には湿った砂を入

図Ⅱ-1-5　人が乗れるアーチ

れていく。時に霧吹きで水分を補い適度な粘り気をつくりだす。この作業を
してみて生徒たちは，まっすぐに積んでいくことが意外に難しいことを体験
する。このアーチ構造の体験では，生徒たちに「運ぶ人」「水分を補う係」
「揃えを点検する人」など役割分担をさせている。最後に型枠を外しアーチ
橋の完成である。生徒たちは，最初は恐る恐るその上に乗る。しかし大丈夫
であることを知ると2人3人と次々に乗るようになった（図Ⅱ-1-5）。

　彼らは「本当に人が乗れるのか半信半疑だったけれど，大勢の人が乗って
もつぶれないアーチ橋をみて感動しました」と驚きを表現していた。また，
「真ん中のレンガ一つを下からコツンと蹴るだけで全てが崩れてしまったこ
とが驚きました」などアーチの特徴（欠点）に気づいた。そして，「本物の
アーチ橋をつくる人はプレッシャーがすごいだろうと思いました。…（中
略）…身の回りには本当にアーチがたくさんあることがわかりました」とい
う形でアーチ構造の存在に気づくようになった。こうして校舎や礼拝堂だけ
でなく，いつも見ている橋，商店街のアーケード，自分の足（アーチ）など，
日常目にしていたものへの生徒たちの見方が変わっていった。

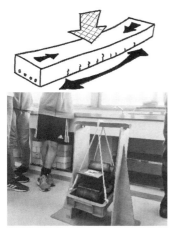

1　鉄骨（針金）入り　真水

真水

2　鉄骨（針金）なし　真水

真水

3　鉄骨（針金）なし　（不純物1）

不純物1

図Ⅱ-1-6　製作する試験ピース

(3) モルタル強度試験

　モルタルとは砂とセメントを固めたもので，砂利を含んだコンクリートとは区別される。われわれが日頃見ているコンクリート建造物の表面はモルタルであることが多い。授業では，砂とセメントの他に，不純物を混ぜて，強度にどのような違いが生じるのかを測る強度試験を行った（図Ⅱ-1-6）。ひと昔前の，海の砂を使用したため十分な強度を発揮できない“手抜き”工事の建築物の話から，「社会資本としてのインフラのあり方」への視点を与えるだけでなく，セメントという材料を使えば簡単にコンクリートのようなものをつくることができるが，適正な分量でないと一定の強度が発揮できないことを体験できる教材であると考えた。

　コンクリート構造物は材料の利点をうまく組み合わせてつくられている。引張りには弱いコンクリートを構造的に補強している鉄筋は，錆に弱いという弱点がある。アルカリ性のコンクリートによって，錆びやすい鉄筋が酸性雨から守るように覆われている。こうしてお互いの弱点を補い合って最高の力を発揮する，まさに「筋金入り」のパートナーである。作業のポイントとなる練り方については，「シャバシャバでもなく，ガチガチでもないちょうど食べごろのアイスクリーム」のような混ぜ具合という表現で，生徒たちに練ってもらった（図Ⅱ-1-7）。その後モルタルを型枠に入れて固めたのだが，そのうちいくつかは塩水，砂糖水，コーヒーや炭酸飲料など不純物をあえて入れたものである。1週間後，硬化する。型枠から取り外した強度試験用のモルタルは，それほど強そうには見えないが，重りを載せていくと予想を越えた強さであることがわかる。モルタルですらこの強度だから，コンクリートがとんでもない強度を持っていることは想像に難くない。また，不純物を入れた物は，塩の場合は意外と持ちこたえることがで

図Ⅱ-1-7　モルタルを練る

きたけれども，コーヒーや炭酸飲料などを入れたもののなかには型枠を外した時点で崩れてしまうものもあった。

モルタルの強度試験の後，老朽化する社会資本をどう保守していくかという問いをテーマにした「テクノパワー」のビデオを見せて，感想を書いてもらった。「ちょっとセメントを固めるだけでもかなり大変だったのに高速道路とかはすこしでもつくり方を間違えると人が死んだり大変なことになる。公共事業は名前のとおり，みんなが使う道などのことだからしっかり緻密に検査をしないといけない。いっぱい道路や橋をつくってもいつかは老朽化してしまうのだからあまり無計画につくったら維持費等でとてつもないお金がかかってしまう」などの感想から，コンクリート建設物に対する生徒たちの見方がより深くなっているように感じた。

(4) 吊り橋の建設工程

吊り橋の建設には，実にさまざまな会社が関わっていて，膨大な数のパズルを矛盾なくつなぎ合わせていくところに醍醐味がある。施工条件の洗い出し，地質／海流調査の結果をにらみながらの工法の選択，住民理解のための説明会の実施，建造用部材の搬入と掘削土砂などの搬出を両立させる経路の設計，効率的な搬送方法手順の考案，施工機械や担当技術者／作業員の導入計画などの事柄に対して，工期，コスト，安全性などのバランスをとりながら，巨大プロジェクトが進められる。

授業では，実施工程を分けて，それぞれの役割を緩やかに与えて，全員で模型の吊り橋をつくった。模型も本物も，工程や作業の順番は同じである。アンカレイジ（吊り橋のケーブルを固定するた

図Ⅱ-1-8　完成した教室いっぱいの吊り橋

めの大きなコンクリートブロックのこと）としての生徒机の位置を決め，のぼり
の土台をケーソンとして設置し，その上にのぼりのフレームを主塔として建
設する。メインロープを主塔にかけ，ハンガーロープを垂らす。最後に橋桁
になるボードを吊るして行くと吊り橋の完成である。吊り橋に敷設する水道，
道路，鉄道，ケーブル類などは，プラレールを組み立て，「新幹線」を走ら
せ，記念写真を撮り，時間以内に解体し，元の場所に納めるというプログラ
ムである（図Ⅱ-1-8）。橋の建設は納期や段取りがまずいと上手くいかない。
チームビルディング（個々人の能力を最大限発揮するようなチームづくりのための
取り組み）のような感覚で，吊り橋を建設するような巨大プロジェクトの手
順を学ぶことができた。これは鍋島康之が教員免許状更新講習で行った授業[11]
を参考にして，中学１年生を対象に授業実践を行ったものである。

　この取り組みで「吊り橋をつくるのは人手と時間が大切なことに気づきま
した。橋は弱く，すぐクリップが取れてしまったり，揺れて線路が外れてし
まったり…今回は小さな電車でしたが，本来は本物の電車で人の命を預かっ
ています。それに風などが加わり，もっと崩れる可能性が高くなる。橋づく
りは重要なことだと思えてきました。」など，社会資本としてのインフラの
事業に対する生徒たちのイメージがより深くなっていったと考えられる。

(5)　明石海峡大橋見学ツアー

　ブリッジコンテストに加えて，有志ではあるが，筆者は世界最長のスパンを誇る明石海峡大橋ブリッジツアー（図Ⅱ-1-9）を企画し，生徒を年１回引率している。

　その際には普段は入れ

図Ⅱ-1-9　主塔の頂上にて

ない橋桁のグレーチング（鉄でできた格子状のスノコ）の上を歩き，現役時代に建設や設計に関わったシルバーボランティアの方に工学的な解説をいただきながら，主塔のエレベーターを使って頂上まで登る。そこは海面上約300m・360度パノラマの景色が広がっている。元エンジニアの解説や，授業で得たブリッジコンテストの体験を踏まえて，地上から見上げた明石海峡大橋の巨大な機能美に生徒たちは驚く。参加者数は20名程度と少ないが，生徒たちは主塔の上に立つという文字どおり日本の土木技術の上に立つ感動を味わっている。以下に生徒の感想を紹介したい。2人とも授業では得られない生きた実感のようなものをつかんでいる。

　「最初の博物館でのガイドさんによる説明はとても分かりやすく展示品などを見ながらだったので理解が深まりました。その後実際に橋を歩き出すと，海の中からそびえ立つその大きさを間近に見て圧倒されました。また，数々の大きな部品がある様子は工事の大変さを物語っていると思いました。頂上に登ると本州，淡路島，そして瀬戸内海を一望することができとても良い眺めでした。帰りにはガイドさんに疑問を質問することができました。とても分かりやすい解説で質問した甲斐があったと思います。何回も来れるとは限らない中で今回来ることができたのはとても良かったです。当時10年もの歳月をかけて工事にあたった人たちの情熱と，数多くの困難にも立ち向かい建設後から今まで最長記録を保持している橋を作り上げた日本の技術を知ることができたと思いました。」

　「帰りの電車の橋を見ていたら，三角の棒が橋を支えていることに気がつきました。よく考えてみると，明石海峡大橋もそうだったなとおもいました。橋を作るとき，三角が物を支えやすい形なのかなと思いました。また，解説者の方々がいてくださってより深い学びができました。作る人の壊れないようにするための工夫，技術の高さを感じられました。技術の授業に生かしたいと思いました。また，小さい模型がかわいくて，一度作ってみたいと思いました。そして，何よりも塔の上から見た景色が絶景でした。私がまるで橋

を地上に向かってたれながしているようでした。一度も見たことがないとても不思議な景色でした。家族と見たかったと思いました。塔の上にたどり着くまでが怖くて大変でした。金属のあみからのぞいてみると海が真下で落ちるのではないかと心配になりました。でも，従業員の方々が『これは私が作った橋なのだから壊れるわけない。だから安心して。』と言ってくださったのでほっとしました。もう一度，家族と来たいです。」

　自分自身がまちづくりに主体的に関わり，地域や社会をよりよくしていこうという市民としての大きな誇りを感じることができる。こうした現物の体験は何にも代えがたい貴重なものである。

　そして，この生徒はブリッジコンテストを終えて，ブリッジコンテスト全体の振り返りのなかで，さらに疑問を膨らませている。

「私は，明石海峡に行きました。私が疑問に思っていることは，

　1．アンカレッジを作るのにどのくらいの期間がいるのか。

　2．橋はどのくらいの期間で壊れるのか。

　3．検査などはするのか。

　4．ケーブルを六角形にする意味は何なのか。

　5．ケーブルを束ねて作る理由は何なのか。

　6．日本で一番最初に作られた橋は何なのか。

　7．橋を作るにあたり，何の作業が一番難しいのか。

　8．保護する板の形は，何の形が一番強いのか。」

　生徒の思考は非常に奥深いものになっており，これらの疑問からうかがえることは，彼女にとっての橋はもはや町のなかに静かに建っているものではなく，生きて動いているように見えているのではないかと思える。

(6) 守りの技術への視点

　私たちが直面している問題は，橋梁をはじめとする社会インフラの老朽化である。国交省の方や関連会社の方々が取り組まれている守りの技術について実体験を踏まえながら生徒たちに考える機会をつくっている。現存する橋

の老朽化は補修のための予算の必要性を
意味している。しかし，予算は減少の方
向にあるという。それを解決するための
一つの方法として，ドローンを使って早
い段階で補修箇所を発見し，大きな補修
工事になる前に直していくという方法が
検討されているとのことである。

図Ⅱ-1-10　VRを使った高所点検

　授業では，VR（バーチャル・リアリテ
ィー：Virtual Reality）を使った高所点検（図Ⅱ-1-10）やドローンの操縦の体
験（図Ⅱ-1-11）を交えながら国交省の方から，老朽化と守りの技術（日常点
検，実態把握，予防保全と対策）についての講義をしてもらった。それはイン
フラや建設産業への関心，一市民としての社会資本一般に対する見方や考え
方を豊かにする取り組みとして位置付けたものである。

　「インフラやライフラインなど，聞いたことはあるけれどあまり知らない
ことについて，例を挙げて詳しく教えてくださった。老朽化の現状について
知るとともに，点検してくださっている人たちへの感謝の気持ちがでてきま
した。」

　「社会資本の老朽化が今問題になっていることは知っていたが，それを最
新のドローンなどを使い，維持管理してい
る人たちがいることは全く知らなかったで
す。今回のお話，そして体験で，それらを
知ることができたし，ドローンなどの少し
違う分野からの応用について考えることが
できたと思います。これからの社会を担っ
ていく私たちの世代が考えて，できること
についてしっかりと向き合うことができ，

図Ⅱ-1-11　ドローンの操縦体験

とても良い経験になりました。」

　生徒たちは，授業での学びを通して，一市民としての課題というべき視点，現実を変えていける主人公であると感じているのではないだろうか。

4　更新し続ける問いをもつために

(1)　学外の方々とのつながりを大切にして生徒から学ぶ

　冒頭でも述べたように私は，中学校の教師として働き出したときにもった違和感を基点にして授業の改良を重ねてきた。学校で学ぶことが，進学や評定記号のような外的な動機に大きい影響を受けており，授業で学ぶ意味のような本来的なものを失っている状態をなんとかしたいと考えてのことであった。要するに，今日の自分の成長にわくわくして，早く明日が来ないかなと思えるような授業をいかに提供できるのかということであったと思う。

　しかし，生徒からの良い反応はすぐには得られなかった。自分なりに授業という枠組みのなかで授業準備をして実施した授業であっても，授業で製作した作品に対する思い入れの希薄さは一向に改善されなかった。考えるきっかけとなる課題も，自分の学びの足跡を確かめるペーパーテストも，それらはより良い評定記号のためであるかのごときで，学年終わりや卒業時などの節目ではノートやプリント，生徒自身が描いた課題などがゴミ箱に捨てられるという始末であった。

　しかし今ブリッジコンテストを中心にして，技術的，工学的な観点だけでなく，社会資本そのものをテーマとしてさまざまな取り組みを広げるに至って，生徒は社会資本そのもののなかに，人びとのネットワークや政治・経済・社会とのつながりが含まれていることにも気づき，行動を変えようとしている。このような展開の仕方ができたのは，生徒の様子や生徒の感想から多くの気づきをもらえたことは間違いない。この実践を振り返って思うことは学校外の人びととのつながりに助けられてきたことである。私は米国のITEAという研究大会に突然飛び込んで参加したことをきっかけに，ブリッ

ジコンテストの発想をいただき実施することができた。そして『土木学会誌』への投稿を通して，高専や大学の方々だけでなく広告代理店の方々ともつながりをつくることができた。また，子ども向けの土木技術イベントや教員免許状更新講習でのゲストスピーカーとしての関わりをいただきながら，そこでまた新たなつながりとアドバイス，授業改善のヒントをいただくことができている。近年では，CVV（Civil Veterans & Volunteers）という元エンジニアや研究者や行政で活躍されていた方々のボランティア組織の皆さん，国土交通省など行政の立場から社会資本としてのインフラの発展に関わっておられる方々とのつながりから，授業の場面にて中学生にリアルなお話をしていただいている。

　社会資本としての橋は，そもそも国境を超えた普遍的なテーマであり，日本の枠内に限定する必要がないことにも気づいた。近年私は，アジア諸国を中心に各国の学校に飛び込んでいき，技術に関係する授業をしながら海外の生徒たちや教師，保護者，教材会社とのつながりを広げている。そのつながりを生かしながら本校で「Asia STEAM Camp」[12]という多国籍の生徒たちがバラバラのチームになり，国際的なチームで科学・技術に関するミッション（問題）に取り組んでいく2日間のイベントを行っている（図Ⅱ-1-12）。そ

図Ⅱ-1-12　アジア諸国の子どもたちが集まる Asia STEAM Camp

図Ⅱ-1-13　インターナショナルなチームでパスタブリッジコンテスト

図Ⅱ-1-14　韓国の学校とのものづくり授業交流

のなかの一つの活動としてブリッジコンテストは非常に有効である（図Ⅱ-1-13）。

　また，韓国の学校とのものづくり授業交流プロジェクトという国際交流の新しい形で毎年交流を行っている（図Ⅱ-1-14）。文化も言葉も違う生徒と協同しながら，より適した答えを導き出させるミッションとして，ブリッジコンテストを導入している。これらは，①技術的課題を含んでいること，②問題解決へ向かう過程を体験させることに主眼があること，③協同できるアクティビティであること，④イベントとしての側面を利用できるので時間を制限するように設定でき，それによってコミュニケーションを触発できること，⑤言葉の違う生徒同士が，アイデアを出し合いながらアレンジできる可能性をもった取り組みであることなど，さまざまな点において有効であった。

(2)　生徒は未来からの留学生
―私たちが直面している課題に一緒に取り組んでいきたい―

　今更ながら，橋，道路，鉄道といった社会資本としてのインフラは，実に奥深く広いものであることを私は実感している。授業においてはブリッジコンテストの取り組みにて「橋」を出発点にこそするが，さまざまな分野に繋がっている。設計の場面での数学的シミュレーション，コンクリートの化学的な開発，不断の試行錯誤を伴う材料研究やより適した工法の選択に関わる地質調査，風や川の流れの調査，生物調査のように，橋の設計や建設は他分野の科学や技術と関連している。加えて日本の橋の機能美など，さまざまな現実につながっている。橋梁建設のための集会を数多く開きながら住民理解のための活動，建設後にも保守管理の技術が必要になってくる。さらに，老朽化が進むインフラを維持・管理するだけの予算が足りないという課題に直

面している。私たちは真剣に未来の社会資本に向き合わなければならない時期に来ている。守りのテクノロジーの時代がそこに来ている。次代を担う生徒たちとともに当事者意識を持って考えていかなければならないのである。

近年，教科横断的学習や PBL（Project Based Learning）への関心から巷では STEM/STEAM（Science, Technology, Engineering and Mathematics / Science, Technology, Engineering and Applied Mathematics / Science, Technology, Engineering, Art and Mathematics）というキーワードが注目されているが，技術科で取り組んでいる授業 "社会資本を自分ごととしてとらえるブリッジコンテスト" はまさにその的を射ている学びではないかと感じている。

　社会資本のあり方を考えれば考えるほど，さまざまな学問的知識が必要となる。また，思想や哲学的な考え方をより深く理解することも必要である。さらに，ある種の判断の場面ではより多くの思考の引き出しも必要とされる。これからの時代を生きる生徒たちは，膨れ上がる補修予算，老朽化の問題，人口減がもたらす諸問題などに向き合っていかなければならない。こうした事態のなかにあって，目の前の生徒たちに対して，決まりきまった事柄を一方通行に流し込むような態度，すべての答えを教師が握っているかのような授業はありえない。生徒が直面する未来社会における諸課題とは，私たち世代がすでに知りえているやり方ではとうてい太刀打ちできないものであろう。

　私は，生徒たちは未来からやってきた留学生であると考えるようにしている。生徒たちがこれから先に生きる社会は，私の世代が再生産されることではない。自然と人間の関係によって引き起こされる人類的問題はすでに地球規模のレンジになっている。これまで感じたり培ってきた価値観や方法は当てはまらない。未来からやってきた留学生に何をしてやることができるのかを共に考える姿勢を持ちたい。未来を生きる生徒たちと共に探究し学び合い，当事者意識を共有しながら未来社会へアプローチしていきたい。

〈注〉

1）2010 年より ITEA（International Technology Education Association）から ITEEA（International Technology and Engineering Educators Association）に名称変更された。

2）Korchoke Chantawarangul（舘石和雄訳）「カセサート大学における子供ブリッジコンテスト」『土木学会誌』Vol. 81, No. 12，1996 年，pp. 58-59。

3）http://bridgecontest.phys.iit.edu/
http://bridgecontest.phys.iit.edu/public/documents/index
（2019 年 1 月 8 日）

4）河野義顕・大谷良光・田中喜美編著『改訂版　技術科の授業を創る―学力への挑戦』学文社，2011 年。

5）沼田和也「中学校の授業で実施した「ブリッジコンテスト」」『土木学会誌』Vol. 83, No. 9，1998 年，pp. 49-50。

6）会員の声『土木学会誌』Vol. 83, No. 10, 1998 年，pp. 58-59。

7）塩野計司「段ボールの橋　高専でもブリッジコンテスト」『土木学会誌』Vol. 85, No. 3，2000 年，pp. 47-49。

8）吉田雅穂・髙橋佳代「学校教育におけるブリッジコンテストの実施方法と評価方法に関する研究」『高専教育』第 26 号，2003 年，pp. 345-350。

9）沼田和也「土木技術への関心を育てる中学校技術科の授業　Technology class of junior high school to nurture an interest in civil engineering technology」『土木学会誌』Vol. 103, No. 10，2018 年，pp. 50-53。

10）沼田和也「中学校におけるブリッジコンテストを技術教育として意味ある展開にする」『技術教育研究』No. 76，2017 年，pp. 49-55。

11）鍋島康之「教員免許状更新講習を使った小中高等学校教員へのアプローチ」『土木学会誌』Vol. 101, No. 3，2017 年。

12）沼田和也「国際理解へ繋げる STEM 教育の展開〜 Asia STEAM Camp / Robo STEAM を中心として〜」『日本 STEM 教育学会 2019 年 3 月拡大研究会予稿集』pp. 28-31。

■ 第2章 種子から作物の世界へせまる

1 簡単・失敗なしでは面白くない

(1) 違和感との遭遇

　私は大学卒業前に結婚し，そのまま母親として20年を過ごした。北京で幼児教育サークルに参加し，香港で子どもたちを英国系国際学校に通わせた。日本に戻って自分の子どもたちが何とか自分で自分のことをできるようになってきて，間もなく夫の会社が倒産した。私が成田空港のファーストフード店でアルバイトをしていたが，それでは収入が足りず学校の先生になることにした。はじめの一年は公立高校で家庭科の常勤講師として働き，翌年から公立中学校で技術科を教えることになった。

　すべての始まりは教育現場での違和感である。高校受験科目にはない技術科は「実技教科」と呼ばれ，ただものづくりをやるだけの教科として軽視されている。私が考える技術教育というものはそのようなものではない。座学で得た知識の上に実践は成り立ち，そのなかで生徒たちは試行錯誤しながら成長していくのである。目的の前にある壁を乗り越えるため何をどう組み合わせて解決するか，次々とアイデアを生み出しステップアップしていく。「受験教科」（ここではあえてそう言おう）で得た知識を実際に活用し，苦しくも楽しくワクワクしてしょうがないのが技術科の授業であると考えていた。

　私がそのような考えに至ったのは初めて中学校で常勤講師をしていた当時の教頭先生の影響があるように思える。その教頭は音楽科教師だった。ある時彼は「実技教科」というものは存在しないと語っていた。子どもたちに学ばせるため，生きる力をつけさせるために，それぞれの教科でその特性と教材を通して教育するということである。実技を身につけさせるのが本来の目

的ではない。実技を通して考えることが不可欠であるという考えである。実際にそれを念頭に授業を組み立てていくと授業後の生徒たちの感想にも自ら学び取った実感あふれる言葉が現れてくる。それについては以下で紹介したい。

(2) 先輩教師の背中を見て育つ？

ところで自分のまわりの先輩教師たちはどうであろう。その多くは「教科書通りにやっていれば間違いはない。」という。「教師は生徒にたくさんの知識を教えてやり，できるだけ失敗をしないやり方で実践をするのが良い。」という。終始一貫して教師から生徒への一方的な知識の受け渡しのみであり，失敗しないように最善の（実は最悪の）注意が払われた実践を行う。果たしてそのやり方は本当に良いのだろうか。問題はないのだろうか。成功体験がなければ充実感や自己肯定感を持てなくなり子どものやる気が失せるという言葉をよく耳にするが，実際のところはどうなのだろうか。

よく見ていると簡単なことで成功する実践では，生徒はそれほど満足してはいない。少しだけ背伸びをしたちょっと難しいところで成功すれば，それが充実感となり次へチャレンジする原動力につながる。教師には生徒たちが目指そうとする目標の的確な位置を見定める力が必要となってくる。それは当然ではあるが教師と生徒との関わりがなければ見えてくることはない。生徒は一人ひとりが違うので全員に完璧に合うようにはできない。しかしそれに近付く努力はわれわれにはできる。手の届きそうな少し難しいことに対しては，生徒は難しかったけれども面白かったという反応を示すことがよくある。社会人になる前に学校では進んで失敗を経験させたい。失敗をしなければ生徒は考えない。何が原因だったのか，どうするとうまくできるのか，成功ばかりしていると考えずに終わってしまうからだ。そういった視点から教材は至極簡単に成功するものを選ぶべきではないとの方針が私には生まれた。実はそれが実社会の技術開発の歩み方にも共通するのではないかと考えられる。

現状を改善していくために人間は長い間あれこれ考え，あらゆる物質に働きかけて生きてきた。個人差はあるが中学生くらいまで成長すると遊びでも何でも子どもだましよりは本物に近いことに魅力を感じるようになってくるものである。大人の真似をしたがるのは成長段階として当たり前のことである。そのような生徒たちの期待に是非とも応えてあげたい。

(3)　生徒と共に成長できる教師になろう

　中学校にはいろいろな子どもたちが在籍している。分野によっては教師を超える知識や驚くような発想力を持っている生徒が少なからずいる。子どもだと思ってあなどってはいけない。次々と入学し卒業していく生徒たちから逆に教師が教えられてしまうことはたくさんあるからだ。そこで教師は一体何をすれば良いのだろうか。学習指導要領に沿って教えるだけで大丈夫と言い切れるのか。今の自分には，まだ明確な答えは出せていない。教師というものは常に懐疑の念を持ち教師自身が成長し続ける必要があるからかもしれない。予測困難な事態が想定されるといわれている未来社会に向けてわれわれは常に立ち止まっている訳にはいかない。毎日歯磨きをするのと同じように教師としての自分磨きを忘れないようにしたい。いつでもピカピカな教師でいたいものである。

　学校の教師は常に「こういう生徒に育てたい」と目標を掲げて達成することを強いられ，個人を十把一絡げにして扱おうとする傾向が見られる。そろそろいわゆる画一主義的な教育の限界が来ていると考えなければいけないだろう。不登校生徒の著しい増加傾向からもそれは明白であると言えるだろう。実際に教育現場へ飛び込んでみると，中学校の教師たちの多くは真面目ではあるが連日の忙しさで目の前のことだけに流されていることがよくわかった。時間も人手も足りないという教育現場の状況で，これからの日本を背負っていく子どもたちに何が必要であるのか教師は本気で考えるべきである。指示されたことだけをやるのであれば，それは AI 仕掛けのロボットにやらせよう。そして迫り来る将来，グローバル化を受け入れようとする気がこの国に

あるのなら教師は手始めに諸外国の教育カリキュラムを調べたり，実際に学校を見てきたりする機会をつくるのが良いのではないだろうか。2020 年の今，日本の鎖国が約 170 年前に終わっているにもかかわらず，当時の状況からさほど変化をしていないような気がするのである。すべてを諸外国に真似する必要はないが他を知らずにいることには疑問をもつ必要があるだろう。

　生徒の記憶に鮮明に残るのはどのような授業であるのか。授業でしか経験できない頭を使う知的に楽しいことは何であるのか。さらに身体を動かし五感で楽しめるような教材になり得るものは何なのだろうか。これから世界を相手に生きてゆく生徒たちに個々の日本人としてのアイデンティティー形成のため必要となるものは何であるのか。そんなことを学校の行き帰りのバスや電車のなかでこっそり考えている。

　こうしたことを考えながら，私が教師になって間もない頃に始めた変な朝顔（変化朝顔）栽培のことから紹介しよう。アサガオは誰でも知っている夏の風物詩である。だけど皆さん，こんな奇妙な姿かたちをしたアサガオを見たことありますか？

図Ⅱ-2-1　　　　　　　　図Ⅱ-2-2　　　　　　　　図Ⅱ-2-3

2 世界で日本だけの変な朝顔

(1) 変化朝顔との出会い

教材は教材会社の分厚いカタログやホームセンター巡りだけに終わらない。思わぬ場所で偶然に出会えるものでもある。近所の博物館でたまたま見つけたのが変化朝顔である。他にも古典菊やサクラソウなどの伝統的な園芸植物（生きた歴史的資料）が季節に合わせて展示されていた。しかしそのなかからなぜ変化朝顔を選んだのか。その理由は見た目の奇想天外さ，奇妙極まりないその葉や花の変貌した姿にある。これがアサガオであるとは認め難い様子を呈しているからである。多くの生徒が小学生の時に普通のアサガオを栽培した経験を持っている。あの広く親しまれているアサガオとこのアサガオの違いは何であるのか。

アサガオは中南米原産で今から1200年ほど前の奈良時代に中国から薬として日本に渡来したと考えられている。世界で唯一，日本でのみ園芸化されてきた。変化朝顔は江戸時代後期，ゲノム中で突然変異を引き起こす動く遺伝子（トランスポゾン）の移転が何らかの理由で活性化してできたものである。それを絶やすことなく育て近代の戦火をくぐり抜け現在までの約200年を受け継いで来た人びとがいた。その栽培の歴史における系統維持のための一世代に，自ら直接関わるという事の重大さを理解したときの生徒の気持ちの高揚は，他の教材では得ることのない非常に特殊な経験として記憶に刻まれる。

私は変化朝顔のなかでも不稔性をもつ出物（でもの）系統をあえて教材にしている。出物とは変異が大きく観賞価値が高い品種群のことである。突然変異遺伝子により雌しべや雄しべがないか，退化したもので種子ができない。種子ができなければその後はどうなってしまうのか。絶滅してしまうのではないか。そんな心配が生徒の頭に渦巻き困惑した表情を見せ始めたらしめたものである。そこで生徒たちの不安を一気に解消してあげよう。個別に管理して育てた見かけは普通の兄弟株から種子を採取し選んで育てれば系統の維

持ができるという仕組みになっている。

　ところが教材として利用する変化朝顔の種子，特に出物系統の種子はほとんど市販されていない。その理由としては種子を必ず試験播きして突然変異遺伝子をもつものであるかどうかの検定を必要とする煩雑さにある。現在九州大学が変化朝顔の種子を有償で配付しているので詳しくはホームページを見ていただきたい（http://mg.biology.kyushu-u.ac.jp/）。また各地で開催される変化朝顔の展示会で配付されることがあるので調べておけば入手できる。私は2012年の横浜での展示会で種子を購入して増やしたものを使用している。

図Ⅱ-2-4　黄弱渦柳葉桃色地
　　　　　青紫吹雪撫子咲

　今年（2019年）は国立歴史民俗博物館で「生きた歴史資料」である変化朝顔の展示を始めて20年目になる。かつては自分の子どもを連れて見に来ていた変化朝顔を今年度も教材として使っている。変化朝顔とは突然変異遺伝子を持ったアサガオの系統で，その一部は不稔性がある（種子ができない）。それらは人が選別を行わなければ遺伝子を維持することができず，江戸時代から200年以上に渡って人の手が関わり続けたことにより現存するものである。しかし，その知名度はまだ低い。

(2)　生徒と一緒に育てよう

　授業では変化朝顔の出物系統維持のための栽培実践を行う。育て方は一般的なアサガオと変わりない。しかし変化朝顔の場合は種播きをする前に「芽切り」という作業を行う。アサガオは硬実種子のため発芽がうまくいかないことがある。特に変化朝顔の場合は発芽力が弱い。そこで種子の外皮に小さな傷をつけて発芽を促す必要がある。そのままにしておくと発芽できずに腐

《変化朝顔の栽培（芽切りから開花まで）》

図Ⅱ-2-5　①芽切り（種皮に傷を付け発芽を促す）

図Ⅱ-2-5　②種播き

図Ⅱ-2-5　③鉢上げ

図Ⅱ-2-5　④名札付け

図Ⅱ-2-5　⑤定植（観賞用ホモ株）

図Ⅱ-2-5　⑥定植（種子取り用ヘテロ株）

図Ⅱ-2-5　⑦出物開花（采咲観賞用ホモ株）

図Ⅱ-2-5　⑧出物開花（撫子咲観賞用ホモ株）

図Ⅱ-2-5　⑨ 出物親木開花(種子取り
用ヘテロ株)

図Ⅱ-2-5　⑩ 出物親木個別管理

ってしまうものがあるため人の手助けを必要とするのである。発芽後も外皮
が取れにくいため，水で湿らせて手で外してやることもある。育苗に関して
は発芽した双葉の形状から選別を始める。葉に変化の出たものは観賞用とな
るので鉢植えにし，他は個別に地植えにして絡まないように管理をして種子
を採取する。よく乾燥させた種子は別の株の種子が混入しないように注意し
て封筒に入れ番号を記載し冷蔵庫に保管しておく。九州大学では50年近く
保存されている種子もある。

(3)　種子はすべての根源である

　作物は一般的に種子によって生産を繰り返す。変化朝顔も例外になく種子
を残せなくては根絶してしまう。変化朝顔は日本の伝統的な園芸文化の代表
格として存在してきた。江戸時代には下級武士や庶民の生活を支える収入源
として特色のある産業の一つであった。また薬用作物として利用されてきた
歴史も見逃せない。

　はじめのうちは変化朝顔の種子の数を増やすために栽培をしていた。ある
程度種子がストックできてから，生徒に種子を維持する意味を考えさせるよ
うになった。それはアサガオだけに限らずすべての作物に関わる大事なこと
である。劣性遺伝子を選別して残すという特殊に見える変化朝顔栽培も，突
き詰めて見れば作物全般に行われている品種改良の種子の選別と同じく人の
手によって作り上げられ保たれてきたものであるということがわかる。1粒

の種籾を播けば600～1,000粒の米ができる。種子がなくては作物ができず，作物ができなければ人間は暮らしていけない。

　至近の授業では，変化朝顔を維持・保存するため，中学生である生徒に自分たちで何ができるかということを考えさせている。変化朝顔栽培で気づいた自分たちの学びや考えを，地域へあるいはもっと広い世界に向けてどう発信することができるか，その可能性を探っている。もちろん実現できそうなことは実際にやってみるつもりでいる。現在のところ，変化朝顔を知らない人にどうすれば興味を持ってもらえるかということ，種子や苗を配ることはできるか，また伝統を維持するためには自分たち中学生よりも年下の小学生をターゲットにしなくてはいけないというようなアイデアが出されている。

　次にあげるのは地元千葉県の特産物。最近では学校での取り扱いが「諸刃の剣」とも言われているラッカセイである。しかし，これもまたユニークな作物であるゆえに教材として大変魅力がある。学校現場の状況に応じて検討しながら取り入れたい。

3　千葉といえばラッカセイ

⑴　なぜ養液栽培なのか

　2011年に起きた東日本大震災の福島原発事故により周辺各地に放射性セシウムが拡散し，それは千葉県にも及んだ。当時，千葉市教育委員会から屋外での栽培活動などを自粛するようにとの通達があった。私が勤務していた千葉市内の中学校では体育館周辺の土を除去するように指示が出された。そしてその汚染された土は技術科の授業で生徒たちが開墾して使っていた畑に何の断りもなく捨てられた。夏休み明けに出勤すると畑にはロープが張られ立入禁止の札が立っているのを見て，驚きを通り越して言葉も出なかった。畑は使えなくなり，翌年の栽培実習では変化朝顔を植木鉢と校舎前の花壇で育てることにした。

　翌年異動した学校では畑は特別支援学級の生徒たちが使っていて，他に耕

作適地は見当たらなかった。その年に技術・家庭科の全国大会が千葉市で行われた。「ラッカセイの栽培を通して土の再生を考える」という研究授業を担当教師が発表した。全国大会開催の影響で千葉市内の多くの学校でラッカセイのプランター栽培が行われた。しかしどの学校も皆同じというのでは面白くない。そこで大学院の授業で講義を受けたばかりの養液栽培でラッカセイを育ててみようと考えた。学校での実践例はもとより，国際的な専門研究をみても先行研究がほとんどなかった。実践例がないのであれば自ら手探りでやってみるしかない。ラッカセイの特異な生育に合わせて栽培装置を設計することは農業系技術開発としての取り組みにもなる。土の汚染や畑がない状況であっても栽培を行うことができ，なおかつ地域の特産物を扱う申し分のない組み合わせではないかと思った。

　ところでラッカセイはもともと日本にあったものではない。アンデスの山麓が原産地である。食用となる実は花が咲いた後に子房柄というものが伸びていき暗い土壌のなかでその先が膨らんでできる。花は地上で咲くにもかかわらず実は地中にできる変わった植物である。原種は，放射状に枝が這うように広がって生育するものであるが品種改良により株立ちする形へと人間が作り変えてしまった。また日本へ渡ってきた後でさまざまな品種がつくられた。「千葉半立」や「おおまさり」などの有名人気品種がある。ちなみに，「おおまさり」はアメリカの「ジェンキンス・ジャンボ」を父系，日本の「ナカテユタカ」を母系にもつ品種である。

(2)　養液栽培で育てよう

1　はじめてのラッカセイ養液栽培

　先ずはラッカセイの莢ができる条件を探る必要があった。学校での実践報告がないので，色々試してその条件を自分たちで明らかにしていかなければならなかった。

　1年生4クラス×6グループで栽培装置を考えて，発表・実験・観察を行った。屋内での栽培は日照不足と風通しの悪さによるハダニの蔓延が原因で，

図Ⅱ-2-6　養液栽培基本セット

図Ⅱ-2-7　授業で観察をする生徒たち

ほとんど結実しなかった。しかし莢ができるための条件（暗さと水分）を知ることができたのは大きな収穫である。また苗は生育の途中で枯れてしまうことがあった。はじめから複数本にするか予備苗を準備して対応できるようにする必要があった。バケツのなかでは，根が 1.5 m 近くまで伸びることも確認された。室内では LED ライトによる補光とサーキュレーターなどで風通しを良くすることが課題としてみえてきた。

図Ⅱ-2-8　栽培中のラッカセイ

図Ⅱ-2-9　屋外渡り廊下で栽培中のラッカセイ

図Ⅱ-2-10　転倒防止のために支柱を立てる

図Ⅱ-2-11　草丈50センチ近くに成長

図Ⅱ-2-12　莢は3センチ程度に成長

② 屋外で養液栽培

　授業での先行実践の結果から，日照量に着目して実験を行った。室内だけでなく屋外でも栽培した結果，屋外で育てたもののほうが圧倒的に多くの莢をつけた。バケツごとに苗を1，2，3本と本数を変えてみたが，本数が増えると1本の苗の生育できる範囲が抑えられるので苗の本数を多くする意味

はあまりないように思えた。課題としては，開花数は多いが莢の大きさが十分ではないので莢をより大きくするにはどうすればよいかが，次の課題となった。

3 栽培装置を設計する

　3年生のコンピュータを使った発表のテーマとして養液栽培装置の設計を設定した。1〜3名で自由にグループを組みアイデアを発表する。お互いの発表を聞き合い，感想を書かせた。

　ラッカセイの養液栽培装置を構想し試行錯誤しながら一つのものを具体化させていく行為，すなわち設計は，人間に備わる普遍的な能力の一つであり子どもが成長していく過程で必要な経験である。学校生活のなかでの創造的な活動を通し自己の考えを他人にわかるように伝える。討論しながら技術開発についてより深く迫っていくことは，単純に教科書の内容をおぼえ教師か

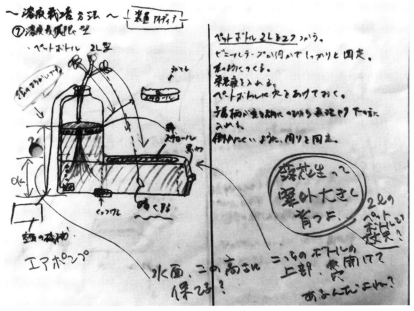

図Ⅱ-2-13　養液栽培装置の設計アイディアのやりとり

ら解説されて終わる授業とは明らかに違っている。子どもたち自身の能力が引き出され，互いに影響し合いながら思考は膨らみ，より深く絡み合い始める。自然なかたちで本物の技術の世界に興味が湧き，自ら考えようとする確かな力となっていくのではないだろうか。

④ 番外編：海外の高校生も興味津々

大学院のプログラムに参加し，タイ王国チュラロンコン大学附属高校の授業で養液栽培装置作りを行った。日本の中学生より大きな彼らも楽しんで実践を行うことができたようだ。生徒に聞いたところ通常の授業は講義が中心で，ほとんど実験や観察などの活動はやらないという話であった。

《生徒たちの感想》

> The presentation was very beautiful. All of them were clear and very easy to understand.
> This lecture was amazing. I've never tried hydroponics before. It is a great experience for me to study something new. It was amazing.

教科書に養液栽培のことは載っているが装置をつくるのは初めてで，それがとても楽しく驚きに満ちていたことがうかがえる。

> I enjoyed everything in the class whether the lecture part or activity part. It was a very brilliant time to spend with you. I can gained lots of knowledge from this class. Thank you for teaching us!

授業では講義と活動の両方とも楽しめたと言っている。今まで知らなかったことを学べたことがとても刺激となったようである。

(3) ラッカセイを知らない子どもたち

千葉といえばラッカセイと言いながら，実は千葉の子どもたちはラッカセイのことをほとんど知らない。授業のはじめにラッカセイの絵を描かせてみ

図Ⅱ-2-14　養液栽培装置作りのレクチャー　　図Ⅱ-2-15　製作した装置と生徒たち

ると8割以上の生徒が樹上に莢ができると想像して描く。また蔓性のもので
あると考える生徒もいる。ごく僅かにラッカセイ掘りの経験がある生徒やテ
レビで見たことがある生徒だけが正しい絵を描くことができた。地元の特産
物である作物について興味関心を持ち，最低限の正しい知識を身につけても
らいたいと願うものである。

図Ⅱ-2-16　樹上に莢ができると考えら　　図Ⅱ-2-17　蔓性で地面を這うと考え
　　　　　　れたもの　　　　　　　　　　　　　　　られたもの

普通，作物は土でつくるものだったので，養液栽培で育てることには驚きました。最初は本当に実ができるくらい育つのか疑わしかったけれど，夏休み明けに見てみたら，茎は伸び葉も枚数が増えていてすごいと思いました。

　放射線などの問題で畑では安全な作物を育てることができない，そんな世の中で畑や土などで外で育てなくても作物を育てることができるということはすごいことであり，安全な作物をつくることができ，環境問題に関わることがないと言えます。このままもっと早く育ちやすい条件を調べて，たくさん実がつく方法も調べて大量生産もできると思います。でも畑の土でつくることしかできないおいしさがあるのではないかと思います。それを証明することはできませんが，個人的にそう思います。やっぱり地球にある自然のものを使いたいです。

　未来の作物づくりは今回やってきたラッカセイの養液栽培のように屋内でも簡単に育てることができるので，畑でつくるよりも手間がかからないという好条件があります。自分がいない先の時代には，もしかしたら畑がなくなっているのではないかとも思います。しかし将来畑がなくなるのは悪いことじゃないかもしれません。この養液栽培を通して改めて思ったのは，環境問題を見直したいということです。放射線などの原発問題は，すぐになくすことはできません。でも世界にたくさんの人がいるのだから，お互い協力しあって何年かかってもいいから環境問題のないきれいな地球に戻ってほしいです。

　生徒にとってはラッカセイの育ち方そのものが未知のものであり観察時は驚きの連続である。養液栽培の技術により汚染を逃れ安全な作物をつくることができる。また気候にかかわらず作物を生産し続けることができる。生産者の労働の軽減にもつながる。しかしこの生徒の感想に述べられているように，素晴らしい栽培技術ではあるがやはり自然の状態で畑の土で育った作物

にしかないおいしさというのが感じられるのはなぜだろう。科学的にはどう説明できるのかわからないけれども実際にそう感じるのは確かなことだと言える。

お互いのことがだんだんわかってきて生徒がこの先どんな成長を見せてくれるのかと楽しみにしてはいても公立学校教師に異動はつきものである。次の実践は私が異動したばかりの学校で3年生がまだ栽培学習をやっていなかったこと，栽培に適した耕作地がなかったことからやることに決めたダイコンの袋栽培のことである。一度やったことを繰り返しやりたくないと思っていたところ，そういえば教科書に描かれた何種類ものダイコンの絵があったのを思い出した。絵だけを見てお終いというのは如何なものか。やはり，実際に何種類かを育ててみるのが良いだろうと考えた。

4　秋播きダイコンの袋栽培

(1)　聖護院大根はフランス生まれ

初めてのダイコン袋栽培に取り組んだ時には，同一種を袋に何本育てるのが適しているかということを調べるために1～4本に分けて栽培し収穫時に計量を行った。ダイコンといえば普通は白くて根元から先までが膨らんだ大ぶりなものを思い浮かべるだろう。しかし，実は色や形，大きさもさまざまである。細くて緑色をして「く」の字に曲がるもの，割るとなかが真っ赤なもの，皮も中身も紫色のもの，白くて丸いものなどさまざまである。2度目のダイコン袋栽培に取りかかろうとして種子を取り寄せた。在来品種と特記されたものを除いて，種播きをする前に種袋の裏側をみると採種地は日本ではなく国外のものばかりだった。聖護院大根の種子がフランスで栽培されていた。中国紅芯大根はニュージーランド。イタリアや韓国，アメリカ産のものもあった。ダイコンの種子栽培地は，もはや国外が当たり前の様子を呈している。調べてみると現在90％以上が国外生産されたものであることがわかった。

種播きをした日の生徒の感想のなかに，こんな言葉があった。

普段当たり前に食べている野菜はもちろん，豚や牛などが食べている飼料も種からできているんだなということを思い出しました。やはり私は表面ばかりを見て根本を見ていないんだなと感じました。

生徒たちは好きなダイコンの品種を選んで，種子を観察・記録してから播いた。授業では，昔は種子というものは農家が自分たちで採取し維持してい

図Ⅱ-2-18　大きく育っ
た F 1 種

図Ⅱ-2-19　フランス産
聖護院大根

図Ⅱ-2-20　京都産在来種

図Ⅱ-2-21　ダイコンの花

図Ⅱ-2-22　開花した在来種のダイコン（聖護院
蕪／青味大根）

たけれども，現在ではほとんど種苗会社から買って播いているという現状を話した。そして生徒たちも自分たちが播こうとしているダイコンの種子のほとんどが実は国外で採取されたものであるということに驚きを隠せなかった。種子がなければ何もできない。その重要な種子を国内で生産できていないという現実をどう受け止めるべきなのか。作物の根本である種子について生徒が改めて気づき，自分の食生活について考え，さらには自分のものの見方についてまで省みることが現れている一文である。

(2) 一粒の種子が大きく変身

生徒には自分で好きな品種を選んで栽培させた。小さな数ミリメートルの種子を播き育てると，やがてその種子の何百倍も大きな食べ物ができる。種子は茶色だけではなく，緑やピンクに着色されているものがあった。病気を予防するための薬剤がコーティングされているのである。

栽培中の薬剤散布は行わないので，秋のまだ暖かいうちは小さな黒いカブラハバチの幼虫を手で取り除く必要があった。寒くなるにつれ虫は少なくなる。雪が降ることもあった。さらに厳しい寒さになると今度は野鳥がダイコンの葉をついばみにやって来る。生きるためにさまざまな生き物たちが一粒の小さな種子から育つダイコンを取り巻いていることがわかってくる。色や形の変わったダイコン，立派に育ったダイコンを手にした生徒たちは実に誇らしげで楽しそうであった。

5 教材づくりで悩み続けたい

(1) 今までの歩み

私の授業では，とにかく生徒に考えてもらうことに力を注いできた。現段階でわかっていることを並べ，そこを出発点にして次々に疑問や課題を投げかけていく。やるのであればとことん突き詰め，本当のところはどうなのかという肝まで到達したいという思いがある。生徒と共に協働し挑戦する日常が授業のなかに存在する。教師と生徒が格闘しながら真っ白な紙にストーリ

ーを綴っていく。やがて授業の終わりが近づいてくると私が考えていたことにとどまらず、それ以上のことが生徒自身から語られるようになる。それが何ものにもかえがたい心躍る教材開発の醍醐味である。生徒が自分自身で悩み摑み取った学びは決して記憶から消えることはない。

　私の教師生活のなかで教材づくりはとても重要な位置を占めている。栽培には人命を維持するという重要な役割がある。教科書の栽培のページを見ていると、人が環境を管理して望む姿に変化させていくという内容ばかりが取り上げられている。小手先ばかりを示した How to ものでしかないような気がしてならない。もっと作物の本質的な部分を理解しなくてはいけないのではないか。また生徒たちにもそういう視点や探究心を持った大人になってほしいという思いがある。生育環境を考えることはもちろん大切なことだ。しかし環境よりも先に考える必要があるのは作物そのもの、すなわち種子のことではないだろうか。生徒たちはもちろん、おそらく多くの大人たちも種子の問題など気にせず日々を過ごしているはずである。

　2018 年 4 月に主要農作物種子法が廃止された。第二次世界大戦後に国民の食糧を保障するために制定されて以来、稲・麦・大豆の種子生産を国が責任を持ってやってきた。それがわずか半年程の議論で廃止することとなった。民間企業が参入すれば各都道府県の取り組み次第で多様な品種が開発されるとの見方もある一方、企業の種子独占による価格高騰や遺伝子組み換え作物による食の安全への不安が広がっている。

　誰かが種子を播き、育て、収穫してくれる。誰かが家畜を繁殖させ、育て、食べられるようにしてくれている。世の中の分業が進みすぎてたくさんのことが見えにくくなっている現代だからこそ、原点を見据えて考えるという姿勢が必要不可欠なのではないかと思うのである。食料である作物とその種子を人任せにするということは、自分で自分の命を守れなくなるという危険性をはらんでいる。一技術科教師として、こうした状況と向き合いたい。まずは教師がこれらに向かい合い、悩み、考えることなしに、それを子どもたち

が考えることなどできないからである。

⑵　生徒たちからのプレゼント

　卒業式の日，生徒たちから色紙にメッセージを綴ったものをプレゼントされた。そこには私が願っていたもの以上のことが細かい字でびっしり書き込まれていた。自ら学びを深めていくことができるようになった生徒たちを巣立たせることができて本当によかったと思う。まだ不十分なこともたくさんあったのに，それを十分乗り越えてくれている生徒たちの姿がとても頼もしく思えた。

　教科書にのっていることをただ覚えるということではなく，頭を働かせて考えるということが学びなのだと分かりました。この２年間とても勉強になりました。本当にありがとうございました。

　安田先生は教科書の内容にとどまらず，自分で考えるということを授業にしてくれたので，今までより自分で考えることが多くなりました。高校では先生に教えてもらったことを役立てて頑張りたいと思います。

　授業では変化朝顔やラッカセイの養液栽培など，身近だけれども普段はそこまで深く考えないことを考えました。日常にある身近なものについてさらに調べてみようと思う探究心が身につきました。高校に入っても探究心を失わずに頑張っていきます。

ひとつのテーマに沿って活動や話し合いをして，考えを深め合ったり
するのが面白かったです。変化朝顔や養液栽培なども初めて知ることが
できて，世界が広がった気がします。先生の軽快でパワフルな笑顔とト
ークで，これからも技術を楽しく教えていってください！

　技術を通して，これからの日本，地球の未来について，改めて考えさ
せられました。本当にありがとうございました。

　安田先生のいうことは，すごく心にくることで，日頃のあたりまえに
メスを入れるような感覚を感じました。物事の本質を理解できる人にな
りたいと思いました。安田先生に出会えてとてもよかったです。

(3) これからも続けていくこと

　今までこのように突き進んできた私の教材づくりは，これからも変化して
いく世の中の技術と共に寄り添い歩んでいくものである。やがて私の定年が
来ても教科の教材づくりは学校がある限り終わりはない。最近，私が気にし
ているのは土のことである。ラッカセイ養液栽培の生徒の感想にも似た言葉
があった。

　「でも畑の土で作ることしかできないおいしさがあるのではないかと思い
ます。それを証明することはできませんが，個人的にそう思います。やっぱ
り地球にある自然のものを使いたいです。」

　芋づる式にあれこれと本を読み漁って考えた。今のところ人類は主にこの
閉鎖された地球の陸地から逃げ出すこともできずに生きていくことしかでき
ない。空気や水はこの閉鎖された地球の表面で循環している。忘れているの

ではないかと思われるが，生きるものすべては土壌の栄養分を吸収し生命を維持・繁殖しやがて命が尽きるとまた土壌へと戻されていく。この最近5億年くらいの間，そんなことがこの地球上で繰り返されてきた。そしてこれからも暫くはそれが持続されるのだろう。作物（植物）は土壌の栄養素を取り込んで成長する。家畜（動物）がそれを食べて成長する。人間は作物と家畜さらに魚類なども食べて生きている。

　現在，生き物と土壌の栄養分のやり取りのことは徐々に科学的に解明されつつある。私の生徒が考えた土のおいしさの成分も，やがて説明できる日がやってくるであろう。同じ種子でも育てた土地の土壌や気候によって作物は変化してしまうことは既知の事実である。また，1996年に米国農務省のサラ・ライト博士が発見したグロマリンというタンパク質が土壌の団粒構造化を進め，肥沃化させる働きがあることなどもわかってきている。土を使わない栽培方法をやったからこそ見えてきた土壌の重要性について，これから生徒たちと学び考えていくために色々なことを模索していきたい。

■第**3**章 0と1が生徒を技術の世界へ誘う

1 コンピュータ「で」教える技術

(1) 生徒が授業を通して得たものは何か

> この幼児向け知育用ゲーム機の作成で，みんなで協力して一つのもの
> をつくる大変さを学びました。ただプログラミングをするだけではダメ
> だし，操作する装置をつくるだけでもダメで，みんなで役割を分担して
> それぞれのものをくっつけてやっと一つのものになるんだと思いました。
> 完成したものを遊んでみるととても面白かったので良かったです。パソ
> コンでゲームをつくるのにはすごく時間がかかるということを知り，ゲ
> ーム会社はすごいなと思いました。

　この授業では，ゲーム「機」をつくることを課題としている。私の意図す
るゲーム機とは，単に画面のなかで動く「ゲームプログラム」というだけで
はない。0と1の電気信号で動くという，入力装置と出力装置の仕組みにつ
いて学習した上で，キーボードやマウス以外のものでゲームを操作できるよ
うにし，また，ゲームの中身と連動してアクチュエータが作動し，自動的に
目の前の物体が動くような，機構全体を含めたものを想定している。この部
分を含めて学習することで，少しでもブラックボックスになっているコンピ
ュータや機械の中身がわかってくれればいいな，と当初は考えていた。
　しかし，上記の感想文に代表されるように生徒たちからは，現実の世界の
技術の仕組み（技術観）や，分業と協業（労働観）という，技術科で最終的に
達成されるべき目標へとたどり着いた感想も多く現れたことに驚いた。

80

私がやっているのは，確かにプログラミング教育の一環である。しかし，プログラミングそのもののやり方を全員が習得することを目標にしているのではない。プログラミングが得意な生徒はもちろん活躍するが，メンバーの多様性を組み合わせてデジタル・アナログ両面からの作業でそれぞれに力を発揮し，グループ内での分業と協業を体験しながら，プログラミング分野の仕事を擬似体験する。生徒たちは，仲間と協力することで，1人ではできないことでもやり遂げられる実感を持ち，たとえあっという間に壊れてしまいそうなレベルの原理モデル（試作品）を作ったに過ぎなくとも，実際に手を動かしてつくることから，人間社会の生産的営みについてその重要性を理解し，また学校の授業で習ったことの意味や役割も，実際の生活に活かすことができるということを実感してくれたようである。

⑵　なんちゃって技術科教員？

　私立中高一貫校で私が行う技術科の授業は，全体の8割がパソコン室で実施されるカリキュラムとなっている。パソコン室では，水分や塵屑が大敵なので工作の類はできない。そして技術室は，一応大型加工機や工具の類はある程度揃ってはいるものの，スペースとしては普通教室を少し改造した程度の，半学級分の設備しかない。この条件は学校が抱える環境的制約である。この制約ゆえに公募してもなかなか採用が決まらず，もともと高等部で情報科の非常勤講師をしていた私に，中学校技術科を担当する話が振られた。その時まで，まさか女性でも技術科の教員になることができるとは思ってもみなかったのだが，中学生時代に技術科が大の得意だった私は，喜び勇んで技術科教員免許の取得方法を調べ，教育職員免許法第6条別表第8を根拠に後付けで，技術科の免許をたった1年間で取得し，中学生の前に立つことになった。この特例では，非常に少ない単位数で技術科の教員免許が取得できるため，ほぼ「○○概論」や○○法ⅠやⅡがある続きものの授業の「Ⅰ」しか取得しないままなので，分野の知識は広く浅く偏りが激しく，これだけでは技術科教員としての自信は持てなかった。技術は大好きだけれども，教える

に当たって本当に必要な知識が足りているのか相当不安なまま，自分としては「なんちゃって技術科教員」となったのである。技術科教師としての私の心のよりどころは，第 I 部の吉澤氏と同じく，技術教育研究会の人脈と先輩方の残してくださった資料しかなかった。

　さらに私の前任者までの技術の授業は，2 時間続きのコンピュータ室での授業のうち，最初の 1 時間が技術についての座学で教科書を読み，コンピュータはオフのまま先生の講義が続くというもので，半分くらいの生徒は寝ていた。後半 1 時間は PC 実習で，ワードやエクセルなどの使い方を学ぶ授業が行われ，まるでパソコン教室の様相であった。前任者は定年退職後の再任用のベテラン教員であり，私としては座学の内容も興味深かったのだが，パソコンを目の前にした技術科の時間の使い方としては勿体ないことこの上ない。生徒の人生における貴重な時間が無駄になってしまうと思った私は，如何にして目の前に与えられているコンピュータを利活用して，技術科で本来教えるべき内容を学習させることができるか，勝負することに決めた。これは，情報科の教員になる際にも口を酸っぱくして言われてきた「コンピュータ（の使い方）を教えるのではなく，コンピュータで教えるのだ」という考え方が根底にある。コンピュータリテラシーを身につけつつ，技術科の内容も理解できるカリキュラムを編成するために，いろいろと模索し続けることになった。そしてこれを模索できるのは，2003 年に新設された情報科の教員になるべく教職課程を卒業し，これまで情報科の教員として築いたキャリアをもつ私だからこそできることだろうという点においては，「自信と確信」があった。

　コンピュータを使って学ぶ材料加工・生物育成・動力伝達など，コンピュータを利用していても単に情報分野の一部の学習のためだけで終わらせない，ICT をフル活用した技術科の授業をするにはどうしたらよいのか。簡単に取り掛かるならば，調べ学習としてインターネットを使って検索させてみるだけでも，教科書よりも広範囲なさまざまな情報を生徒に与えることはでき

るだろう。しかし，「今日ではコンピュータ制御オートメーションが生産技術の基幹となっている[1]」といわれるように，現実の世界ではコンピュータ制御されたロボットや工作機械が世界中の生産工場で無数に稼働し，言葉の壁を超えて図面がデジタルで飛び交い，さまざまなプログラムによって運用されて現代のわれわれの生活を成り立たせていることはいうまでもない。さらには 3D プリンタなどを用いたデジタルファブリケーションも一般家庭にまで普及してきている。その一方で，現代ではブラックボックスとなってしまっている情報機器や機械要素などを，なんとかして生徒の目の前に見える形で提示して理解してもらいたい。そしてそれらを駆使して新しい生産技術を開拓できる人を育成したい。それが普通教育として行われるべき，中学校技術科の存在価値なのだろうと思った。たとえプロトタイプだったとしても，その生産過程の一部を体験することで，生徒が学び，さらにそれらが活用されている実際の社会をみる視野が広がるように意識して，授業づくりをしていこうと考えるようになった。

2　プログラミングの学習

プログラミングの教育は，ある程度までは段階を踏んでステップアップしていかなければならない。デジタルネイティブ世代の子どもたちの周りには，ゲームやコンピュータがあふれている。そして，子どもたちは小学校段階からパソコンやプログラミングに触れ，親しむチャンスは増えてきているのだが，ツールやソフトウェアなどの選択肢が多岐に渡るため，中学校 1 年生の段階ではまだ「応用」するというステップにはない。そんな彼らに，普段遊んでいるゲームや機械が，どのような手順で動いているのかを順序立てて教え，この先の人生に役立つようなプログラミング教育とはどんなものなのかを，つかみ取ってもらう上で，ゲーム機製作は一定の意味をもつと考えた。

(1)　基本トレーニング

技術教育研究会の製図テキスト「Composition of lines 1・2[2]」の製図用の

線引きトレーニングを，Scratch（スクラッチ）によるプログラムで自動化させるのが，生徒がプログラミングで最初に取り組む課題となる。この時のプログラムは教員が提示し，生徒はその通りにブロックを並べることで，簡単に実行結果を描画することができる。いわば写経形式のやり方であるが，ブロックプログラミングの基本操作と「変数ブロック」の扱い方が理解できる。ちなみに「変数」という概念は，通常のプログラミングにおいても扱いが複雑で，大概は最初の課題では取り扱わない。ここでは敢えて，変数を早々に取り扱うことによって，生徒の経験値の差などを吸収しつつ，発展課題に取り組むことができるようにしている。早くできた生徒は，これを左右反転する課題に取り組み，試行錯誤を繰り返すなかで，中央が0，0で上下左右に広がる Scratch 画面上の XY 座標の概念と，徐々に変わっていく変数の増減を理解できるようになる。

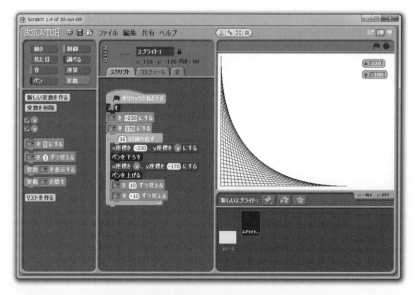

図Ⅱ-3-1　線引き自動化プログラムの実行画面

この課題の前段階では，まずは製図テキストの「Composition of lines 1」に実際に取り組み，手描きで書いてみて均等に線を描く大変さを体感する。次に CAD 体験として Illustrator や Inkscape などのドローソフトを用いて線を描く作業を通して「元に戻せる」「正確に描ける」というコンピュータの利点を体感する。最後にプログラミングで自動的に書いてみるという流れで，デジタルとアナログの利点・欠点を確認しながら順を追って課題に取り組み，レポートにまとめさせている。

　他にもさまざまなプログラミング言語が選択肢に上がるが，私が Scratch を選択した理由は以下の通りである。Scratch とは，MIT（マサチューセッツ工科大学）メディアラボのライフロングキンダーガーテングループが 2006 年に開発した，ビジュアルプログラミング言語学習環境である。私が技術科を担当し始めた 2013 年時点での世界中のユーザ数や，先に導入していた LEGO WeDo セットなどとの接続を考慮して選択した。また日本語と英語の両方が扱えるブロックプログラミング言語からスタートしてプログラミングを体験することは，子どもたちのアルゴリズムの理解においてとても効率が良いのではないかという判断も選択理由の一つである。最終的に他のプログラミング言語に移行する際にも，自分の書いたプログラムを Scratch 上で簡単に英語表記にできるので，他の言語のソースコードも解読しやすくなるというメリットがある。

⑵　応用トレーニング

　続いてキー操作やマウス追随，変数とリスト，図形描画について取り扱う，「福笑い」を使った課題を用意している。本校では 10 月頃（後期）から技術科の授業がスタートし，線引きの操作トレーニング課題に取り組んだのち，毎年 1 月頃にこの応用課題を行うため，新年の季節感も利用した。当初は Scratch Card という，MIT が用意したカード型の印刷物を利用していたが，時数節約のため，必要な知識を組み合わせて最短時間で習得できるように自作の教材を作成して取り組ませることにした。当初は扱っていなかった「リ

スト」という概念についても，「変数」に続いて，あまり初学者に与える課題ではないのだが，早々に取り扱うことにして，福笑いの課題を発展させていくことで，この後に続くゲーム作りに幅を持たせることができるようになっていった。

　顔のパーツを描画するに当たって，丸などの簡単な図形をベースにしており，各個人の画力やセンスが仕上がりに影響を及ぼさないように配慮した。福笑いなので，目は常にマウスカーソルのある方向を向き，口は上下左右の矢印キー操作で移動することができるようになっている。鼻はマウスのX座標に応じて色が変わる。顔の周りをチョウがマウスに追随して飛び，口に重なるとリストに入っているセリフをランダムにしゃべる（吹き出しでセリフを表示する）。そしてBGMがループ再生される。配置は指示された座標通りに設定し，各パーツの見た目，プログラム，配置の項目について，チェックリストを用意した。セルフチェックの後に教員が確認し，一定のクリア条件を

1z99_福笑い.sb 課題のチェックリスト

1年　　組　　番　氏名

この課題を一定水準以上クリアすると、個人用のUSBメモリがもらえます。実技テストのようなものです。
USBメモリがもらえるかどうかの合格条件は、チェック欄18個のうち、15個以上に合格印がもらえた時です。
お友達と相談したり教えてもらうのはOKですが、やってもらうのはNGです。不正が発覚した際は、期末の成績は覚悟しておいてください。

	見た目	チェック	プログラム	チェック	配置	チェック
① 背景	xy-grid線と黄色塗りつぶし		チョウチョが口に触れている時だけ、背景が黄色に変わる		なにもしない	
②顔	線；黒／塗り；肌色 正円 大きさ；画面いっぱい		ボリュームは20% ループでXylo1を最後まで鳴らす		(0, 0)	
③口	線；なし／塗り；赤 半円下半分 大きさ；顔の下半分にちょうどよく		←↑↓→矢印キーの操作で移動する		(0, -100)	
④目	線；黒／塗り；白 目玉；黒（絵筆ツール） 正円、右横目 大きさ；顔にギリギリ入る位		常にマウスポインタの方向に向く目玉		(-70, 20) (70, 20)	
⑤鼻	線；なし 塗り；白～肌色のグラデーション 大きさ；小さく		マウスのx座標によって色が変わる		(0, -40)	
⑥チョウチョ	butterfly1-a, butterfly1-b 大きさ；口より小さい		パタパタしつづける スペースキーでマウスについてくる 赤色に触れたらリストの中身をランダムに1秒しゃべる		初期値は (-190, 140)	

図Ⅱ-3-2　福笑い課題のチェックリスト

86　第3章　0と1が生徒を技術の世界へ誘う

達成したら，ごほうび（生徒諸経費から一括購入した USB メモリ）がもらえるようにした。この USB メモリを用いて，今後のオリジナル製作を自宅でも行えるようになり，さらにコンピュータの活用の幅が広がっていく。

　生徒は授業用ブログに掲載してある「指示書」や配布プリントの「チェックリスト」を一つ一つ確認しながら個人で作業を行い，わからないところは友達と共に解決しながら課題を進めていく。これらのチェック項目が一通り自分の力でできるようになってくると，自分が普段から気軽にやっているスマホのゲームが，どれほど複雑にプログラムされたものかが，少しずつ見えてくる。

⑶　オリジナルゲーム製作（個人製作）

　生徒は，ここまでで得た知識をもとに，次に一人一つのオリジナル知育ゲームを春休み明けまでに作成・提出し，それを Scratch の公式サイトに公開する。つまり，全世界に向けて作品を公開することになる。知的財産権に配慮し，他者からのフィードバックを元に改変やアレンジを加える。知育を取り扱うものなので，たとえばクリックしてボタンを押しながら進むクイズや，上下左右がわかるような迷路など，これまでに学習したことを組み合わせて，小さな子どもが「何か」を勉強できるような簡単なものというテーマで作品をつくる。

　生徒のなかにも，プログラミングが得意な生徒とそうでない生徒がいるが，文系思考の生徒作品では，順次処理でものすごい量のプログラムを力技で書き込むことにより，やりたいことを実現しているプログラムもある。それを，反復，分岐などのアルゴリズムや変数を用いて，生徒の目の前で圧倒的にプログラムの量を減らしてみせると，生徒は驚く。その後の生徒の成長は，プログラムの効率化に向けて，さまざまな工夫を凝らしながら，それぞれの子どもたちの実態に応じて，私が教えこんだわけではなく勝手に進化していく。

ゲームをつくるのが楽しかった。だから家でも夢中になって作っていました。しかし，スクリプトを作りすぎて，ひとつミスすると全部直さないといけなくなってしまったので，もっとコンパクトなプログラムは作れるのか試して見たいと思います。

　　迷路のコースをつくる時に，スプライトを一つ一つ作成して，それを配置していって作った。そのため，作業がとても難しく，時間がたくさんかかった。本来ならば背景ごとに作っていくべきだった。今後はしっかり考えたい。

　最終的に生徒は，このように効率化と改善策が見えるようになっている。「条件分岐」や「変数・配列・リスト」などのアルゴリズムとプログラミングの特性を理解することによって，「力技で処理する」段階から「まとまりとなる処理を見つけ出して効率的な方法を見つける」までの段階への進歩が見られる。このアルゴリズムや変数の理解は非常に重要で，たとえプログラムを組むことが得意でない人でも，誰かに指示を出せたり，どこを効率化すれば良いかが見えたりするという能力が育つことで，最終的に仕事の効率化に繋がる。これは現代の一般教養として行われるプログラミング教育のゴールとして，皆に設定して欲しいポイントである。これは一度やってみることで成長する部分なので，授業時間内だけでは時間不足に陥るが，長期休業をまたいでじっくり取り組んでもらえたおかげで乗り越えられている。個人的には技術科で宿題を出すことには抵抗があるのだが，生徒の理解力に大きな差が出る部分であるため，必要な時間だと思うことにしている。

3　幼児向け知育ゲーム機製作グループワーク　EduToy Gw

⑴　授業の概要と流れ

一連のカリキュラムで柱となっているのは，2年生で実施する「幼児向け

知育ゲーム機製作グループワーク EduToy Gw（エデュトイ・グループワーク）」という活動である。ここまでは個人の取り組みであったが，ここからはグループで取り組むことになる。

EduToy Gw は，コンピュータ室で行う技術科の授業の後半から始まる。それまでに獲得したプログラミングスキル・IT スキルを駆使し，発想から試行までを２巡するという考え方で，個人でプログラミングした「ゲーム」製作の次に，グループで「ゲーム機」にする，という流れになっている。扱うテーマは共通で「幼児向け知育教材（EduToy）」としている。

テーマ設定については，中学生が好みがちな，暴力的・非道徳的な表現を極力避けるよう仕向けるために「学習用」というテーマを設け，また，家庭科との連携を見据えて「幼児」というキーワードを用意した。「幼児向け」で「学習用」の「ゲーム」であるというテーマは変わっていないが，ゲームという単語が他教科の教員らからの目に厳しく映り，教育現場にそぐわない場合があることがわかったため，「知育玩具」としての要素を強めるために，メインタイトルに少しずつ修正を加えた。最終的に「EduToy」という造語に行き着いた。

グループワークという協同作業のなかで，デジタル・アナログそれぞれの特徴を理解し，多様性を尊重しながら各自の得意分野を発揮することが必要となる。

図Ⅱ-3-3 に示すのは，６月頃から始まる EduToy Gw のガイダンスで生徒に配布する資料である。私が授業中に配布するものとしては，カラー印刷で見た目もよく，かなり力が入っているのが受け取った生徒にも伝わる。中学１年から２年にかけて，コンピュータ室で技術科の授業を行うが，そのカリキュラムのなかでの集大成として位置付けられている。

これまで作ってきた各自のゲームをアレンジし，入力装置と出力装置を製作してつなげ，グループで一つの「ゲーム機」としてまとめることが課題となっている。

EduToy Gw

コントローラ自作 | ゲームプログラミング | からくり連動 | グループワーク

チーム決め

今回のチーム決めは、自由な4〜5人のグループで行います。できれば男女混合チームとなるようにした方が、お互いの得意不得意をカバーしながら、協同して作業を進めることができるでしょう。仲違いや喧嘩別れなどは、単純に結果に影響しますので、一生懸命課題に取り組んでください。このチームによる活動は、とても短期間です。これまでのグループワーク時に反省したことをよく思い出して、頑張ってくださいね。

課題の条件

1) コントローラ部分は工作など工夫して自作すること。

2) ゲームと連動して「カム機構」を利用したからくりが動くこと。

役割分担

作品発表会に、説明用のポスターを1枚（A3サイズ）用意してもらい、ポスターセッションを行います。クラスのみんなと相互鑑賞し評価を行います。

・プログラミング係
・入力コントローラ係
・出力からくり係
・発表ポスター係　　　　など

画面上から現実世界へ

いよいよ、技術科の授業も終盤にさしかかってきました。教科書の範囲も、かなりの部分を取り扱いました。技術科の教科書は、広く浅く色々なことが書かれています。現実世界がどのようにして成り立っているのか、技術や社会の仕組みを学ぶことで、これからの人生に様々な影響を与えることでしょう。単に授業でやらされているというだけでなく、今後は自発的に色々なことに興味を持って欲しいと思います。

これまで技術科の授業では、WordやExcelなどのパソコンの基本操作を含め、IllustratorやSketchUPを用いて製図を学習したり、栽培に関する知識を調べるために検索の練習をしたり、Scratchを利用してプ

ログラミングを学習し、それをWebページにアップロードすることも経験してきました。また、LEGOブロックを用いて、センサーやモーターの扱い方も学びました。今回はその集大成として、これまで学習してきたことを色々組み合わせて、一つの作品を作ってみたいと思います。世の中に、どれだけプログラミングされたものがあふれているのか、身の回りのものをよく観察しておいてくださいね。きっと作品づくりに役立つことでしょう。

また、RaspberryPiという小型パソコンを用いることもできるので、どんどん楽しいアイディアを形にしてみましょう。

1

桜美林中学校	技術科	2019年6月15日

ポスターセッション

タイトなスケジュールですが、折角作った作品を、皆で鑑賞する時間を取りたいと思います。ポスターセッションの形式で、A3一枚に説明をあらかじめ書いて、お互いに遊んでみましょう。

ポスターといっても、芸能人のポスター等キャッチコピーが大きいだけのものではありません。言葉で説明する補助資料となるものです。下記の内容を図や写真と共に分かりやすくレイアウトしましょう。

発表の仕方には様々なパターンがありますが、今回用いるポスターセッションは、パワーポイントスライドによるプレゼンテーションなどと違って、お互いにじっくりと質問や指摘をしながら、作品を鑑賞することができる利点があります。一度にたくさんのチームが発表を行うので、少し大変かも知れませんが、色々な発表の方法を経験するのも良いことだと思います。前後半に時間を区切って発表担当を一人置き、他チームの見学と交代で行います。

知育ゲーム機グループワーク "EduToy Gw"

春休みまでに作った、幼児向けの学習用ゲームをアレンジし、チームで一つ、新たなゲームとして完成させてください。過去の作品を、どのように改変すると、センサーやモーターとうまく連動して面白くなるか、まずは一人一人で考えてみましょう。最終的には、メンバーが考えたアイディアをまとめて、一つの作品を作ってもらいます。コンペ形式にして、誰かのものを採用してもいいし、良いところを組み合わせてもいいでしょう。

今回は、「幼児が何かを学習する」という条件以外に、以下の2つの条件を追加します。

1) <u>コントローラを自作する</u>：ゲームを操作するものを自分たちで作ってください。キー入力も利用して構いませんが、傾きセンサや距離センサ、RaspberryPiによる自作のスイッチなど、これまでの応用技を考えてください。また工作精度も成績評価に大きく影響しますので、可能な限りきれいに仕上げましょう。

2) <u>ゲームと連動して「カム機構」を利用したからくりが動く</u>：過去に作成したペーパークラフトの軸は、レゴブロックにピッタリサイズです。うまく回るようであれば、それを利用するのも面白いでしょう。また、LEGOブロックにもカムの部品が入っています。ゲームのクリアなどによって、モータが回転し、カム機構により連動した面白い動きを加えてください。教育用ゲーム機として成立するように、意味付けを考えましょう

残念ながら、LEGOブロックの数が限られているため、毎時間潰し、また組み立てるという作業が発生します。できるだけブロック以外の素材で工作をした方が、後々楽になります。

うまくできたチームの作品は、文化祭で展示する予定です。

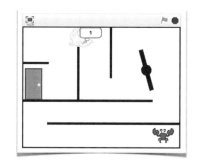

2

図Ⅱ-3-3　EduToy Gw

第Ⅱ部　実践編：子どもの学びが教師を育てる　91

⑵　入力装置（コントローラ）について

　イギリスのラズベリーパイ財団によって 2012 年に開発された，名刺サイズの教育用のシングルボードコンピュータである Raspberry Pi（ラズベリーパイ）には，汎用入出力端子のGPIO ピンがあるので，段ボールやアルミテープなどの身近な素材を使って，スイッチやコントローラを自作することができる。導電性のある AgIC マーカーなども活用可能である。これにより，キーボード・マウス以外の入力装置をつくることを一

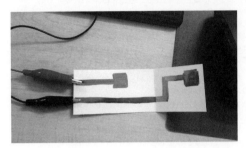

図Ⅱ-3-4　AgIC マーカーと写真用紙のスイッチ

つ目の条件としている。個人で作成した幼児向けゲームは，キーボード・マウスで操作することを前提にして作成しているが，そこから改変していくグループワークとなっている。

　生徒は，段ボールスイッチや図Ⅱ-3-4 のような AgIC マーカーと写真用紙を利用したスイッチを作成し，こんな簡単な仕組みでも，電気が通電したりしなかったりすることを利用して，画面上で 0 と 1 が変化し，スイッチになるということに感動する。このスイッチを複数用意すれば，図Ⅱ-3-5 のようなもぐらたたきなどのコントローラに発展させることができる。

図Ⅱ-3-5　もぐらたたきコントローラ

　また，デンマーク発祥のおもちゃである LEGO ブロックの教育版（LEGO

WeDo 1.0）のセットには，傾き（チルト）センサと距離センサが入っているが，それを用いてもゲーム機のコントローラをつくることができる。傾きに応じて上下左右に動かし，迷路にするなどの活用が考えられるが，コントローラの外見の形状を工夫すると，ジョイスティック風にしてみたり，ハンドル型にして操作したりと，工夫次第でさまざまなコントローラが出来上がる。

このほか，2015年にイギリスのBBCによって開発が進められたmicro:bit（マイクロビット）や，2005年にイタリアで開発されたAruduino（アルディーノ）も導入条件が整えばコントローラとして非常に活用しやすい。

それぞれの教具は時代と共に進化・改良を重ね，新しいバージョンが発売され続けている。教育条件が整えば，最新のものを入手して，授業に取り入れてみたいと思う。

(3) 出力装置（からくり）について

中学1年次の授業で取り扱った「からくりペーパークラフト」（図Ⅱ-3-6）やLEGOブロックのモータを使って，動力伝達機構を用いたからくりを製作することが，二つ目の条件である。画面内のプログラムと連動した出力機構をつくる。単に画面のなかだけで完結する世界ではなく，画面内のプログラム結果を元に，画面外で何らかのアクションが起こるようにするために，これまでの動力伝達機構の学習を応用する。たとえば，ゲーム内でコインを取ったら，ゲーム機のからくりが動いてコインを取るアクションをするものや，ゲームをクリアしたらおめでとうと祝ってくれるものなどを製作する。

図Ⅱ-3-6　からくりペーパークラフト

動力伝達機構は，もともとの回転運動を，さまざまな連結を用いて動きを変化させ利用することを学ぶ教材であるが，事前に中学1年次にカム機構な

どのからくりペーパークラフトを作成し，仕組みを把握した上で，調べ学習とレポート作成を行っているので，なんとなく雰囲気はわかっている。しかし，実際にそれを活用して自分の思う通りの動きを創り出し，ゲームの内容と関連付けさせることには，かなり頭を使う。単に動けば良いわけではなく，動きによる意味づけまで要求されているからである。

> 今回の幼児向け学習用ゲームを作って，一番大変だったのは，どういう風にゲームの内容と関係あるからくりをつくるか考えたことでした。ゲームの初めにからくりを作動させるか，途中に作動させるか，終わりに作動させるかなど色々と考えました。でもそのおかげで考える力がいつもより身についたので，その力を社会に活かせるよう努力していこうと思いました。

このように悩みながらも，目的を達成するために努力した経過が，最後の発表会での自信の表情につながっているようだ。

(4) **チーフ型グループワーク法**

この EduToy Gw で特徴的なのが，グループ内での役割分担の方法である。この実践では，「チーフ」というスタイルで作業に当たっている。普通のグループワークでよく行われる「班長」「副班長」というようなグループのリーダーを敢えて置かず，各提出物単位の提出責任者を決める。ゲームプログラムのチーフ，入力装置（コントローラ）工作のチーフ，出力装置（からくり）工作のチーフ，ポスターのチーフ，さらに5人チームの場合は工程管理のチーフを配置する。それぞれのチーフは各内容の100%の作業をする責任があるわけではなく，最終提出の責任があるだけなので，作業はメンバー全員で取り組むという形式である。「お前チーフだから」「リーダーだからやれよ」，というのは通用しない仕組みづくりをしている。

またグループ決めは多様性を重視し，できるだけ男女混合のチームとなるように誘導した。その理由は，課題内容がデジタル・アナログの両面の要素

を有し，手先の器用さや PC 活用力など，個人が持っているさまざまな能力の多様性を融合して力を発揮することができるからである。

　グループ活動では，授業中に自由製作時間を与えると，私語が増え，真面目に取り組まない生徒も出てくる。これは，課題の難易度が彼らの実力よりも高かった場合などに，やるべきことがわからず遊ぶ傾向にあるようだ。そこで，それぞれの役割や作業内容についての具体的な指示は，各チーフだけを集めて行うことにした。全体に話しても理解が及ばない高度な内容でも，1クラスあたり7人ずつのチーフに話すのであれば，伝わりやすくなる。各チーフは，指示された内容をグループに持ち帰り，メンバーに説明してみることで，理解度をすぐに確認することができるメリットがある。一回の説明で理解しきれなかった部分は，早い段階で教員に再確認しに来ることができる。レベル設定を高めにすることは最初は勇気が要るが，中学生ならこのくらいだろう，とかいう思い込みは捨てて正解だった。彼らは想定以上に成長する。

(5)　ユーザについての分析と明示

　ものをつくる営みは本質的に相手があるものとして考えるべきである。ものづくりをする向こう側に人が見えているかどうか。できるだけ具体的に相手を意識してもらいたいがために，個人製作の段階からいくつかの課題を挟んでいる。

　個人製作もグループ製作も，基本的な流れは共感→定義→創造→試作→検証というようなデザイン思考における問題解決の手法に沿って課題を与え，特に最初の動機付けの部分に重点を置いて進めている。

　図Ⅱ-3-7 は，一連の流れのなかで与えた課題をデザイン思考の各フェーズに当てはめてみたもので，図の上部に行けば行くほど知は発散し，下に行くほど収束している状態を表している。左から右へ，時間は進行する。このなかでも，最初にある「イメージの花火」「テーマプロット」などの活動を通して，今回想定したユーザとなる「幼児」について再認識し，製作の目的

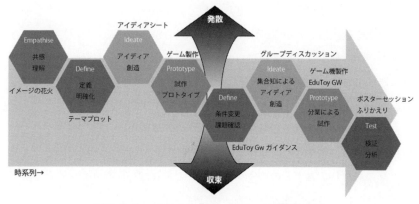

図Ⅱ-3-7　デザイン思考に基づいた課題の流れ

を明確化することに重点を置く。私は，可能な限り生徒たちから「やらされている」という感覚を取り除きたい。自分自身の課題として取り組んでもらいたいからである。コンピュータを使った創作活動は，ともすればソフトウェアやハードウェアの使い方を覚えることに必死になってしまって目的を見失うことがあるが，最後まで目的を忘れないようにするために，動機付けが肝心だと考えたためである。ものをつくる営みは，相手がいる前提に加えて，できるだけ内発的に行われなければならない。

　まず，最初に，ユーザーへの意識付けと理解のために行う「イメージの花火」について述べる。中学生という年齢層では，本人は幼児期から遠くなりつつあり，その頃の自身の記憶は余り定かではなく，また，兄弟姉妹など実際の幼児期世代が身近にいない場合には，乳児と幼児についての定義や認識もあまりできていない。したがって，改めて「幼児」とはどんな時期でどんなことができるのかを捉え直すために，発想法を用いて理解のための時間を取る。ここではイメージの花火（マンダラート³⁾）を利用したアイディア出しの方法を体験する。

　９マスの枠を９個並べ，中央から順に発散するようにアイディアを広げていく。今回の場合，中央に「幼児」というテーマを据え，「幼児といえば？」

で思いつくキーワードを，その周囲に8個書き出す。出てきた8個をそれぞれ外側の9マスの中央に置き，さらにその単語から連想されるキーワードを8個ずつ書き出し，花火のように広げていく。すると，全部で71個程度の幼児から連想されたキーワードが出てくることになる。マンダラートは時間制限を設けて行い，時間内にできるだけたくさんのキーワードをあげることで思考を広げる手法であり，埋まっていないマス目を埋めたいという心理的衝動も利用しているため，短時間でたくさんのアイデアを広げていくことが

図Ⅱ-3-8　イメージの花火用紙

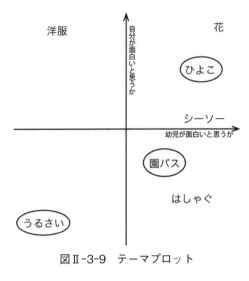

できる。

次に，イメージの花火で出てきたキーワードを，縦軸に自分が面白いと思うか，横軸に幼児が面白いと思うかという二次元グラフにプロットしながらテーマを選定する。たとえば図Ⅱ-3-9のように，イメージの花火からランダムにキーワードを選び，度合いを主観に基づいて軸に振り分ける。嫌いを好きに

図Ⅱ-3-9　テーマプロット

するなどが教育的になる場合もある。最終的にお題となるキーワードを3つ選択し，必ずそのキーワードを入れ込んだゲームをつくるのが，個人製作の時点での条件となっている。選択に当たっては，動詞・形容詞・名詞などの観点から一つずつ選ぶと，ゲームがつくりやすくなるとアドバイスしている。例で言えば，「うるさい」「園バス」「ひよこ」などを選ぶことで，園バスのなかでのマナーをひよこが学習するようなゲームのアイデアが考えられる。ゲームづくりに当たって，あまりにもアイデアが発散しすぎると，逆につくりづらくなってしまうため，ある程度の縛りを設けることで，コンセプトを明確化し，作業効率が上がるよう促している。

　最後に，個人製作時点での具体的なユーザ像や作品コンセプトを明示する一枚の企画書「アイデアシート」にまとめる。ゲームタイトルを決定して中央に大きく表示し，選択したキーワードや作品のコンセプト，具体的な操作方法や，参考文献などを一枚の紙面上にまとめる。この企画書に準じた形で春休みに実際のゲームを一つつくっているが，当然まだまだScratchの操作

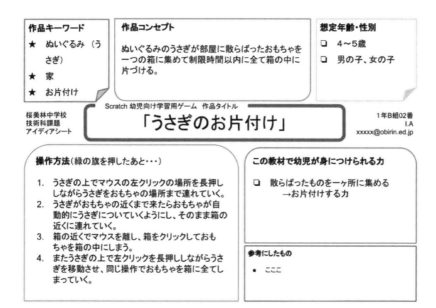

図Ⅱ-3-10　アイディアシート

やプログラミングについては練習段階を少し出た程度なので，自分の思う通りにつくれなかったという部分も残っている。それらをさらに追記した状態で，アイデアシートの最終形態をまとめ，作品とともに提出させている。

　そしてこの書類は，グループ製作に移行する際の会議資料としても活用されることになる。実際に春休みに完成したメンバーの作品をグループ内で観賞しながら，これからグループで製作する「ゲーム機」の方向性を検討する2巡目の創造のターンで，スムーズにお互いの作品を比較検討することができるので，単に技術の成績のために提出する書類をつくったというだけではなく，作成したものがちゃんと役に立つという機会も用意されている。

　イメージの花火などを通して，中学生は改めて幼児について再認識をしているが，よりユーザをリアルに感じるために，生徒が実際に動いた様子が下

記である。

> 最初，幼児向けと聞き，どんなものが好きなのかを親戚の幼児に聞いてみました。すると，迷路や間違い探しなどが好きだということで，迷路にしました。僕も迷路は好きだったので，どんなものがうけるのかは知っていました。メンバーが「ループするものなどが喜ぶんじゃない？」などと意見を積極的に出してくれたので，とても良いものが仕上がりました。

この感想文を読むまで，生徒が自発的にユーザについてリサーチを行うことができていたということに気づかなかったのだが，具体的に対象を理解する必要性がしっかり伝わっていたようだ。

4　生徒の活動の様子と作品

ここでは，各作業場面での生徒たちの様子と実際に出来上がった作品について述べる。

(1)　メンバーの個性を把握（準備）

図Ⅱ-3-11　LEGO で計測制御練習

グループワークの開始直後は，2年生になってクラス替えをして馴染み始めた頃合いのクラスメイトが，男女混合のグループに分かれることになるため，お互いをほとんど知らない段階である。このために LEGO の傾きセンサや距離センサを使う実習や，Raspberry Pi の接続実習を行う。これまでに取り組んだ五大装置の学習の発展として，ディスプレイやマウス・キーボードなどの機器を自分たちで接続してみるという課題に取り組む。この課題を通して，メンバーが機械（メカ）に強いか疎いかや，プログラミングの上手さなどが把握で

き，役割分担を決めるための判断材料とすることができる。

中学1年次に行った，写真の機器名称を調べ分類することで周辺機器の役割を理解する五大装置分類KJ法[4]や，中学2年次のLEGOブロック，

図Ⅱ-3-12　Raspberry Pi 接続実習

Raspberry Pi を扱う課題を行うなかでは，普段あまり人とコミュニケーションをとることが苦手な生徒（いわゆる「オタク」的な生徒）でも力を発揮する場となることがあり，その後の教室での活動場面にも影響を及ぼしているようである。

図Ⅱ-3-13　事前に行った五大装置分類KJ法の様子

(2)　役割ごとに動く（製作）

グループごとにチーフやグループ名などを決め，それぞれの仕事内容について，各チーフに対して教員からの詳細な指示が出される。それらをグループ内で取りまとめたり，各自が持っているゲームについてお互いに観賞したり，さまざまな準備をグループの判断で行いながら，製作するものの方向性

図Ⅱ-3-14　工作の準備品とコントローラ製作中の生徒

を定めていく。また，PC室内に展示してある先輩たちの作品の，実際出来上がっているコントローラの仕組みを観察したり，からくりについて動かしながら検討したり，ポスターを見ながらどのようにまとめたら良いかを検討し始めるなど，チーフはそれぞれ実際に必要な作業内容をリストアップしながら，メンバー間での割り振りを考えていき，作業を開始する。

　授業時数の少なさと，コンピュータ室内での工作活動の限界から，コントローラやからくりの材料の多くは，あらかじめ教員が用意した箱や色紙，カラーテープと，コントローラ用の配線に使われるジャンパー線などであるが，それ以外に必要と思われるパーツは，班ごとに生徒が用意する必要がある。

　生徒たちはこれまでの学習経験から，制御と連動したゲームづくりというものがある程度はわかりつつあるが，実際に自分たちで企画したものを再現するにあたって，さまざまな問題にぶつかり，試行錯誤が繰り返されていく。「三人寄れば文殊の知恵」というように，いろいろなアイディアを出し合いながら進めていくが，なかには途中でどうしても自分たちで解決できないトラブルに遭い，企画自体を変更せざるを得ないことも出てくる。しかしそれでも，グループ内で協力しながら乗り越えていく様子が，あちらこちらで見受けられた。

　教員側としても，数年同じ課題に取り組んでいると知見が蓄積され，アドバイスもしやすくなってくるのだが，あまり簡単に解決策を教えてしまわないように，ある程度の距離を取りながら見守ることにしている。生徒たちの試行錯誤から，毎年新しい生徒の発想に出会い，制約のある環境のなかでもクリエイティビティが高まっていくことを実感している。

(3)　見やすさの工夫とプレゼン力（発表）

　夏休み直前からスタートするこのグループワークは，夏休み明けに行われるクラス内でのポスターセッション形式による発表会までに作品を完成させることが目標となる。発表会は，50分間で自分のチーム以外のクラスの作品をできるだけ多く鑑賞・体験し評価できるようにするため，1チームずつ

のプレゼンテーション形式ではなく，同時進行できるポスターセッション形式を採用した。生徒は前半・後半に分かれて，発表と評価を交互に行い，評価用紙に5つ星で評価し，良かった点と改善点についてコメントを記入する。

図Ⅱ-3-15　発表会・評価中の様子

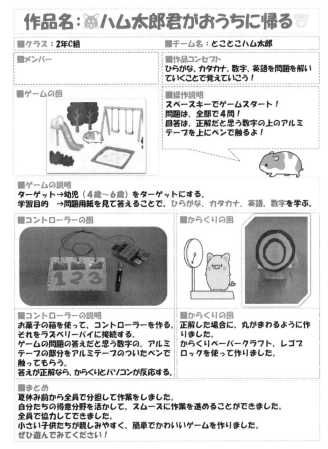

図Ⅱ-3-16　ポスターの例

発表会では存分に他のチームの作品で遊び相互評価を行うが，そのなかでも「このコントローラ，どうやってつくったの？」「このスイッチいいね」など，新たな学び合いが発生している様子がうかがえる。またこの仕組みでは，メンバー全員が発表に携わる必要があるため，ポスターのチーフやゲームのチーフが不在でも，操作方法や質疑応答対応が可能なように，自分のチームの作品について十分な情報がないと対応することができない。

　ポスターのレイアウトは，配置がおおよそ決まっている。各チームが自由にレイアウトを行うと，それを読み取るために時間をさく必要が出てくるが，大体同じところにゲームの操作方法や，コントローラについての詳細などが配置されているため，短い時間のなかでも素早くゲーム機の内容について把握し，評価を行うことができるように工夫している。

　発表会は大抵，夏休みが明けてすぐの授業内で行われるため，夏休み前や夏休み中に，どれだけメンバー間で情報を共有し，作業を進めておくことができるかで，かなり状況が変わってくる。ほとんどのチームは慌ただしく準備を行うことになるが，タイトなスケジュールのなかでも，なんとか作品展示に向けて，全員が力を合わせて進めていくことになる。

　無事完成した優秀作品は，毎年9月に行われる文化祭で展示され，実際に幼児や小学生などのターゲット層のユーザに遊んでもらうことができるので，本物の幼児がどのように遊んでくれたのかを生徒が観察しながらコミュニケーションする場が与えられることで，当初はよくわかっていなかった「幼児」についても捉え直すよい機会となっていたようである。

(4)　どのような作品ができたか

　実際に生徒が作り出した作品について，いくつか紹介する。

① 　アルファベットが学習できる「文字合わせゲーム」

　Raspberry Pi の GPIO ピンを接続し，アルミ箔と段ボールで作ったタッチスイッチを操作する。チョウが画面上で「ぼくをMにつれてって！」などというので，指にはめたチョウ型のコントローラで「M」のスイッチをタッ

チすると画面上のチョウが正解
だと教えてくれる仕組みだ。正
解と同時に，LEGOブロックの
モータが回り，連結されたカム
機構の先にくっつけられたチョ
ウの絵がピコピコと動き喜んで
くれる。

図Ⅱ-3-17　文字合わせゲーム機

　スイッチがたくさんあり配線
がごちゃごちゃとしているため，
コードをボードの裏側に通した
り，筒を通してそこにコードを集めたりなど，幼児に配慮して安全性を考慮
し，配線を隠すための工夫も見られた。

② 「歯磨き」ゲーム

　傾きセンサを付けた歯ブラシ型のコントローラを，プリンカップで作った
「歯」の上でシャカシャカとこするふりをする。一生懸命こすると，画面上
のバイキンの元気が無くなっていく。バイキンの元気さと連動して，バイキ
ンの絵が貼り付いたペーパークラ
フトのカムが上下するスピードが
落ちていく。無事バイキンを退治
することができたら，クリアの画
面になる。磨く角度が違っていた
り磨き方がいい加減だったりする
と，バイキンが復活して，最終的
には時間切れでゲームオーバーに
なってしまう処理もされていた。

　ただし，最初に生徒がつくった

図Ⅱ-3-18　歯磨きゲーム機

ものは「傾きセンサ」を利用していたため，実際に磨く動作と少し異なるものになった。そこで文化祭の期間中に，生徒と一緒に作品に改良を加えた。センサを「距離センサ」に取り替えて歯ブラシの先端に取り付け，実際の歯磨き動作に似た横移動の動きに変更した。当然プログラムの処理も少し手直しすることになったが，その結果，文化祭に遊びに来てくれた幼児も，無事にゲームをクリアできるようになり，喜んで帰っていった。それを見た生徒も嬉しかったようである。

3 恐竜に餌やりゲーム「おかしを食べよう」

図Ⅱ-3-19　水鉄砲型のコントローラ

コントローラがよく作り込まれており，幼児ウケするような水鉄砲の形状をしている。トイレットペーパーの芯と洗濯ばさみを活用してそれっぽい形をつくり，持ちやすさを工夫し，色遣いやデコレーションにもこだわっている。銃などの攻撃的な物は禁止と言ったのだが，生徒はどうしてもつくりたかったようで「水鉄砲」という表現におさまった。画像検索などで，形状をよく調べていた。

　水鉄砲の傾け方に応じて飴が発射され，画面上で上下に移動する恐竜の口に無事入るとスコアアップする。得点時に恐竜が貼り付いているカム機構のからくりペーパークラフトが動き，恐竜が喜ぶという雰囲気でゲーム機からフィードバックが返る。

　この他，もぐらたたきやクイズ，レーシングゲーム，迷路，ピアノシミュレータなど，さまざまな作品が出来上がっている。

　先輩たちのつくったコントローラやポスターは教室内に掲示してあり，次

の学年はそれらを参考に，新しいゲーム開発に取り組んでいる。これらの作品もまた，次年度以降の生徒たちにとっての試行錯誤のタネとなっていく。

> 幼児向けゲームは意外と簡単なのかと思っていたけれど操作を簡単にしなければならないなどの条件があり，難しかったです。でも，考えていた通りのものができてよかったです。みんなにコントローラを褒めてもらえたのでよかったです。幼児が好む形の水鉄砲の形に似せて，握りやすく作ったり，カラフルにデコレーションをして興味を持ってもらえるようなものになったと思います。他の層に向けたゲームも機会があれば作ってみたいです。

この感想文では，ユーザを理解する苦労についても語られているが，ものづくりの先にいる「相手」が見えているからこそ，さまざまな工夫を施すことができたり，他の作品を褒めることができるようになっている。

⑸　お互いの動きを見取る（評価）

すべての発表と評価が終わった後に振り返りの時間を用意している。表計算ソフトに円グラフを作成し，メンバーそれぞれの働きぶりを評価したり，チーフの責任にかかわらず実際にどのような作業や活動をしていたかを報告したりすることになる。ここでお互いに評価することはガイダンスの段階から告知しているため，作業時のサボり抑止にもつながっているようだ。また，感想文や反省文もじっくりと書き込むことができるので，活動全体を通して，自分にどのような力が身についたかを振り返ることができる。

5　おわりに：コンピュータを通して社会の仕組みをとらえさせる

⑴　0と1が生徒を技術の世界に誘う

私は技術という教科を，実際の社会の仕組みが見えるようになるための教科であると考えている。私たちの生活には無数の技術が浸透しており，それらによって生活がより便利に快適になっている。それらは一つひとつ，誰か

が発明し，技能を磨き，ブレイクスルーを起こすことで，時代とともに進化してきたものである。目の前の技術が当たり前だと思っていると，その凄さを実感することはない。何らかでも見たり読んだり体験したりすることによって，少しずつわかってくることがある。特に体験は重要で，テレビのように小窓から覗くような状態では見えないものが，体験によって本当に「わかった」状態に変化する。

　私の授業でからくりペーパークラフトをつくらせているのも，この考えに由来している。画面上の動画を見ただけでは，わかった気になるだけで止まってしまう。自分で手を動かしてつくることによって原理を観察し，たとえばカム機構の原動節と従動節の役割が明確に認識され，最後に調べることによって単語を学習して意味づけする。なんでも簡単に検索してわかった気分になることを，ICT利活用だと言って欲しくない。

　しかしながら，私たち技術科の教師には，こんなふうに一つひとつ丁寧に，世にあるすべての小窓を紹介する時間も技量も与えられていない。大概の教師は，世にある生産技術のどれ一つも「プロ」ではなく，本当の意味で社会の仕組みをすべて知っているわけではない。それでも可能な限り生徒たちを現実の技術の世界に近づけていくために，全国各地にいるわれわれ技術科の教師が，それぞれの持てる力を発揮して，少しでも多くの技術のリアルを見せていくことが，イノベーションにつながっていくのだと思う。

　ただ単に画面上で終始するゲームづくりをするだけでは机上の空論レベルの技術の世界しか見えないだろう。キーボードが電気信号で動いているスイッチの集合体だということにすら気がつけない。入力装置・出力装置をつくらせることで，どんなにプログラムの論理が正しくても，アクチュエーターに働きかける際に思い通りに動かないなどのフィジカルな問題と向き合い，試行錯誤を繰り返すことではじめて現実の技術の仕組みが見えてくる。

⑵ 人と人とのつながりで，ものはつくられる

　私はからくりを作ったのですが，工作の作業も楽しかったし，それが実際にゲームになっていく過程が面白かったです。チーム全員が動き，一つのものを作っていくことが初めてだったので難しかったけれど，その分達成感がありました。そして最後には満足のいくものが作れたので良かったです。今回の授業で，今後の学校生活や社会に出てから使える技術，グループワークを学べたと思うので，良かったです。

　実際のプログラミング分野の仕事のなかには，仕様書を書く人や，プログラムを組む人，デザイナー，効果音やBGMをつける人，ディレクターなど，さまざまな分業が行われているはずである。それらはお互いの作業の進捗を前提として成り立っていて，お互いの作業を一定程度理解した上で，自分の役割をきちんと果たさなければ，製品をつくることはできない。この活動を通して，生徒たちが分業と協業という労働観についての感想文を多く出してきたことは，特筆に値する。材料加工やパソコンなどのスキルを身に付けるというだけでは終わらない，技術科の目的が，ここに達せられている。

　今回は，みんなで作業をしました。僕はポスターをつくる作業をしたのですが，とても大変でしたが，ゲームの仕組みと，コントローラのつながりを知れてとても楽しかったです。一人一人に与えられた仕事をして，最後にまとめて一つにできたことに達成感を感じることができました。

　たった一人で作っているだけでは，自己満足から先には進まないだろう。ものづくりの先には人がいる。一緒につくってくれる人や使ってくれる人との繋がりを大切に考えていきたい。一人ひとりは完璧ではなくても，補い合うことで1＋1は2以上の力になるということを，私たちは何度も経験している。それは，コミュニケーションがデジタルの空間を介していても変わらないし，今の世界では当たり前のことなのだ。

たとえ自分がプログラムできなくても，どこを変数にすれば仕事を効率化できるかを見つけ出すのが人より早かったり，動かないものに対してどこに原因があるのかを他の人より早く見つけられたりする能力が育っていることだろう。自力ではできなかったとしても，できる人に的確に指示を出せる人が増えていくならば，確実に世界は進歩していく。そしてそのなかに一握りでも，本当にプログラミングが好きな人がいてくれたなら，その力を伸ばしていく環境を整えていってあげたいと思う。限られたこの技術室の環境のなかでも，日々進化していく現実の技術の世界へと生徒たちを誘えるよう，私の挑戦は続いていく。

　これからの社会の技術観・労働観は，コンピュータを介して／コンピュータを利用して行われている活動を理解してこそ，その真の姿をとらえることができるに違いない。

〈注〉
1）河野義顕ほか編著『技術科の授業を創る』学文社，1999 年，p.15。
2）技術教育研究会編『改訂版　製図』2013 年。
3）マンダラートとは，今泉浩晃氏が開発した発想法で，これを池田修氏がアレンジしたものが「イメージの花火」として NHK の教育番組でも紹介されていた。
4）発想法についてはこのほかにも，イメージマップなどの手法を授業のなかに取り入れ，思考の柔軟性を磨いたり，情報を整理する手法について，さまざまなやり方があることを知るチャンスを設けている。ものごとを考える方法を教えることで，世の中の問題点を可視化したり，新しいアイディアを生み出すことに繋げられる。

■第4章 生徒の学びに学ぶ授業づくり

1　生徒の学びに気づく

「本棚なんて作って何になる。そんなものばかり作っているから技術科は時代遅れなんだ。」

　私は，そんな生意気なことをいうことをはばからない大学生であった。今では当時の自分の浅はかさを思い知らされる毎日だ。当時の私には，本棚をつくるというただその事実しか見えていなくて，その製作を通して生徒たちが何を学んでいるのかをまったく理解できていなかった。

　そんな感じだから，25年前初任者としてヒノキの間伐集成材を使った棚づくりに取り組みはじめた頃は大変であった。できる生徒は何もいわなくても高い完成度で素早く完成してしまい，できない生徒は適当につくってしまう。とりあえずほぼ全員を形にさせてはみたものの，持ち帰らない生徒が多く，授業で製作された棚があちらこちらの教室に投げ捨てられていた。なんとかして彼らを夢中にさせたいと思ってはいるものの，どうしていいのかは誰も教えてくれない。

　ヒントは製作のなかにあった。赴任して数年目のある授業で，一人の生徒がすべての部品の角を丸めて木目がキレイに出るまで木材を磨き上げた。ヒノキだから当然なのだが，磨き上げた木材はとても同じ木材とは思えないほど輝いて見える。その仕上がりにクラスの生徒たちと共に私はいたく感動させられた。

　翌週から，紙やすりで木目を出し，ウッドワックスで光が反射するくらいの光沢が出るまで磨き上げさせた。ただそれだけで，授業の様子はがらりと変わった。思いを込めた本棚を，生徒は学校に置いたままにはしない。いつ

しか製作が終わると持ち帰りを催促されるようになっていた（図Ⅱ-4-1）。

　生徒の学びに学びなさいなんて，教科書や指導書には一言も書かれていない。しかし，どんなに高度な学習内容であったとしても，生徒の考え方や学び方を無視した授業はありえない。私は，何度も失敗を繰り返してようやく気づくことができた。

　教師は，どうしても到達目標から考えがちだ。それはそれで意味のあることだが，それだけで技術科の授業の価値が生徒に伝わることはない。何を伝えたいのかをシンプルに考え，生徒がどう考えどう学ぶのかを的確に把握した上で授業を組み立てなくてはならないことを，私は生徒から学んだ。

　子どもたちの書いた感想などを読んでいくと，製作の過程で，何度失敗しても何度でもやり直して成功するまで取り組ませるという，技術科教師なら誰もが取り組んでいることが，生徒に大きく響いていることに気づくはずだ。

失敗をして修正をしたことで表面に傷が残ったとしても，その傷は生徒の学びの記憶と一体となって，その生徒に記憶されている。最初から完璧に仕上げた生徒が優秀とは限らない，失敗をしながら試行錯誤を繰り返してさまざまなことに気づくことができた生徒の方が学びは深い。

図Ⅱ-4-1　2002年度末，技術室にならぶ木製品

2　生徒の学びから生まれたCAD実践

　技術の教師となり最初の授業でしたこと，それは技術教育研究会（技教研）の先輩たちの授業の真似であった。なかでも前年の技教研全国大会で見せて

いただいた川瀬勝也先生のレポート（1993年8月全国大会）に衝撃を受けていた。同志社中学校の生徒たちの描いた図面のレベルの高さは圧巻で，分厚い冊子になって閉じられた図面を一日中見ていたのをよく覚えている。私は生徒の学びに心打たれていた。図Ⅱ-4-2のように精緻に描き込まれた図面を見ていると製図を生徒が楽しんでいる姿が目に浮かぶようであった。だから私は，初年度から迷うことなく技教研の製図テキストを購入し，授業をはじめた。

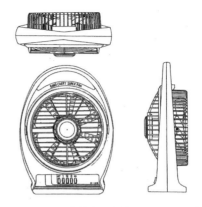

図Ⅱ-4-2　同志社中の生徒がかいた扇風機
（製図テキスト解説書 p.72 より）

　しかし，当時の私の力量では授業はまともに成立しなかった。製図テキストをやらせるだけやらせてみても，指導という指導のできない私は，特に第三角法がわからないという生徒たちの大合唱に悩まされることになってしまった。実際，第三角法の問題をきちんとこなせた生徒はクラスで数人に過ぎなかった。

　課題の意図を理解し，生徒の実態にあわせて適切な教材を用意し展開を工夫できなければ，わからない子はわからないまま，わかる子だけが授業に参加するつまらない授業になってしまう。当たり前のことかもしれないが，教育実践の厳しさを思い知らされた初年度だった。

(1)　「立体グリグリ」で乗り越える

　当時，第三角法は学習指導要領にも記述がなく，難しいから教える必要はないと多くの技術科教師が判断していた。しかし，それに抗してまでも，第三角法にこだわる技教研の製図テキストには何かがあると，直感的に感じていた。

　一つアイデアをもっていた。大学院時代にある学会で1本100万円もする

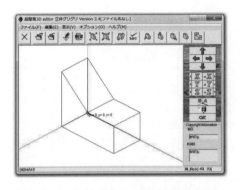

図Ⅱ-4-3　簡易3D-CAD「立体グリグリ」

ような3D-CADを使って授業をしたという報告を聞いた。自分でもつくれるんじゃないかと考えているうちに，立体をカーソルキーで自由に動かすことができ，正面，平面，右側面と表示ができる「立体グリグリ」の原案がぐるぐると頭のなかで回りはじめていた。とはいっても，3Dのグラフィックスソフトは当時から無数にあったし，企業では当時から3D-CADは当たり前のように使われていた。ワイヤーフレーム（線画）表示の立体なんて，もっとも古い下等な3Dグラフィックスだと当時でさえいわれていた。しかし，第三角法を教えるためには最適な教材になるとの確信が私を駆り立て，茨城に赴任して3年目の1996年にようやく最初の「立体グリグリ」（図Ⅱ-4-3）を発表することができた。以来「立体グリグリ」は，ネット上で無償で配付されている。

(2)　設計の世界の面白さに気づく

　製図テキストを補完する目的で第三角法を教えるための教材として開発されたこの「立体グリグリ」だが，なぜ第三角法を教えなければならないのか，私は「立体グリグリ」を授業で使い始めてようやく理解できるようになった。キャビネット図や等角図を書いても立体的に考える力はほとんど必要とされない。しかし，第三角法による正投影図では頭のなかにその立体を思い浮かべ，頭のなかで自由に動かす力がなければ決して描くことはできないのだ。現実のものづくりの世界を考えるためには，空間的思考力はなくてはならない学習内容であることに，「立体グリグリ」を開発し授業をしてみて，はじめて気づかされた。

　そしてその授業後に，「立体グリグリ」を使ってもっと高度な立体を描き

たいという生徒が何人もあらわれることになる。あまりのその熱心さに昼休みにコンピュータ室を開放して自由に立体を描かせてみて驚いた。そこから生み出された生徒作品は図Ⅱ-4-4のような，私が自作したソフトで生み出されたものとは思えないほど高度なものばかりだったのだ。以来私

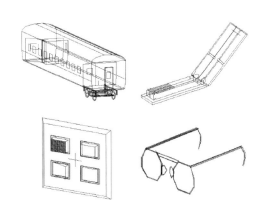

図Ⅱ-4-4　生徒が「立体グリグリ」で作成した立体

は，こうしたオリジナル立体の作成に十分な時間を割き，3次元でものを考え，設計するという感覚をつかませようと実践を続けている。

　「立体グリグリ」を授業で使いはじめて，生徒たちに立体を作図させながら，気づいたことがある。画面を食い入るようにみつめ立体を作図する目の前の生徒の姿と，同志社中の生徒が手描きの図面を精緻に描く姿が重なって見える。「立体グリグリ」の授業は疲れると生徒はいう。空間的に考えることに没頭するあまり授業後に一気に疲れるというのだ。にもかかわらず，何人もの卒業生があの授業は面白かったと，わざわざ放課後の職員室に私を訪ね語ってくれた。「立体グリグリ」の授業を通して，何人もの生徒が設計の世界の面白さに気づいていた。

⑶　本物の 3D-CAD を使いこなす

　「立体グリグリ」の公開から 20 年以上の月日が流れ，現実の設計の世界は劇的に変化した。20 年前には 1 本 100 万円以上した 3D-CAD が無償で配付され，高価な PC でしか描画すらできなかったものが，普通の PC で当たり前のように動作している。製造現場から紙の図面がなくなり，多くの現場に3D-CAD が導入されている。

図Ⅱ-4-5　基本的な立体を 3D-CAD で描く

しかし，3D-CAD を本格的に授業に取り入れようとする技術科教師はまだ数少ない（2018年度現在)。授業で製作する本棚などの製作品の設計をするためには，一般的な 3D-CAD はあまりに多機能で操作が難しく，オーバースペックだと感じてしまうのだろう。3D プリンタを使うために簡単な立体データを作成させることはあっても，設計を学ぶために 3D-CAD を使わせるのは，中学生には不可能と考えてしまうのも無理はない。

だが，「立体グリグリ」の授業を通して，20 年間生徒の学びを積み重ねた私には確信がある。3D-CAD を使えば，設計の世界の面白さに気づかせることができる。中学生の知的好奇心を喚起することは間違いない。

2017 年度の授業から中学 2 年生のデジタル作品の設計・制作の授業で「立体グリグリ」に代えて，Autodesk の 3D-CAD，123D_Design を使わせることにした。

授業ではまず図Ⅱ-4-5 のように，基本的な立体をコンピュータ上に入力させる。四角形を描き，それを押し上げて直方体をつくる。これをひたすら繰り返して立体を PC 上に作り上げる。場合によっては逆に引き抜いて穴をあける。いくつもの課題を用意しておき，立体ができたら印を押して生徒を励ますといった展開の授業を 3 時間実施した。

気づけば，ほとんどの生徒が何の問題もなく立体を作成できていた。透視図（パース）と正投影図の違いも，3D-CAD なら見ただけで一発で理解させることができる。立体の回転や移動（トランスフォーム）も直観的だからわからない生徒はほぼいない。わからない生徒も，何度も失敗するうちに生徒同

士教え合いながらいつの間にかできるようになってしまう。生徒の反応はすこぶるよい。3D-CAD で立体データを作成することそのものが，彼らにとって刺激的な体験となっていた。

　私自身 3D-CAD を生徒に使わせてみるまでは，操作はかなり難しいだろうと考えていた。もし，私自身が 3D-CAD で設計をした経験がなかったとしたら，生徒に使わせてみようなんて考えもしなかったに違いない。かんなを使って木材を削った経験のない生徒が，その刃先の調整や力のかけ具合の見当がつかないのと同じで，3D-CAD も一定の操作練習を積まなければ使えるようにならない。しかし，一度その勘所をつかんでしまえば，生徒は 3D-CAD を自在に使いこなすことができる。

(4)　プラグの形状には理由がある

　続く授業では，3D-CAD を駆使して，電源プラグの持ち手の形状をクラス全員で試行錯誤する課題に 2 時間取り組ませた（図Ⅱ-4-6）。先端の金具の部分の形状はあらかじめ精密にモデリングしたデータを生徒全員にコピーして配付する。生徒は純粋に持ち手の形状だけを考えればよい。安全で，持ちやすく，製作コストのかからない形状を考えさせた。

　これまで使った 3D-CAD のさまざまな機能の他に，平面を傾ける（ツイーク）操作や，図Ⅱ-4-7 のように持ち手の素材（マテリアル）や色などを変

図Ⅱ-4-6　生徒の設計したプラグの持ち手

図Ⅱ-4-7　プラグの持ち手の素材と色を選ぶ

更させることも伝え，最後に角を丸める（フィレット）操作方法も紹介した。持ち手の部分にくぼみをつける生徒，丸みを帯びた形状にこだわる生徒，プラグだけでなくコンセントまで設計する生徒と，仕上がったプラグの形状は一人ひとりまったく違った形状になっていた。

そして授業後，プラグを手に取って見つめ直した瞬間に，当たり前だと思っていたプラグの持ち手の形状が実に複雑であることに多くの生徒が気づいていた。生徒が設計したのは外形だけだ。本物には内側に配線がある。壊れないように肉厚が考えられている。安全で持ちやすく経済的なだけでなくて，実は耐久性もとても重要だ。設計の価値やその面白さは，自分が設計者の立場になって考えない限り実感をもって理解できないことがよくわかる。

(5) 身近な製品をコンピュータ上に再現する

製作のための図面を描くことだけが設計ではない。設計の大切さは，身近な製品の設計をトレースしてみなければ気づけない。だから，最後の課題では 3D-CAD を駆使させ現実に存在する身近な製品をコンピュータ上に再現させることにした。20 年におよぶ「立体グリグリ」実践を通して生徒から学んだ知見が，今でも私の背中を押し続けてくれている。

図Ⅱ-4-8 は 3D-CAD 実践2 年目の 2018 年度の授業で，前年度の先輩のレポートをのぞき込む生徒たちの様子だ。彼らはこの翌週からこの課題に挑戦することになる。先輩の書いた 3D-CAD レポート（図Ⅱ-4-9，図Ⅱ-4-10）を事前に見せることで，彼らが乗り越えるべき学びの到達点を確

図Ⅱ-4-8　先輩のレポートに刺激をうける生徒たち

平成２９年度　つくば市立竹園東中学校
８年５組（N.H）

私のこだわり

　実際のメガネは、耳にかけやすくするために斜めで、肌に振れやすい素材になっています。だから、ポリラインで、耳にかけやすく、丸みを帯びた形にし、素材も、柔らかいものにしました。
　角がとがっていて、触るとケガをするような部分は、小さな場所でもフィレットをかけました。滑らかになり怪我の危険性がなくなります。

苦労したこと

　青色の耳にかける部分は、ポリラインで、フリーハンドで行ったため、左右の形を少しでも近づけることに苦労しました。また、人間の目と目の間を考えてレンズを配置したり、鼻に合わせた形にしたりしました。レンズの楕円やへこみ、実物を見ながら作りました。

実際の製品と比較して

　欠点が多くあることが分かりました。鼻にかける部分がなく、レンズの枠もない、耳にかける部分ももう少し上から出ていることがわかりました。また、人間の目に合わせてレンズも少しつり目になっていることがわかりました。最初のころ、何かわからなかったものが、眼鏡に見えるようになりました。
　実物のメガネは、作ることに、とても長い時間がかかっていることがわかりました。

気付いたこと，学んだこと

　今まで、自分が使ってきたものすべてが、丁寧に、また、正確に作られていることに気づきました。少しでも曲がりがあったり、角がとがったりしていると、製品として使えません。また、物体は、ちょっと視点を変えて見てみることによって全く違う物体になることを学びました。私たちの身の回りの製品は、使いやすくするためのアイディアが用いられています。今までの授業で、立体は苦手でしたが、今回自分で立体を作ってみることによって、立体を、認識し、見方を変えても、頭の中で、思い浮かばせるようになりました。身の回りの製品に目を向けてみると、使う人のことを一番考えて、作られています。自分では、正確に作っているつもりでも、実物には、程遠かったです。眼鏡を作る人同士でお互いにアドバイスしあったことにより、自分一人では考えつかなかった組み立て方や、アイディアがもらえました。一人で作るものよりいい製品が作り出せたと思います。

図Ⅱ-4-9　2017 年度つくば市立竹園東中学校８年５組 NH さんのメガネ

平成２９年度　つくば市立竹園東中学校
８年５組（Ｋ．Ｆ）
※このレポートに記載された内容は、
氏名をイニシャル表記だけとした上で
CC BY 4.0 のライセンスにて Web 上等
で公開・共有します。

https://creativecommons.org/licenses/by/4.0/deed.ja

私のこだわり

　僕は、細部まで本物の通りに再現することにこだわりました。特にこだわったのは、ハードルの高さを変える部分です。土台の青い部分と鉄の円柱の部分に分けて組み立てました。また、高さを固定するためのボルトも付けました。左右で同じ高さに、穴を三つあけ、真ん中にボルトを付けました。下の画像にあるように、ボルトは持ちやすい六角形にしました。

　他にも、上部の板には丸みを持たせましたが、土台にはそのままにしました。接着面を多くしてより強度を上げるためです。

苦労したこと

　ハードルは、左右対称の形でなければならないのでそれぞれの長さを合わせることに苦労しました。

　また、ボルトの作成にも時間がかかりました。一度穴をあけてから、違う素材の円柱と角柱を合わせたものを挿入しボルトを作りました。

　板の黒い部分は色を変えるために素材は同じで黒い角柱を挿入しました。

実際の製品と比較して

　僕の設計したものには、まだまだ足りないところが多くあります。例えば、鉄の円柱と上部の板との接着面についている金具です。僕のにはついていません。どのような形にしたら壊れにくいのか、また材料を無駄なく使用しているつくりになるのかが、わかりませんでした。

　ボルトはよくできたと思います。大きさやついている位置まで左右を合わせて設計できました。

気付いたこと、学んだこと

　今回の経験を通して、僕たちが普段当たり前のように使っているものが、実はとても深いところまで考えて設計された製品であることに気が付きました。作業をしていて、もっとこだわりたいところや、修正したいところがありました。しかし時間が足りなくてそのままになってしまったところもあります。そのことからも僕らの生活の中の製品がいかに時間をかけて設計されているかを実感しました。そしてそれらの製品には、僕がまだ思いつきもしないような工夫が隠されていると思います。それらに気が付けるような製品の見方をしていきたいと思いました。

図Ⅱ-4-10　2017 年度つくば市立竹園東中学校 8 年 5 組 KF さんのハードル

認させた。

　先輩のレポートにはこう書かれていた。

> 　「今まで，自分が使ってきたものすべてが，丁寧に，また，正確に作
> られていることに気づきました。少しでも曲がりがあったり，角がとが
> ったりしていると，製品として使えません。……身の回りの製品に目を
> 向けて見ると，使う人のことを一番に考えて作られています。自分では
> 正確に作っているつもりでも，実物にはほど遠かったです。……」（図
> Ⅱ-4-9　NH さんのレポートより抜粋）

　3D-CAD で精緻に製品を再現した生徒ほど，実際の製品には程遠いと感
じていた。現実の製品をコンピュータ上に再現させたことで，生徒は現実の
製品に込められた設計者の意図を深く考え，理解し，技術の見方・考え方そ
れ自体を変えていた。

3　ラーニング・ジャーナルとの出会い

　2009 年に開催された第 38 回関東甲信越地区中学校技術・家庭科研究大会
茨城大会に向けて地区の技術科の先生方と授業を議論していた 2007 年，つ
くば市立大穂中学校での取り組みを紹介していただいた。大穂中ではすべて
の教科でジャーナルと称して毎時間の授業の最後の数分間で振り返りを書か
せていた。全教科で各自の学びの軌跡が記録されていた。

　面白そうだと思いつつも，いくつかの問題に気づいた。見せていただいた
各教科のジャーナルは，すべて 1 時間毎の振り返りの形をとっており，毎回
課題と反省を書き込むスタイルになっていた。短時間で書き込むことを想定
しているため，枠は小さく 1 時間あたり数行の文章を書く以上の記録は残す
ことができない。技術科の学びを文章だけで表現することは難しい。

　もう一つは，何を記録するかという点だ。授業をしている直感として，そ
こにいた技術科教師全員が，生徒一人ひとりの学びは違うだろうと語ってい

た。しかし，課題を書かせてそれができたかどうかを記録するだけでは，何を学んだのかは記録として残るかもしれないが，生徒一人ひとりの学びの違いはそこには現れにくい。

　大穂中に集まった地区の技術科教師で，技術科にあるべきジャーナルの姿を考えた。書き始める場所はあらかじめ決めておくが，枠を作らずに3〜7時間の単元ごとにA4×1枚の記録に残すことや，毎時間何らかの形で図でも記録を残すという基本的な仕様を決め，実習を伴う授業の最後の5分間で自らの学びを振り返らせることにした。

　図Ⅱ-4-11は，延長コードを製作する授業で生徒が書いたラーニング・ジャーナルだ。生徒が書いているのは教師が板書した内容ではない，生徒が自ら気づき考えた学びの軌跡がA4×1枚にまとめられている。そして，2007年に大穂中に集まった私も含めた技術科教師の多くが，10年以上たった今でもその当時のフォーマットのラーニング・ジャーナルを使い続けている。

　実際に授業で使ってみると，生徒は想定した以上に多様な学びをし，まったく同じということはほぼない。授業最後の5分間，ラーニング・ジャーナルを書かせる時間にあえて次のように伝えるようにしている。

　「前の黒板は，今日学習した内容の先生のまとめだ。このまま書き写してはいけない。君たちは今日の授業で手を動かしてもっと深く考えたはずだ。その実感を元に君たちは何に気付き，何を学んだのかラーニング・ジャーナルにまとめなさい。」

　課題を書かせ，その反省を書かせていた時には決して書かれることのなかったさまざまな気づきが，単元ごとにA4×1枚の用紙にまとめられていく。実習を伴うほとんどの授業でこのラーニング・ジャーナルを書かせることで，ただものをつくらせるのではなく，ものをつくることを通して何を学んだのかを生徒に問うことができるようになった。

　そして，ラーニング・ジャーナル実践を積み重ねた数年後，私はこのラー

ニング・ジャーナルに書かれている生徒の学びの軌跡こそ，その生徒が履修した真のカリキュラムであることに気づいた。

これまで私たち教師は，目標を設定し教材を工夫し，学習内容を生徒が身に付けその能力をさまざまな場面で発揮できる場を一連の授業，カリキュラムとして仕組んできた。しかし，生徒はその計画通りに学んでいるとは限らない。

ラーニング・ジャーナルとして生徒一人ひとりの真のカリキュラムが目の前に示された時，その授業を通して生徒が何を考え，何を学んだかを教師が的確に把握することは，次の授業で生徒がどう考えどう学ぶのかを想定してカリキュラムを練り直すことにつながる。忙しい現場のなかで評定をつけるためとしか考えられていなかった評価が，本来の教育評価として機能していた。

(1) 生徒の学びが後輩の学びを誘う

従来のワークシートのように，教師が穴埋め問題をつくり，あらかじめ答えを用意しておき，そこに当てはまる語句を生徒に答えさせるだけだとしたら，その生徒がどのような経験や気づきを通してそう考え，それがどんなことと関係があると考えたのかを知ることはできない。これは，その生徒の学びが深まらないというだけでなく，課題を設定する教師が生徒の学びを次の授業に生かすことができないことを意味している。

たとえば図Ⅱ-4-11のラーニング・ジャーナルの中央に書かれたまとめには，「1つ1つ組み立てる時の注意点にも意味があり，安全に使うためとよく分かった」と書かれ，その安全に使うための製作上の注意点がA4用紙いっぱいに書かれている。電気の安全な利用のためにさまざまな工夫があり，定格の性能を実現するためには，それらがすべて達成されていることが必要であることが，この生徒の延長コードの製作実習での一番の学びだ。

教師は作品を失敗なく完成させることや，あらかじめ想定されている指導項目を教えることばかりに意識を向けてしまいがちだ。しかし，生徒は教師の想定通りには学んでいない。実習などの経験を通してさまざまなことに気

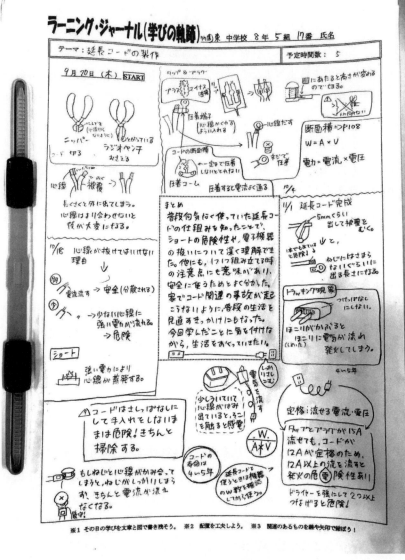

図Ⅱ-4-11　ファイルにとじられた延長コード製作のラーニング・ジャーナル

づき，そこから現実の技術をそれぞれに考えている。この生徒のラーニング・ジャーナルを読んだ私は，「延長コードの製作を通して，電気エネルギーの安全な利用のためにどれだけの工夫が積み重ねられているのかを考えてもらいたい……」と実習の意図を語ってから，授業をスタートさせるようになった。生徒がまとめたラーニング・ジャーナルに書かれた言葉には，後輩の学びを誘う力がある。生徒は，教師が自分だけで考えていた発問を超える究極の発問を後輩のために書き残してくれている。

(2) 近しい仲間の学びが刺激になる

ラーニング・ジャーナルに書かれた生徒の学びは，教師にとってだけでなく，同じ教室で学ぶ生徒や他クラスの生徒にとっても大きな刺激となる。図Ⅱ-4-12 に示すようにあらかじめ 10 人程度のラーニング・ジャーナルをピックアップしておき，生徒が教室に入る瞬間に目に入る場所に並べておく，それだけでも効果を実感することができるはずだ。生徒は個々別々に学んではいるけれども，それぞれの学びを読み刺激をうけることで，自分の学びを見直すきっかけが生まれるのだ。同じクラスだけではない，隣のクラスにもその刺激を広げることは簡単だ。1 年後にはその生徒の学びを，後輩たちに見せればいい。

他のラーニング・ジャーナルを書き写してしまう生徒ばかりになってしまうのではないかという心配は，実際に何年も実践してみて杞憂だとわかる。もしいたとしても，同じ内容を写しているだけの生徒は内容にまとまりがなく，自分なりに考えた生徒との違いは一目瞭然だ。

人間は，刺激を受け合うことで高め合い，さまざまな技

図Ⅱ-4-12　ラーニング・ジャーナルに刺激をうける

術を生み出してきた。それは授業についても同様で，違う考えや，自分とは違う気づきに出会う機会を増やすことで，単なる穴埋めでない，文化的な視点をもった授業を作り上げることができる。技術の世界に正解はない。先人に学び，刺激を受け，未解決の課題に挑み，その成果を次の世代に継承することで，技術は時代とともに進化してきた。授業も生徒の学びを積み上げることで進化させることができる。

(3) 作品評価では測れない生徒の学び

ラーニング・ジャーナルを書かせるようになって気づくことがある。加工精度が高かったり，仕上げのきれいな作品を製作した生徒が，他の生徒と比べて必ずしも深い学びを書き残すことができているとはかぎらない。逆に作品に傷があったり，一部加工に失敗した部分があるような作品を製作した生徒のラーニング・ジャーナルは，わかりやすく丁寧なだけでなく，他の生徒には書かれていないような気づきと考察が書かれていることが多いのだ。

完成した作品だけでは，その生徒がどんな意図をもってそのアイデアを採用しその実現のためにどのような試行錯誤をしてその形状にたどり着いたかなどを読み解くことはできない。しかし，毎時間最後の5分で書かれるラーニング・ジャーナルには，毎時間の試行錯誤の姿が克明に描かれている。作品に傷があるような生徒ほど，試行錯誤をしながらさまざまな失敗を克服して深く学んでいることが多いのだ。もし，ラーニング・ジャーナルを書かせていなかったとしたら，これらの生徒の学びを私は正当に評価できていなかったことに気づく。

4 学びの成果を後輩に継承する

材料と加工の授業で製作した木製品を持ち帰らせているという学校は多い。では，その木製品を家でどのように活用しているのかをレポートさせてみたことはあるだろうか。学習指導要領にはそこまでしなくてはならないとはいっさい書かれていない。しかし，翌年度に同じ内容を学ぶ後輩たちは，先輩

がどのような木製品を製作し，家で実際にどのように使っているのかを知りたいと考えている。そして，それを一番理解しているのは家に木製品を持ち帰って使っている先輩たちなのだ。最初の1年目はレポートをすることに抵抗を感じる生徒もいるかもしれない

図Ⅱ-4-13　先輩のレポートを参考にする

が，自分たちが先輩のレポートを見て設計を考えたという経験が明確にあれば，生徒たちは作品を持ち帰り，家で活用している様子を写真にとり，後輩たちのためにレポートすることが当たり前と考えるようになる。

　単に写真をとって感想を書くだけの生徒も多い。しかし情熱をこめて作品を設計し試行錯誤を繰り返しながら作品を製作した生徒は，いい加減なレポートを提出することはない。自分が何を考え，どんな理由でその形状を選択したのか，その形状ではどんな加工に難しさがあったかなど，後輩たちにとって，喉から手がでるほど知りたい情報が，A4×1枚の用紙に書き込まれ提出される。レポートの一番下には後輩へのメッセージを書かせた。このレポート「こんな感じで使ってます！」は長期休業での宿題として取り組ませ，翌年度以降の後輩たちの作品を構想する授業で図Ⅱ-4-13のように自由に閲覧させた。後輩たちは，自分たちがどのような作品をつくるべきなのか，その実際に使われている様子を先輩のレポートを見ながら考えることができる。

5　生徒が様式を工夫する

　一般的にこうしたレポートは様式が細かく決められていることが多い。その方が生徒が書きやすいからだろう。しかし，自分なりの工夫をしっかりと実現した書くべき内容がはっきりと自覚できている生徒にとっては，ある程

こんな感じで使ってます！

製作期間： 平成 29 年 6 月頃 ～ 平成 30 年 5 月頃
製品名： たくさん入る整理棚
使用場所： 本棚 のとなり

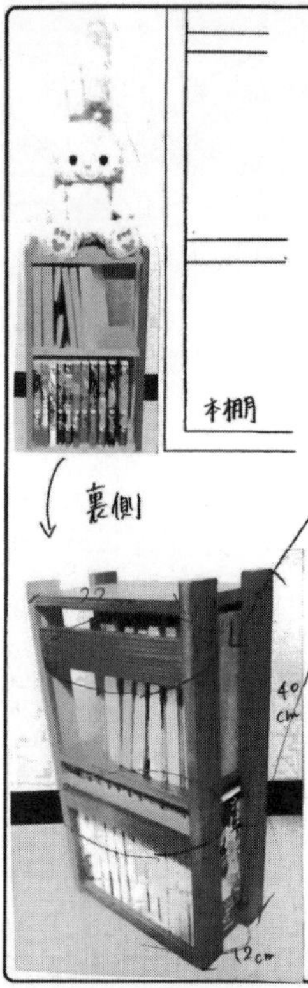

〈上段〉
かざり棚として使っています。
私は お気に入りのぬいぐるみを置いています。

〈中段〉
小説を入れて使っています。約12冊入ります。

〈下段〉
好きな漫画の新刊を入れています。
約13冊入ります。

〈ポイント〉
うしろに 背板をつけることで、本（入れる物）が
落ちなくてとても便利です。
また、一番下に板をつけることで、ぐらぐらせず
に安定した棚になります。 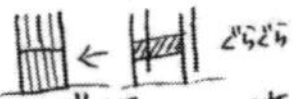
私は、単純な形にしたため、くぎ打ちは、簡
単でした。
何を入れたいか考えてから作るとイメージもつきや
すいし、大きさを測ることも大切です。

〈反省点・改善点〉
・ニスを塗ることを考えていなくて、背板の部分と
仕切りの部分の間が狭くて、ニスが塗りにくかった事
・パーツが多くて、ニスを塗るのが大変だった事
・入れる物を重視してしまい、全体の大きさが大きく
なってしまった事

後輩へのメッセージ
一番最初に何を入れるのか、どこに置くのか、どれくらいの大きさなのかを考えてから
作ると良いと思います。また、板をのこぎりで切るとき、くぎ打ち、かんな、ニス、全ての工
程を考えると、パーツの数は少なく、大きさが大きい方が作りやすいと思います。かんな
は、丁寧に行うことがポイントです。ニス塗りでは、液体に注意して、丁寧に塗ることが大切
です。ニス塗りは、何回も何回も塗るととてもきれいに仕上がります。

図Ⅱ-4-14 自宅持ち帰り後のレポート（縦型本棚）

こんな感じで使ってます！

製作期間： 平成 29 年 6 月頃 ～ 平成 30 年 5 月頃
製品名 ： 今読んでる本と次読みたい本がわけられる本棚
使用場所： 自分の部屋の机の上

〈 使っている様子 〉

↓左の棚　　↓右の棚

〈 説明 〉

○ 右の棚
今読んでる途中の本を置く。
表紙が見えるようになっている。
本を置く位置が上のほうなので
とりやすい。

○ 左の棚
次読みたい本などを置く。
背表紙が見えるようになっている。
どんな大きさの本にも対応
することができる。

〈 工夫点 〉

① それぞれの棚の傾き

本の背表紙を見せ、
多く本を入れるため
傾きが急。

本の表紙を見せ、
とりやすくするため
傾きがゆるい。

② 棚の裏の棒

この棒があるだけで強度が
すごく上がる。
2つの棚をくっつける人にオススメ！

後輩へのメッセージ
私が考える製作ポイントは2つあります。
1つ目は製図です。私は製作よりも苦労しました。いくら作りたいものがあっても、
図にかけないのなら作るのは難しいです。だから、製図の授業をきちんと受けた方が
いいと思います。2つ目は強度です。いくら上手く作れてもすぐ壊れてしまっては
意味が無いと思うので、強度も考えて作ると良いと思います。

図Ⅱ-4-15　自宅持ち帰り後のレポート（横型本棚）

度の自由記述ができる様式が必要だ。たとえば，図Ⅱ-4-14 の縦型本棚を製作した生徒は，表と裏の写真を縦に配置し，それぞれの工夫を自ら項目を立てて解説している。図Ⅱ-4-15 の横型本棚を製作した生徒は，正面，背面，平面から写真をとり左右の棚の傾きに差があることをそれぞれの写真を使いながらわかりやすく説明している。

レポートは成績をつけるために書かれるものだと思い込んでいないだろうか。彼らはこのレポートを自らの学びを後輩に継承するために書いている。その文章や表現には，後輩にわかりやすく伝えるための配慮が感じられる。これらは成績だけのために書かれたレポートではないのだ。

6 生徒の学びに学ぶことの意味

かつての生徒の学びは，今目の前にいる生徒たちの学びに生かされている。そして，今目の前にいる生徒の学びが，未来の後輩のために生かされるようにすべきだ。

毎年，毎時間同じ授業を繰り返していないだろうか。その1時間の授業が，先輩や後輩の学びとは無関係であるかのように考えていないだろうか。今目の前にいる生徒の学びを次の世代に引き継ぐことができれば，学びは積み上がり，不可能と思えた授業実践が可能になっていく。

教師は何を伝えるべきなのかをシンプルに考え，生徒がどう考えどう学ぶのかを的確に把握する必要がある。そして，優れた生徒の学びに気づき，その学びを引き上げ，授業で共有し，他のクラスにも紹介し，翌年以降の生徒の学びにつなげる。他校や他地区にも紹介できたとしたら，その生徒の学びはさらに意味のあるものにできるはずだ。

教師が頭で考えたカリキュラムを生徒に無理矢理押しつけ，その通りに学ばせたとしても，生徒に自らが技術の世界の担い手であることの自覚をもたせることはできない。教師だけがすべてを決め，生徒はそれに従うだけの授業を進化させ続けることは難しい。しかし，生徒の学びを積み上げ，生徒同

士が学年という時間と，クラスや学校という空間を超えて学び合う環境をつくり上げることができれば，授業は確実に進化させることができる。

　生徒の学びに学ぶ授業を追求する姿勢は，生徒の実態から乖離する授業を生み出すことはない。むしろ生徒がどう考えるのかをとらえることで，授業の問題点を生徒の学びの力をかりて解決することにつながるはずだ。私たちは生徒の学びの上にはじめて授業をつくり上げることができることを忘れてはならない。

■第5章 生徒の発達への願いに応える

1 はじめに─生徒は，そんなことを考えていたのか─

> • 直江先生にはとても感謝しています。2年生になっても技術の先生で
> いてください。先生の説明はとてもていねいで，時々豆知識的なものも
> 話してくれるので聞いてててとても楽しいです。1年間，ありがとうござ
> いました。2年生になってもよろしくお願いします。

　私が定年より1年早く辞める決意をして，生徒には知らせないまま，間も
なく退職の日を迎えるという3月の終業式前日，「授業時数確保」のために
無理に授業が組まれた。他教科の教師がみな「今更授業しても」というので，
急いでA4に線を引いただけの「缶つぶし器を作って」という授業感想文用
紙を作り，件の教師に「だったら，これを生徒に書かせてくれませんか」と，
お願いした。缶つぶし器とは，1年生に取り組ませていた木材加工の製作課
題である。その結果，1年生5クラス中4クラスの感想文をえることができ
た。回収された感想文を軽い気持ちで読み出した途端，「しまった‼」と思
った。これ程強い衝撃は，記憶にない。私は，退職間際になって，生徒の学
びに正面から向き合ってこなかったことを知ることになった。
　冒頭の感想文は，つぎのような書き出しになっている。

> • 自分は，缶つぶし器を作っていろいろなことを学びました。まず最初
> に学んだのは，つくる時に使う道具の名前です。げんのう，ポンチなど，
> いろいろな道具の名前を覚えました。次に覚えたのが一つ一つの道具の
> 使い方です。最初の頃は，ものをつくるのが得意じゃなかったんですが，

132

物の正しい使い方を学んだら意外と簡単にできました。げんのうだったらもつところの上の方を持って使うのと，卓上ボール盤だったらちゃんと机の上にトントンとおいて，おがくずをとる方法を知りました。ポンチでは，鉛筆のようにもつというのを知りました。そのおかげでちゃんとした缶つぶし器ができたことをうれしく思います。

　あと学んだのは，技術の楽しさを知りました。まず，作っている時のわくわく感です。作っていると完成後はどうなっているのかなとか，どうやったら上手に作れるのかなとか色々なことを考えてしまいます。そして，完成すると今までの努力が報われた感じがしてとても感動する感じになります。さらに，自分はここまでやった！　という達成感が生まれてきます。本当に技術を通していろいろな事を学びました。これからもこのような経験を生かしていきたいと思います。

1年生の木材加工は，例年なら2年生の10月まで製作が続く。しかし，この年は退職のため3月中に完成させる必要があり，肝心な作業内容を削除した，内容の乏しいものだった。とても不本意な授業だったから，感想文に期待するものもなかった。しかし，感想文には私の想像をはるかに超えて，技術科の授業の楽しさや喜びと，春からの授業への期待が書かれていた。

　私は，技術科の教師として着任してしばらくの期間，何をどう教えるかということばかりに腐心していた。しかし，教職生活後半頃から期末テストの解答時の余り時間対策のつもりで課していた授業感想文の記述のなかに参考になるものが散見されて，「これは役に立つ」と思うようになっていた。今回，感想文のために十分な時間を与えたところ，生徒は授業への想いや期待を綴ってくれた。しかし，私は，すでにこれらに応える道を自ら閉ざしていた。私は4月から自宅で一人，125名からの「手紙」をすべて入力し続けた。

・僕は，缶つぶし器を作っていろいろな経験をしたと思います。最初の頃は，板に穴をあける所の線を引いたりして難しかったけど，作っているうちにだんだんと技術の時間が楽しくなっていきました。僕は，板を使ってものをつくるのが苦手でしたが，缶つぶし器を作ってからもっとものを作りたいと思いました。ものをつくるということのすばらしさを知れてよかったと思います。作っている時は作り方がよく分からなかったけど，友だちがていねいに教えてくれました。穴をあける場所を間違えたりしたけど，完成した時はとてもうれしかったです。缶つぶし器を作ってみて，道具をうまく使ってつくるという，道具の大切さを知りました。技術の授業がもっとやりたいと思いました。

家に持ち帰ってから，家にあった缶を使って缶つぶし器を使ったらきれいに缶がつぶれてよかったと思いました。家でもたくさんのものを作ってみたいと思えるようになりました。家では，お母さんがうまくできたねとほめてくれました。とてもうれしかったです。一生懸命作ってよかったと思いました。あきらめないで作れてよかったと思いました。

これからも技術の授業で作った缶つぶし器を大切に使っていきたいと思いました。2年生になっても技術の授業を一生懸命うけたいです。これからもがんばっていきたいです。

中学生の発達にとって，ものをつくることにどんな意味があるのか。また，私たちはそこから何を学びとることができるのか。ここでは主に木材加工の製作課題「缶つぶし器」の製作に取り組んだ生徒の感想文を紹介しながら，ものをつくることや，つくりながら自分自身や他者を観る視点を変えていく生徒の姿をたどりたい。皮肉なことに，私は，退職した後になって，試行錯誤を重ねながら成長する生徒たちの姿から多くを学ぶことになった。

※感想文は，1年生の3学期末に書いたものと，3年後，高校1年生の時点で
　　追跡調査をしたものである。栽培に関する感想文は，3学年末の3年間を通

した学習のまとめとして書かれた。感想文の多くは全文からの抜粋で，１年
次は•，３年後は＊，栽培に関する感想文は■を冒頭につけて，示した。

2　ものをつくることへの目覚め―初めての技術の世界―

(1)　つくることへの期待と不安

> •初めて技術室に入った時，いろいろな道具があってびっくりしました。
> 知らない道具もあって，どういう使い方をするのか始めは分からなかっ
> たけど，だんだん使い方が分かってきて楽しくなりました。

　学校でものをつくることに正面から取り組む機会がなかった生徒にとって，
技術科でのものづくりは新鮮で期待も大きい。初めての教科に生徒の期待は
ふくらむ。技術科の教師は，ここから授業が出発できるという，他教科には
ない有利な条件を初めからもっている。

　しかし，生徒の気持ちの内実は「不器用な自分にできるかな」という不安
である。ものをつくろうとしてもうまくできたと実感できる成功体験が乏し
く，不器用意識ばかりが蓄積されてきたからである。見方を変えれば，生徒
たちには「上手に作れるようになりたい」という願いが強くあるということだ。

　技術科のねらいの一つは，ものをつくることに自信をもたせることにある。
授業は製作ではなく，道具の使い方から始まる。製作がうまくいかない原因
の一つは道具を使用練習なしで使わせるからである。生徒にとっては玄翁で
も錐でも，使えて当たり前な道具はない。生徒の道具使用経験は皆無と考え，
簡単な道具であっても改めて正しい使用法と安全について指導する。

> •僕は，缶つぶし器を作ってよかったことは，自分で全部作れたことが
> とてもうれしいです。今までは，木で何かを作ったりしたことはあまり
> なかったけど，この缶つぶし器を初めて作り終わった時は，とてもうれ
> しく，自分で作った感があってよかったです。缶つぶし器を作っていな

> かったら道具の使い方もわからないし，やり方もわからないし，釘も打
> てなかったのでいい機会だったと思っています。

(2) 65mm の釘を何回で打てるか

　技術科で使用する道具類は，事前に練習させる必要がある。特に鋸，鉋，
玄翁は，誤った使い方をすると材料の破損につながり，作業時間の無駄にな
るばかりでなく，生徒の不器用意識を増大させる。

　生徒は，釘を打つことも初めてであったり，見よう見まねで打って失敗し
てきた。そこで，課題を設けて釘を打つ練習をする。生徒は，「練習だから
失敗してもいい」と道具にたいして積極的になる。

> ・ハンマーのことをげんのうといったり，技術だけの特別な定規を使っ
> たり，技術室では特別な経験ばかりで楽しかったです。特に，げんのう
> で釘を打ったりする経験は日常生活じゃ味わったことがないので，めず
> らしいことができてよかったです。

　新任の頃，イスは鋸で切られ，作業台は釘打ちの練習台のようだった。驚
いて作業台に厚さ 15mm の合板をのせたが打たれる状況は同じだった。
「(……そうか，生徒は存分に釘を打ちたいのか……)」。今までは教師の視点で困
ってばかりいたが，生徒の立場で考えれば釘が材料から出てしまう心配なし
に思いきり打てるのだから気持ちのいいことだろう。鋸でイスを切るのもそ
の場で思いついた悪戯という中途半端な感情ではなく，鋸を使いたいという，
強い意志があってのことだ。生徒のこの「習性」を利用できないか。

　そこで考えたのが釘打ちを存分にさせる授業。柱材に厚さ 18mm の合板
をのせて，長さ 65mm の釘を打たせる玄翁の使用法の 1 時間の授業である。
教科書には関節を支点にした玄翁の振り下ろし方の図解があるが，30mm 程
度の釘なら正しい動作でなくても釘は沈んでしまう。

　しかし，65mm の釘は直径 3 mm。太くて長いので簡単には沈まない。玄

翁も釘に対応できる重さが必要である。教科書の図解は，このような状況下で初めて現実的に理解できるものとなる。玄翁は使用頻度が高い道具なので，450g を 40 本用意した。

　釘は，斜めから打たれるから曲がる。玄翁の柄は，しっかり握らないととき・どき斜めに釘に当たる。また，腕全体に力が入ると筋肉が緊張して関節が機能しない。その典型が肘が上下するような打ち方。生徒は，釘が跳ねて顔に飛んでくるのが怖いことと，自分の指をたたくことばかりが気になり，正しく真上から玄翁を振り下ろすことができない。

　この玄翁の使用法の授業では，まず 65mm の釘の 15mm だけをと・に・か・く垂直に立てさせる。15mm を沈めれば，その後は指を釘に添える必要がない。残り 50mm を思い切り打っても釘が飛んできたり，指を叩く心配もない。これで釘を打つことだけに意識を集中させることができる。※

図Ⅱ-5-1 「15mm 沈んだ？」

　各作業台に断面 90mm 角，長さ 600mm 程度の柱材と，上にのせる厚さ 18mm の合板，450g の玄翁 1 本を用意する。玄翁は，柄を作業台に垂直に落として頭が抜けないことを確かめさせてから生徒 4 人が順に 1 本ずつ打つ。

　見ている 3 人は「1．2．……」と打ち損ねも含めて打数をカウントする。3 周目から 20 回以内とか，順に合格基準を厳しくして，10 回以内をめざす。「僕は，3 回で沈める」など，危険な挑戦をする生徒が必ずいるので，事前にク・ギを刺しておく。生徒は，何の心配もなく釘を思い切り打てるので例外なしに夢中になる。釘は，6 学級で 4kg 必要になる。その結果，柄を長くもつようになったので衝撃力が倍増して打数が減り，釘打ちの姿もなかなかさ・まになってきた。

※釘は，その機能上，なるべく傾けて打つのが正しいが，この段階での指導は
そうはしない。傾けることまで要求すると，製作課題での接合時にずれがお
こる。

コ ラ ム 1

釘打ち練習材のその後

釘打ち練習材は，木材の繊維方向に1列にN65の釘を打てば，最後に列
の延長上の木口にくさびをいれるか，打つ釘を増やせば割れて，釘を回収で
きる。この場合は，合板はのせない。

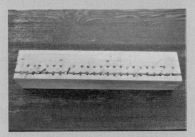

図Ⅱ-5-2　釘の数が増えると割れが
　　　　　始まる

釘が刺さった跡を観察すると，繊
維が釘によって切断されて下方にお
しこまれていることがわかる。この
とき，釘には切断されて下向きに圧
縮された繊維がもとに戻る力がはた
らき，釘を押し上げようとする。こ
れを防ぐために釘の軸の頭部には木
材の表面近くの繊維にくい込むよう
に溝が刻んである。釘を斜めに打て
ば釘を押し上げる力は弱くなる。

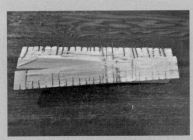

図Ⅱ-5-3　ほぼ直線的に割れる

図Ⅱ-5-4　切断された繊維の様子が
　　　　　わかる

⑶ 「完成のよろこび」とは未来の自分の可能性への期待

十分な道具の練習を積ませた後に，「缶つぶ
し器」の製作が始まる。缶つぶし器は，合板で
作られた筒に入れたアルミ缶を角材を束ねたピ
ストン（押し棒）で潰す機能をもつオリジナル
の製作課題である。何度も改良を重ね，現在の
形になった。アルミ缶のほか，500mlのペット
ボトルも潰せるので，持ち帰ると家族の関心を
集め，重宝されてきた。

図Ⅱ-5-5　潰したペットボ
　　　　　トルと筒のなか
　　　　　のアルミ缶

> • 家では缶つぶし器が大人気で，弟が２人
> もいるので空き缶がひとつできるとすぐつ
> ぶされてしまい，僕が使うことはとても少
> ないです。

缶つぶし器を製作課題とするのは，「ものを
つくるとは，こうすることだ」ということを体得させるためである。この目
的のために，缶つぶし器には木材でものをつくることに関してできるだけ多
くの内容を盛り込んだ。

缶つぶし器を製作するのはつくることに関する学びの手段であり，目的で
はない。そのために，缶つぶし器には多様な仕掛けを潜ませている。生徒は，
外見では缶つぶし器を持ち帰り利用するが，内面では製作の過程での多様な
学びを身につけることになる。製作のなかで生徒は脱皮し，ものや人への見
方を変える。完成した缶つぶし器は生徒のものづくりの到達点ではあるが，
学びの抜け殻ともいえる。そのとき，生徒はもうそこにはいない。彼は，す
でに発達の新たな段階を歩いている。「完成のよろこび」とは，現物を手に
するよろこびではなく，ものをつくる能力が身についたことによる未来の自
分への期待感なのである。だから，製作課題は，生徒の発達を保障するうえ

で十分な内容を伴わせたい。

(4) 失敗しても挽回できる製作課題

　生徒は作業が失敗することを恐れている。それは，過去に何度も製作途中でうまくできず，挫折してきたことがあり，失敗したらどうしたらよいのかわからず，すべてが終わりだと思っているからである。どんなに失敗しても必ず挽回できること，失敗しない方法があること，これらを実体験すればものをつくることに自信がつく。缶つぶし器は，成功と失敗の境界を歩きながら完成に至る製作課題である。

　缶つぶし器製作の第1の特徴は，類似の作業をくり返し行うことにある。技能の獲得には反復練習が欠かせない。新たな技能を身につけるためには，学習者が対象となる課題と全力でくり返したたかうプロセスが必要である。納得できる切断面が得られるまで続ける修正なしの角材の直角切断，ボール盤作業46回，ずれのない組み立て作業8回，回数を重ねるにつれて難しくなる塗装作業がこれにあたる。作業のくり返しのなかで，生

図Ⅱ-5-6　スコヤを当てて光が通
らなければ100点

徒は失敗を重ねながら，ものをつくる感覚を身につける。作業の失敗による時間のロスでおこる進度の差は，最終段階でのオプション的な作業で調整する。

　第2の特徴は，部材加工や組み立てで失敗しても機能するので実用上の問題がおこらないことである。缶つぶし器は，プレカットされた厚さ18mmの合板6枚（筒4枚，天板・底板各1枚）と，垂木4本を束ねた押し棒からなる。実用品なので外観は二の次であるが，美観も大切にしたい。缶つぶし器は，誰でも実用品として機能させることはできるが，どこまででできばえを大切にした作業ができるかという点に製作する上での力点が向くことになる。生徒は，個々の製作場面でこだわることの大切さを学び，良好な結果をえる。

(5) 道具を自在に使う

　道具の使用について不安がある生徒が多い。そこで，多様な道具の正しい使用法を教え，くり返し使う場面をつくる。こうした経験は，道具への見方も変える。生徒は，道具を上手に使えるようになると自在に使えることによろこびを感じ，初めての道具に対しては不安や抵抗感よりも正しい使い方や安全の面に意識が向く。道具に対する見方が変わるからである。

> ・缶つぶし器を作っていろいろ学ぶことができたと思います。たとえば，げんのうは，面が平らな方で最初は打ち，最後は，丸くなっている方で打つこととか，ポンチは，強く手全部で握らず，指で持って打てばずれないことなど，知らなかったことをいっぱい教えてもらいました。

(6) 缶つぶし器をナメる？

> ・僕は，始め缶つぶし器をなめていました。しかし，缶つぶし器ひとつつくるのにこんなに時間がかかるなんて思ってもいませんでした。やっぱりなめてたからこういう痛い目にあうのだと実感しました。

　当初，生徒には，缶つぶし器はただ釘を打てば完成しそうに見えるようだ。125名の生徒のうち19名が上記のように簡単につくれると思っていた。
　一方，「ムリ」と感じた生徒は34名で，「見本のように立派には作れそうにない」と思っていた。缶つぶし器を提示した段階では「簡単だ」と思った生徒の積極的なトーンばかりが目立ち，4分の1以上の生徒が不安に思っていたことに私は気づかなかった。授業は，製作を楽観視している生徒，不安

> ・私は，こういうのをつくるのは苦手で，絶対ムリだなって思ってて，やっぱり最初はホントにムリで，ぜんぜんできなくてだめだったけど，友だちが手伝ってくれました。それで，作っていったらだんだん1人でできるようになって，完成してうれしかったです!!

な生徒，そんな生徒の気持ちを知らない教師を乗せて船出した。

　1回目の授業から「簡単」と思った生徒と「ムリ」と思った生徒が，製作の過程で私が予測もしなかった化学反応をおこしていた。プレカットされた合板を手にした生徒に私が始めに求めたのは，それらを組み立てるのではなく，差し金を使って計測し，けがくことだった。「簡単」と思った生徒は「これは大変だ」と思い，「ムリ」だと思った生徒は，「これなら私にもできる」ことに気づき，ともに補い合いながら製作を始めていた。

　たとえば，天板と底板の中心に正方形を書き，筒の接合位置や釘を打つポイントを求める作業がある。そんなことは，当然できるものと思っていたが，生徒にとっては難問だったのだ。私は，20年近く，何も知らずになんとなく生徒の作業を見ていただけだったことに気づかされた。

> ・最初は，四角い板に線を引き，印をつける作業でした。どうやったら紙に書いてある形になるんだろうとずっと思っていて，なかなかできませんでした。でも，友だちに教えてもらいました。もし，近くにいてくれた友だちが教えてくれなかったら，今でも私はずっと悩んでいたと思います。

3　だんだん面白くなる―毎時間の小さな到達目標―

　つくることに自信をもたせるために，製作課題のなかに「ムリかも」と，多くの生徒が感じる場面を意図的に設定し，毎時間の課題意識を明確にして取り組ませる。課題を達成することは，学んだことの自覚になる。「ムリ」を「できると思う」に変えるには，達成可能となる条件を生徒が見通せばよい。それは道具を正しく使うこと，失敗や危険を感じたら事前の対応策を考えること，正しい姿勢や動作をすること，最適な方法を考えること，正確さを求めること，面倒がらずにこまめに計測すること，作業の結果を確かめ

ることなどによって可能となる。これら，こだわりはすべて完成への必要条件であり，製作中に生徒に求める小さな到達目標といえる。課題が達成できるかどうかは作業の経過で予測がつく。この判別は，生徒間でも盛んに行われる。だから，生徒は誰もがこだわらないわけにはいかなくなる。

　生徒は，次々にあらわれるこれらの課題を突破するたびに製作に手応えを感じ，それによって「できた」ことを積み重ねながら自己の成長を実感する。すると，製作とは別に，これらの課題に挑戦すること自体が主要な関心事になる。

　「小さな到達目標」は，生徒には，これを乗り越える楽しみ（＝達成感）を得させるための課題である。教師はそのさまを実演して，達成可能であることを実証する。技能指導の場面では，それを可能とする技能の演示は効果的である。個別の場面で生徒に蓄積された技能は，ものをつくる自信になる。

　また，製作品の目標を示すのに見本以上のものはない。生徒の到達目標は完成見本である。教師にとっては毎年同じ製作課題ではあっても，改めて試作してみると指導上の新たな発見がある。教材は，教師と生徒の学びが年々蓄積して内容が豊かになる。

⑴　釘の間隔を計算で求める

　缶つぶし器は，押し棒よりも先に筒を組み立てる。筒の組み立ては押し棒の加工よりも難易度が低いからである。生徒は，これまでは「テキトー」なところに釘を打ってきたが，缶つぶし器の筒の製作では 300mm の長さの板に釘を 3 本打つので，1 本あたり 100mm の分担になる。その中心に釘を打つので始めは木口から 50mm，釘の間隔は 100mm となる。釘を打つポイントを計算で求めることに生徒は，「こんなことまでやるのか」と驚く。

> ・作って感じたことは，釘を打つのは一つずつ計算をしてから打たなければいけないということです。今まで僕は，釘を打つ場所は適当にやっていいのだと思ったけれど，板に図を書いたり釘を打つところを計算しないといけないからすごく大変でした。だけど，すごく楽しかったです。

41％の生徒が釘や木ネジについて書いている。外観の良さとポンチを使わせるためにフロアネイルを使うなど，きちんとつくるために美観にまでこだわったからだと思う。また，道具は特定の作業にあわせ，「その作業にはこの道具がある」と，ものをつくる世界では道具は作業の目的に合わせ，細部にわたり，多様に用意されていることも伝える意図があった。「大変」だけど「すごく楽しかった」という感想には，意識していなかったことのなかに思いもよらない内容が含まれていることを知り，根拠に基づいた意味のある作業をして完成させることの喜びが表現されている。

• 初めて釘を打って，とても難しかったけど，どうしたらうまく打てるのか，どうしたら最後までしずめることができるのかとか，たくさんの事がわかりました。釘にもいろいろ種類があって，太さや形，ねじれた釘など，目的に応じた釘が用意されていて，ただ木材をつなぎ合わせるだけじゃなく，どこを丈夫にするか，どこを一番ていねいに仕上げなきゃいけないだとか，そういうこともきちんと考えた上で釘がいろいろあることにびっくりしました。いろんな機械や道具を初めて使うことができたし，「なるほど！」みたいなコトがあったりして楽しかったです。

---

(2) 安全意識を高めるためにボール盤を使う

合板に釘を打つ場合は，必ず下穴をあける必要がある。ボール盤を使用させるのは，機械を使用するさいの安全意識を高めるためでもある。作業の安全と直結した指導の機会は，技術科の授業でも少なくなっているから大切にしたい。「教わっていない機械は使わない」ことを教えるために機械の代表としてボール盤を使う。

〈ボール盤を使う前に〉―授業の1シーン―

Ｔ：ボール盤でけがをするとしたらどんなけが？

Ｐ：手に穴があく。

Ｔ：でも，自分で自分の手に穴をあける？

P：それは，ない。

T：思いもよらないことでけがをするんだよ。

P：……??……

T：特にけがの危険があるのは，多くの女子と一部の男子。なぜでしょう。

P：……??……

T：これから危ないシーンをみせます。（一板に穴をあけて切り粉を吹く一）これでけがをするんだよ。わかった？

P：……??……

T：こうやって，つい，切り粉を吹き飛ばしたくなる。このとき，顔を近づけるので前髪がチャックに巻き付くことがあります。すると，おでこの上の髪が一瞬でなくなっちゃう。だから帽子やヘルメットをかぶる。

・ボール盤を使う時，先生からの注意があって，私は，こわくてやりたくないと思って，友だちに手伝ってもらっていたけれど，見ていたらとても楽しそうで，一度だけでいいからやってみたいと思い，ボール盤を使ったら意外と楽しくて，穴をあける時に木まで持って行かれそうになってこわかったけど，けっこうおもしろかったです。

漠然と怖いと思っていた機械でも怖さの内実を知り，注意して使えば味方になって，作業を助けてくれることに気づく。いっぽう，警戒の気持ちが緩むことを警戒する生徒もいる。

・普通の生活では使わない穴をあけるやつとかあって，ワクワクして楽しかった。初めて使うからちゃんと使えるかなぁと思ったり，こわくもなりました。でも，使っているうちに楽しくなって，またやりたいと思った。でも，危険だと思わなくなるとけがをするので，緊張しています。

ボール盤は，6台用意した。使用頻度は，一人当たりφ2が34回，φ3.5が8回，皿取りが4回なので，工程と生徒の進度をみながらドリルをつ

けかえる。特定の径のドリルの順番待ちによる時間のロスを防ぐためである。作業がストレスなく，順調に進むように作業環境を整えるのは教師の仕事である。これによって生徒は，「きちんとつくる」ことに集中できる。

　・釘の大きさで卓上ボール盤を使い分けるのでめんどくさい作業でしたが，そこで手を抜くと全部がダメになってしまうのでがんばりました。

〈準備作業〉―本作業の成功のために―

　ボール盤による下穴あけ作業は，すべて，釘を打つ前の準備作業にあたる。準備作業は，製作開始前までは生徒が想定しなかった性格の作業である。ものをつくるということは，遠回りに感じても，本作業の前段で準備作業を怠りなく実行することだということをくり返し実感させる。この種の作業は，「きちんと作る」とか「失敗せずに作る」ことの具体化であり，それができばえを左右する。準備

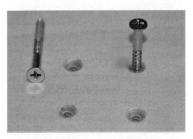

図Ⅱ-5-7　木ねじは，皿取りをして
　　　　　から

作業の必要性は，本作業のたびにくり返し感じ取らせているので生徒にはそれを行うことが当たり前になる。

　・小学生の時に釘を使ったことはあったけど，それは，穴をあけたりやすりをかけたり，ノコギリを使ったりしなかったから簡単だった。でも，中学生ではそんな簡単じゃないし，危ないからびっくりした。

（紹介している授業感想文は，退職前のかんな盤不使用年度のものである。）

(3) 「そこに立つな！」

　安全への意識を高めるためにボール盤に加えて自動かんな盤を使わせた。押し棒に使う一人当たり長さ 1,800mm の角材の2面の基準面づくりには自動かんな盤を使う。生徒の緊張感は，ボール盤の比ではない。私は，危険エ

リアに無頓着に立つ生徒に向かい，サイレンのように吠える鉋盤の音に負けない大声で指示を出す。ここでも，自動車の運転免許制度を例に，「教わっていない機械は使わない」という原則を指導する。

図Ⅱ-5-8　自動かんな盤で基準面をつくる

すべての国民に不可欠な危険予知能力の形成は，日本の義務教育課程全体のなかで，技術科の授業以外ではその機会が乏しい。技術科で行う作業には生徒の身の危険に直結するものが多くある。義務教育の場で実感を伴わせて行う安全教育は最後になるので技術科の教育内容として不可欠である。これは，近い将来の主権者が意識すべき労働条件の一つとして，安全な労働環境を求める権利意識を育てることになる[※]。

・缶つぶし器をつくって僕はいろいろなことを学び，いろいろなことを知りました。げんのうの使い方，ポンチの使い方，ドリルの使い方，のこぎりの使い方，塗料の塗り方，さしがねの使い方など，たくさんのことを教えてもらったから事故がなくつくることができました。始めは難かしくて，つくって何の意味があるのかよく分からなかったけど，だんだん重要さがよく分かっていくような気がしました。

※統計的には，ひとつの重大事故の背後には軽度な事故29件，事故には至らない異常300件があると言われている。重大事故を防ぐには，日常的に「障害のない災害」を少なくする活動が大切である。

安全について考える
―道具や機械と，おもちゃとの違い―

○将来，生徒が機械を使用する可能性を想定して，注意を喚起するために次のような話をする。

ⅰ．おもちゃは，幼児がどのように扱っても絶対に事故にならないように，細心の注意をはらって製品にしている。事故が起きたら賠償問題になり，製品を作った会社は倒産してしまう。

ⅱ．道具や機械は，特定の作業のために使用目的を限定して作られている。それ以外の使い方をした場合の事故については，製造した会社は責任を負わない。だから取扱説明書には細部にわたる注意点が網羅されている。

ⅲ．たとえば自動車は，講習を受けずに使ったら大変危険である。そこで，必須の条件として一定水準の取り扱いの技能と知識を使用者に要求する資格試験を課した免許制度にして違反者には罰則がある。

ⅳ．免許を要しない機械類は，無知のまま使う人がでることが避けられないから事故になりやすい。たとえば，高校生になってアルバイト先で扱うかもしれないスライサーなどのさまざまな切断機械類は，要注意。見よう見まねで使うとけがをする危険がある。使い方と事故例をよく聞くこと。そうしないと指を落とすこともある。

ⅴ．電動鋸，電動鉋などの据え付けずに使用する道具は，刃物が移動するので特に道具を持つ手以外の身体の部位をけがする恐れがある。他にも，園芸機械や農業機械の多くは使用する際に免許を要しないが，作動部に限らず機構部も指を挟まれたりするので大変危険である。

⑷ 納得できる完成のために─測定と鋸の技能指導─

測定は作業の要である。生徒は測定を面倒と感じているうえに，cm に慣れているので mm 単位での目盛りには抵抗がある。「技術科で 10 は 10mm のことです。cm は使いません。」と，製図の授業から伝えてきた。これは，1mm レベルの感覚を意識のなかに浸透させるねらいもある。また，道具の使用法も含め，ものをつくる世界ならではのルールなどを知らせることは，生徒が「本格的」なものづくりを実感できるので歓迎される。

• 一番苦労したのは，長さを測ることです。測るのは少しずれてしまうと後から大変なことになります。なので，慎重にていねいに測りました。
• 板とかもちゃんと定規で測り，正確に釘を打つことができました！
ちゃんと幅を測ったり，道具の正しい名前を教えてもらったり，道具の使い方とか，くわしく教えてもらって，なんか新鮮でした〜。

角材の切断面が直角に切れていること，天板との接合面にすき間がないことなど，すべて 1mm 以下での勝負である。生徒は作業のたびに測定し，結果を確かめる習慣を身につけると不本意な結果には妥協しなくなる。いいかげんな作業ではこれまでの苦労が無駄になり，納得できる結果にならないことが予想できるからである。

図Ⅱ-5-9　すき間がなくなるまで木口を何回も切った角材 4 本を束ねて天板をつける

〈鋸でまっすぐに切るには〉※

1．たてびきと横びきの刃の構造の違いをあさりと木材の繊維方向に関連づけて指導する。材料学習で木材を繊維の集合体とみる視点が生徒に浸透していることが大切である。
2．左目で鋸の刃の左側，右目で鋸の刃の右側を見ればまっすぐに切れる。両目で鋸の刃の片面を見ながらひくと，見ている側にまがって切れる。

3．ひくストロークが小さいとまがりやすいことを，鋸の構造と曲線を切る
　ための糸のこ盤の刃のつくりおよび動きと対比して理解させる。その際，
　鋸身の長さと幅の意味を考えさせる。

4．柄をしっかり握り，押しつけずにひく。生徒は力ずくで早く切ろうとい
　う意識が強いため，力が刃先を介して木材の繊維に過剰にかかり，スムー
　ズに切断できない。切断する音も低音で重くなる。うまく切れている時は，
　軽くて（高音で）いい音がする。

図Ⅱ-5-10　あさりで「ジェットコース
　ター」　1．あさりにシャー
　プペンの芯をのせる。2．鋸
　を傾けると芯は「走ったー」

5．切断する材料は足でおさえるので
　はなく，木工万力などで固定する。
　生徒は，「○○しながら××する」
　という，複数の動作を同時に行うの
　は困難である。鋸による切断では，
　「足でおさえる」，「線のとおりに切
　る」，「鋸を正しく使うこと」の三つ
　の要求を同時にしていることになる
　（「鋸を正しく使う」の内容も多岐にわた
　る）。教師は，生徒が目的の動作だ
けに集中できる作業環境を保障しなければならない。

　木工万力を使用させる際も，空いた左手で材料を押さえるケースが多い。
万力で押さえているので，この手は意味がない。右手でひけば刃先を左側か
ら見ることになるので切断線の左側にずれる。両手でひいて左右のバランス
をとる。また，両手でひくときに背骨を前後に揺らしてひくシーンをよく見
かける。背骨を動かすと左右のバランスの拠り所（基準）がなくなる。背骨
が動くと切断線のとおりに切ろうとしても，土台となる身体が動くので手に
よる微妙な調整が無意味になる。

> ・長さをそろえるためにのこぎりで木を切ったトキは，本当にまっすぐ切れて，みんなに「きれい」と，言われた時はすっごくうれしかった。

※授業の前に，使用する鋸の刃に異常がないか確認する必要がある。鋸刃の状態は切断面を見ればわかる。

(5) 動作を伝える

手工具の使用では，作業者が道具にどの程度の力をどのようにかけているのか，観察者にはわからない。また，作業者が目的遂行のために特に何を意識してその動作をしているのかも観察者には推測できない。

たとえば，鋸びきでは「ストロークをおおきくして鋸を真上から見て刃渡り全体を使う」と，要点を指導するとともに，「ガリガリとネズミがかじるようにせっかちにひくのではなく，牧場で丸太を1日かけてギーコギーコとひく感じ」と，あえて非客観的な，イメージを誘う言い方にすれば教える側の感覚と生徒の感覚が共有されやすくなる。

生田久美子ら[1]は，技能を伝える際に現れる「わざ言語」の存在に注目した。「わざ言語」とは「科学言語のようにある事柄を正確に記述，説明することを目的とするのではなく，相手に関連ある感覚や行動を生じさせたり，現に行われている活動の改善を促したりするときに用いられる言語」である。この「わざ言語」は，まずは相手の感覚に寄り添うことから始めて，「徐々に指導者と学習者の感覚を協調させていく」という性格をもつ。この「わざ言語」のように「特定の時間，特定の状況」のもとで現れた個々の学習者の「傾向性」を把握しつつ，指導者と学習者の感覚の共有を促すことばを見つけ出すことは，技能の指導上，有益である。

技能の指導においては，直接的な動作の指導法や指導効率に意識が向きやすい。併せて，このような非客観的な言語活動による指導法も活用したい。

(6) その作業をしても問題が起きないかどうか考える

缶つぶし器で使用する厚さ18mmの合板は，「硬い」（繊維が積層した分だ

け何度も直交して接着されているので釘が繊維の間に分け入りにくい）ために表面から釘を正常に打つのは困難である。そのため，下穴が必要である。また，切断面に釘を打つと単板が剥がれやすいのでこの時も下穴が必要になる。しかし，下穴について指導すると，生徒は角材を束ねる時にも下穴をあけてしまう。材料の性質に応じて作業方法を考えさせる場面を設けることも製作課題の教材性を深めることになる。

　缶つぶし器の製作では，図Ⅱ-5-11のように4本の角材を釘で束ねるさい，生徒は，釘を角材の幅の2分の1の位置に打ってしまう。この場合，釘は他方の角材の中心を通らないので釘の先が内側に出て3本目，4本目がつけられなくなるおそれがある。生徒がこのことに気づいて，図Ⅱ-5-12のように釘を幅方向で少し外側にずらすかどうか。また，角材の長さ方向でも計算通りのポイントに釘を打つと，隣の面から打った釘となかで直交して衝突することがある。これを避けるために，わずかに釘を傾けて打てばよいことに気づく必要もある。

　こうした仕掛けは，仮に気づかずに作業をしたとしても決定的な失敗にはならない。むしろ，生徒を注意深くさせる契機になる。もちろん，授業では失敗しやすい箇所を伝え，生徒がやり直しをしないですむように指導する。しかし，指導したからといって失敗がなくなるわけではない。生徒は「1本，2本……」と釘を打つたびに，ただ打つのではなく，

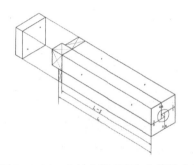

図Ⅱ-5-11　角材を釘で束ねた後にまとめて切断する

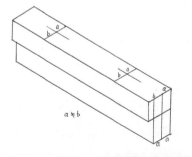

図Ⅱ-5-12　釘は，下の角材の中心を通ること

木材のなかでの釘の先端のようすをイメージし，釘の傾きを意識しながら打つことを覚える。

　作業は結果を意識しながら行い，失敗を予感したら即刻修正するものだという感覚は，製作を通して身につくことである。よく見聞きする「失敗から学ばせる」という指導では学びが共有されず，個人の範囲に限定されるうえに学びの内実についても無責任な態度といえる。当該生徒にとっては教訓にはなっても他の生徒の学びにはならないし，教師は生徒からの不信を招く。

　角材の木口は4本とも絶対に段差があってはいけないので防止の仕方を指導するが，それでも凹凸になることがある。これでは天板がつけられない。木口と天板との間の密着は，缶つぶし器の製作における最大の要点なので，接合面のすき間や傾きがないように，最良の状態になるまで時間をかけさせる。他方，保護板をつける反対側の木口はそこまでこだわる必要はない理由も知らせ，無意味な労力はかけないことを教える。

　ここでは，4本の角材を1本ずつ追加しながら接合するたびに木口の段差を確認させ，4本の木口が一致した束になるまで細心の注意を払わせる。段差が生じた場合は，図Ⅱ-5-13のように片方の角材の木口を板にのせ，板からはみ出た他方の角材の木口に当て木をして玄翁で叩けば修正できる。これは，2本の角材に打たれた釘が同方向の繊維の間に挟まっている状態だからこそ可能なことである。

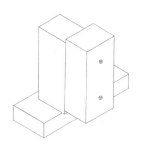

図Ⅱ-5-13　木口の段差をそろえる（イメージ）

合板や金属ではできないから木質材料の特徴の復習になる。家具や日本の伝統建築では，木材が繊維の束であるという特徴と，繊維方向および含水量の関係を生かした場面が多い。木材を同方向の繊維の集合体とみる見方は，生徒の木製品への視野を変える。

⑺　わかっていてもしてしまう失敗を回避する

　すべての部材が正確に加工され完成していなければ，組み立てても完成したとはいえない。生徒は作業の結果を計測して確かめることや，次の作業が失敗するおそれがあることを感じてはいても，対策を講じることを面倒と感じ，そのまま実行して失敗することが多い。こうしたことが起こる場面は毎年のこととして教師の側で予測できるので，「失敗例」として実演し，教訓とさせる。このくり返しは，生徒を注意深くさせ，ものをつくるとはどうすることなのかがわかるようになる。

図Ⅱ-5-14　ペットボトル利用の塗料
　　　　　容器

⑻　鏡のような塗面をつくる

> ・ニス塗りの見本を見た時，ラップが巻いてあるようにどんどんきれいになっていくのがすごいと思いました。

　塗装は，神経を集中しないと積み重ねた努力が水の泡になる。生徒は，塗装をペンキ塗りと同じと思っているので，この感覚を払拭する。塗装は仕上がりを左右するので細部にわたる指導をする。

〈塗装のイメージを変える指導〉

1．屋外の構造物を腐食などから守るためのペンキ塗りとは目的が違う。

2．木製品の塗装では塗料の薄い塗膜を何枚も重ねて表面を平らにして，汚れの付着や湿気の出入りを防ぎ，外観を美しくする。

3．塗装見本を作り，目標とさせる。

4．塗膜を薄くするために原液を 70 ～ 80％に希釈する。

5．安価な刷毛は，毛が抜けやすいので使用しない。高価な刷毛を管理して毎年使っていることを伝え，安価な道具を使い捨てる感覚を戒める。粗悪な道具は使用者の期待に応えないこともあることを前提としているから技

術教育とは相容れない。

6．塗る面が斜めになると塗料が流れる。

7．刷毛は，塗面の途中で止めず，一度で塗りき
る。多少かすれても「次回」とする。

8．2回目以降は十分に乾いてから塗らないと，
前に塗った塗膜が溶けて凹凸になる。乾燥した
冬季以外は，1回の授業で塗れるのは1回。

9．刷毛の容器外放置による乾燥に気をつける。

下地づくりのために紙ヤスリを使わせる。その

図Ⅱ-5-15　不使用時の保管

際，生徒は「だめになったから」と言って新しい
紙ヤスリを要求してくることがある。「せっかく
ツルツルにしたのにまた新しい紙ヤスリで傷つける気なの？」というと，生
徒は自分がしようとしていることの意味を理解する。正しくは，仕上げた面
に対応した粒度のものを用意すべきだが，「紙ヤスリは使い切る」とし，そ
こまでは対応していない。また，合板に貼られた表面の単板は，丸太を剥い
で平面にしたので歪みがあり，平らではない。鉋で 40/1000 程度削ってから
塗ると，上質な仕上がりになる。

塗装とは，凹凸のない平面をつくるために薄い塗膜を何枚も塗り重ねるこ
となので，1 〜 15 回塗りまで奇数回塗ったサンプル 8 枚を見せる。15 回塗
ると光を鏡のように反射し，ラップを貼った見本と見分けがつかなくなる。
生徒は，1 回目の塗装では緊張して丁寧に塗るが，2 回目以降は塗料が板面
に吸収されなくなっているうえに，徐々に気楽になって失敗する場合が多い。
また，踏み込んだ塗装として水研ぎの指導をするが，実行は作業進度次第で，
任意とする。

> ・ニス塗りは木の繊維方向に塗っていき，あまりニスをつけすぎずに塗らないと波のようなあとがついてしまうのでとても疲れました。
> ・先生の何回もニス塗りをした木はツルツルしていてとてもきれいでした。ただのニス塗りでも時間をかけてていねいに塗らないと良い作品はできないんだなぁと思いました。

図Ⅱ-5-16　塗装回数による反射の違い

- 水性透明塗料の原液を70%に希釈した。
- 塗り重なりをできるだけ避けるために授業でも75mmの刷毛を使用した。
- 左から順に，3，5，9，13，15回塗り，表面を削ってからの15回塗り（無着色），ラップを巻いたもの。

＊3回塗りでは前に置いた角材の反射が不十分で，汚れ防止程度の塗装効果しか得られないことがわかる。9回塗りになると反射が鮮明になるので塗装の成果が実感できる。

＊15回塗ると，数メートル離れればラップを巻いたものと区別がつかない。

＊削ってからの15回塗りは上質な塗装に見えるので，生徒はそれ以上の回数と想像する。

製作が終わってしまった生徒対策の例

早く完成して「することがない」生徒の存在は，意外と気になるものだ。何かをさせるとしても，本人が喜んで取り組めるような仕事（課題）でなければうまくいかない。それは，掃除などの奉仕的な作業ではなく，生徒本人のためになり，やる気になれるような意義を感じられる課題である。

例1）より高い水準の塗装を目指す。

多数回塗りと水研ぎの意味まで説明し，授業内での実行の可能性にまでふれる。早く完成できれば，オプション的に水研ぎまで取り組むことができる。生徒は，より高いレベルの課題に挑戦できるので積極的になるが，1回の授業で1度しか塗れないから「対策」としての目的は十分には達成できない。

図Ⅱ-5-17　研ぎに集中する

例2）道具の使用技能を向上させる課題―鉋の研ぎと削り―

道具が上手に使えること，刃物が切れるというのは喜びだから，中砥石で鉋の刃を研いで削る課題を与えた。始めに2〜3人，完成して時間をもて余している生徒を流しに集め，要点を伝えてやらせてみたところ，短時間で良い結果を出した。

技能の獲得には早いテンポでのフィードバックが欠かせない。研いでは刃をチェックし，また研ぐあるいは削るというのは，個人が取り組む課題として効果的である。私は極力関わらない態度でいるので，後から加わった生徒には始めの生徒から研ぎの要点が伝授される。すると，これを見た生徒が，早く完成させて研ぎたいために作業を急ぐようになった。

4 感想文からみえる，ものをつくる学びにおける自分さがし

(1) 感想文は授業改善の原点

　生徒は，作りながら過去の失敗経験や不器用意識など，自分自身の弱点についてさまざまなことを考えている。ただ，それは教師が思い描き進めようとする授業とは直接には結びつかないために，教師の側の関心が向きにくい。しかし，学びの主体である生徒が何を考え，どう認識を変え，技能を獲得したのかを見届けることは，授業を評価し改善するうえで重要な情報になる。これは，テストの問題を観点別に設定しても把握できない。観点別の評価を総合しても一人の生徒の内面の変化はわからないからである。

　授業の感想文を書くことにより，生徒は自己の変容を跡づけることが可能となる。教師もこれを読めば生徒の関心が何にあったのかを知り，その後の授業に生かすことができる。感想文には授業改善のヒントが溢れている。成績評価とは関係なしに書かれた感想文は，私たちに授業のなかではわからないさまざまなことを教えてくれる。特に，生徒が自分自身と向き合い，自分をさがし，別な自分に気づいたという記述は，以後の授業で個別指導をする際の参考になる。

> ＊ものをつくることにいいイメージはなく，最初はちょっとめんどくさいなと思っていましたが，作ってみると意外とそんなに難しくなく，作っているうちに楽しくなっている自分に，ものをつくることは本当は嫌いじゃないんだなと思いました。本当の自分を知ることができました。

(2) 「技術はなんであるんだろう」

> ・今思うと，技術はうまいへた関係ないんだって思いました。

　へた（＝不器用）というのは，生得的な原因によるのではない。製作に入る前になぜ「へた」なのかを話してきた。

一度,「……（こんなに不器用な生徒は初めて）……」と思わされたことがあった。彼は，製作中に本人も自己嫌悪になるような失敗をくり返していた。しかし，半年後には学年の誰よりも立派に完成させることができた。この成果は何によるのか。彼は，失敗のたびに加工の要点を吸収し，確実に自分のものとしていたし，私も代わりの材料を与え，時間がかかっても失敗につきあった。不幸なことに，彼の12年にわたる生活環境は，ものをつくることに関して無縁だった。不本意な結果になるのは，道具がまともに機能しなかったり，加工や組み立てでの無知や無神経な作業の結果なのであって，本人が作業の仕方や気をつけるべき要点を知らなかっただけのことである。指導と十分な時間と作業環境があれば「不器用」は，ありえない。

　製作の個別の場面での指導を重ねると生徒の意識は大きく変わる。生徒は，常に「上手になりたい」と願っているから，これに応える指導をする。

・ものをつくるのは小学生の時から苦手でした。最初は，意味不明でよく分かりませんでしたが，どんどんやっていくごとに作り方とかもわかるようになりました。

　きちんとしたものをつくることにこだわった指導があれば，生徒は次第に製作の要点を把握し，「これは今後役に立つ」と，自分のものにしていく。

・いろいろ使ったことがない道具なども使ったので，大人になって授業で使った道具を仕事で使うことになったら先生や友だちに教えてもらったやり方でやりたいと思います。あとは，けがのしやすい危険な道具も使ったので注意力も身についたのでこれもまたいい経験になりました。
・すごく苦手意識を持っていましたが，回数をこなしていくうちに気づくことがたくさんあり，どうやって道具を使ったら上手くできるか，どうすれば正確に作れるかなどが分かってきて，だんだんつくることが楽しくなり苦手意識もいつのまにかなくなっていました。

缶つぶし器の製作では多様な種類の道具を何度も使ったことにより，道具の使用に抵抗がなくなり，生徒に蓄積されてきた不器用意識さえも忘れさせた。

　製作の過程は生徒が苦手意識から解放され，どんどん上手になる自分を実感できる楽しい時間といえる。それは，道具を使うこと自体を楽しむ時間でもある。製作の後半期になると、生徒は，缶つぶし器を使うためにつくっているのではないことに気づく。

> ・技術はなんであるんだろうと思いました。僕は，１年間を通してやっと分かりました。技術は，自分を成長させるためにあると思いました。
>
> ・技術の授業をやってから自分はなんで技術をやっているのかがわかりました。すごく楽しかったです。本当に楽しかったです。僕は，技術を１年間通して好きになりました。僕は，ものをつくるのが好きではありませんでした。でも，技術をやってからものをつくるのがすごく好きになりました。ありがとうございました。この１年間，すごく楽しかったです。

　「１年間」とはいっても，授業の前半は「製図」である。キャビネット図や等角図の学習を経ても生徒にとって第三角法は異質で，理解の生徒間格差がおおきい。授業は「難しい！」の嵐だった。しかし，第三角法の理解はものをつくる世界では外すわけにはいかない。そこで，等角図との相互変換を含め，８時間を充てた。

　等角図の作図と第三角法とを中心にした製図の授業は，最後に等角図と第三角法の図面との相互変換で終了する。理解を主眼とした授業は教室で行った方が生徒を集中させやすいから材料学習が終わるまで技術室は使わない。

図Ⅱ-5-18　図が正しければ重なるはず

　また，製作課題は，木材加工の指導内容

を具体化したものである。生徒は，製作の過程で，製図や材料の学習が製作に関係していて，ただつくればいいのではないことに気づく。

> ● つくる前に，木目の勉強をしました。こんなこと勉強して何に使うんだろうと思っていました。でも，作業を進めていくと，やすりは木目に沿ってかけるなど，前に勉強したことが役立ちました。

(3) 道具固有の世界がある

製作が始まり，知らなかった道具や機械が次々に現れて何度も使いながら慣れてくると，道具に対して持っていた苦手意識や不安などの対立的感情が親和的になる。すると，道具を使うこと自体が喜びになる。

> ● 道具をうまく使ってつくるという，道具の大切さを知りました。技術の授業がもっとやりたいと思いました。ものをつくることのすばらしさを知れてよかったと思います。
> ● 道具も使ったことあるものや見たことがあるものもあったけど，初めて知ったものをいっぱい使えて楽しかった。

缶つぶし器製作の授業は，玄翁と鋸および鉋について，使用練習をふくめた授業を製作の前段で各1単位時間行ったうえで，できるだけ多くの道具を使わせることをねらいの一つとして構成している。

たとえば，座ぐり用のドリルの存在を知り，「こんな道具もあるんだ」と実感するように，特殊な個別の作業にも専用の工具があることに生徒は感心し，これを使用することによって目標通りの作業が難なく実行できることに大きな感動や充実感を味わう。また，その作業が授業のなかだけのものではなく，社会には自分以外にもこの道具を必要とする人がいて，さらに，この道具をつくる人がいて市販されていること，社会的な生産の場では一般的な道具であることを知り，その道具に連なる未知の職業世界をこれまで表面的にしか見てこなかった世界のなかに改めて見出そうとする。

なかでも鉋が生徒に与えるインパクトは絶大で，薄い削り屑ときれいに削られた木材の表面には歓声が上がる。鉋は，生徒に感動を与え，仕事社会を容易に想像させることができる道具である。正常に機能させなければならないから，技術科の教師は刃の研磨と台を調整する技能は身につけたい。

(4)　「奥が深い」

　生徒は，授業の中身が次々に自分に挑むように仕掛けてくることがわかると，これに対峙して課題を乗り越えることに喜びを感じはじめる。すると，製作課題と自分を客観視するようになる。

> ・最初は簡単だと思っていましたが，やってみるとかなり奥が深いと思いました。

　「奥が深い」というのはどういうことだろうか。第一には次の感想文が示すように，私が製作課題に仕掛けた数々の課題をクリアした結果，総体として課題に含ませてきた私の意図が理解できたということかもしれない。

> ・僕は，この授業を受けて，僕は，最初，ただ缶つぶし器をつくる授業かと思っていたら，先生は，缶つぶし器を作りながらいろいろな道具を使ったり，道具の名前を覚えてほしいということもいっしょにこの授業をやっていたんだなと感心してしまいました。

　第二には，多様な道具を駆使して材料を加工し，組み立て，仕上げるという製作の過程は，道具・材料・製作者の密接な結びつきを実感させるものであったこと，なかでも自分がその中心にいた感慨を表現した言葉だと思われる。製作を始める前に「できるかな」と不安に思った世界は，すでに消滅している。

> ・小学生の時，苦手で上手にできなかったことが今では苦手じゃなくなって，上手になったことがとてもうれしかったし，楽しかったです。

> ・僕は最初はいらないと思っていたのですが，これは，必要とか不要とかじゃなく，上達するために作っているのだと思うようになりました。技術の授業は，僕を変えてくれました。
> ・自分でもこういうものができるんだなと思いました。先生に感謝しています。缶つぶし器は自分が成長する一歩だと思いました。

　第三には，生徒が道具と材料あるいはつくることそれぞれにまだ知らないことがたくさんあり，一通りの製作はしたものの，自分はまだものをつくる世界の入り口程度の位置にしかいないことを感じ取り，これらを一括した感慨として「奥が深い」としたと思われる。

　「奥が深い」という表現は，３年間の授業のなかでも一つのテーマに時間をかけ，「深入り」した内容に踏み込んだときによく現れた。たとえば，作物栽培から食糧生産や自然環境破壊の問題に発展したり，木材加工から鉋の研ぎや薄削りに挑戦したときなど，いずれもそれぞれが含む技術的・技能的課題を意識したときである。生徒は，それらの課題に興味や関心を持ったときに奥の深さを感じ，成績評価に関係なく，自分に必要な能力を身につけ，新たな世界に踏み込んでいく。

(5)　「自分のものは自分で作りたい」

　生徒同士の教わる教えるの関係は，ときに葛藤を呼び起こすことにもなる。何気ない仲間からの厚意ある申し出と受け止められる言葉が，受ける側に重大な判断を突然迫ることもあり，このときのとっさの判断が後悔にもなる。

　たとえば，ボール盤作業をもっとやりたいために，一見，手伝うそぶりで声をかけ，作業を奪ってしまう生徒もいた。

> ・天板をやるトキは，正直，疲れていて，友だちにやってもらいました。でも，自分でやった方が良かったと思って，今はこうかいしてます。
> ・途中，他の人より遅くて，「やばっ」と思ったけど，他の人に協力し

> てもらえたのでよかったです。でも，自分のは自分で作りたいから教え
> てもらうだけにしました。
>
> ・自分のが終わりに近づいていったから，全部終わっちゃうとつまんな
> くなっちゃうから，友だちのを教えながらやっていた。

　突然の申し出に対する判断を誤ったことに気づいたとき，生徒は当該の問題に限らず，日常における自分の性格のよくない傾向として強く気にすることもある。その多くは作業の遅れや失敗などの不安材料と関連している。このような生徒の状況は教師にはわからない。しかし，生徒は，これまでに形成してきた自分を打破しようと自分自身とたたかっている。生徒の表面的なようすだけをみて不適切な声がけをすることがあるから気をつけたい。

　同様に，学級が荒れているために孤立していたり，いじめに遭っていて周囲からの援助がないために作業が進まない生徒もいる。こうした傾向のある生徒については，授業中でのいじめの有無など，常に本人の状況に留意する感覚が必要である。

(6)　「技術の授業が楽しみです」

> ・友だちと作っていたら楽しくて，早く技術の授業が来ないかなと思っ
> ていました。
> ・技術の時間は，すぎるのが早くてすごく残念。もっとやりたかった。
> ・今までいろいろなものを作ってきたけど，ここまで熱中してきたこと
> はありませんでした。
> ・技術の時間が毎週待ち切れませんでした。技術で学んだことは絶対忘
> れません！　ありがとうございました。
> ・作っているとすぐに終わっている感じでした。やっぱり楽しいことは
> すぐに時間がすすんでしまうんだな。

技術科の授業は自分を変えてくれることに気づいた生徒は，週に一度しか

ない次回の授業が楽しみになり，授業時間も短く感じる。生徒は，みな，自分が変わることを強く願いながら，自分が変われる授業を楽しんでいる。

　全員が同じ製作課題に取り組んで，立派に完成させようとする意識が学級全体に強まると，技術室は時間の経過を忘れて製作に集中する生徒たちの特別な空間となり，充実感に包まれる。このように製作に集中し，充実した状態は，フロー体験[2]に通じるものがある。外部から遮断された特別な空間で，活動自体に価値と実現可能性を感じつつ全力を出して取り組むと，時間の感覚や外部の状況は意識から遠ざかる。鉋の研ぎの授業について，「まさか技術の授業で心が『無』になるとは思いませんでした」と驚いた生徒の感想があった。フロー体験は，外部からの要求ではなく，自らの課題意識に基づいた思考と自分の到達目標の間でのフィードバックが継続し，意識の集中の度合いが極めて高い時に実感しやすい。

(7)　ものをつくる社会とつながる

　生徒は，「ちゃんとしたものをつくる」ことに成功すると，それを仕事としている人たちに目を向ける。製作経験が関連する仕事社会をみる足がかりになるようだ。この根底には身についた能力が社会とどのように結びついているのか，自分の能力の社会的な価値を確かめたいという願いがある。

> ・大工って面白いと思った。大工さんがかんなでやっているのを見たことはあるけど，自分でやったのは初めてだったからすごく楽しかった。
> ・大工さんは，かんなですごく薄くやっていたけれど，自分は大工さんみたいにうすくできなかったけれどとても楽しかった。
> ・大人になったらもっといろいろな道具を使っていろいろなものを作りたいです。大工さんの大変さがとてもすごくわかりました。

　子どもたちが「ごっこ遊び」をするとき，できるだけ実物に似せようとしたり，ルールを決めて実際にある状況を再現しようとするように，生徒は，本格的なことを好む。それは，専門的ということでもある。新任研修では

「深入り」をしないよう指導される。しかし，生徒にとって学びの面白さは「深入り」した専門的なことにある。生徒は，現在の知識や技能の延長上にある未知の領域での技術的・技能的課題に新しい自分を近づけようとする。

たとえば，原子力発電と再生可能エネルギー利用の課題，二酸化炭素と地球の温暖化，農薬の使用と有機栽培の意義，ものをつくる現場などは，マスコミでもよく取り上げているので生徒の意識や関心の下地ができている。これらの報道番組では課題に取り組む人びとの仕事ばかりか，人としての生きがいに必然的にかかわることになる。生徒は近い将来の自分の生き方の問題としても共感的に理解することができる。特に，「生物育成」の授業は生徒の意識と結びつきやすい。それは，生徒の側の関心は十分高いのに，学校でのこの分野の学習が不十分だったからである。生徒は，堰を切ったように反応する。

> ■ダイコンの栽培では，肥料やタネをまく順序，腐葉土を入れる順序も学ぶことができた。同時に，ダイコンの生長のようすをみることができたし，ダイコンの根の構造についても見て考えることができた。ダイコンは，3年間で3回同じことをやったから，予想以上に栽培の仕方を身につけることができたと思う。授業でビデオを見て，農家の人の意見を聞き，農業の大変さや金銭的な大変さを実感することができた。農家の思いを理解して，栽培をする人の大変さがよくわかった。

生徒は「この勉強って何の意味があるのか」と，いつも思っている。教師は，この暗黙の問いかけにどう応えようとしているか。単元全体の動機づけは，以後の学習へのエネルギーを喚起するものだから，指導のくふうが求められる。一つひとつの授業においても明確な課題意識が必要である。

単元の授業のまとめの時期には製作体験や学習内容をもとに，生徒が「おもしろい」と感じるような現実の専門的な世界が抱える課題の入り口までリードする。それによって授業での学びが社会的な課題と関連していることを知らせ，価値判断を促す。それは，生徒の周囲には存在しても，意識してい

なかった事象について再認識させ，学んだことを新たな視点で再構成させて価値付け直すことを意味する。生徒は，このような学びを視野の広がりを感じる新たな発見と感じ，自分のためになると歓迎する。

＊缶つぶし器を作ったことで，もの作りに対する考え方が変わりました。たとえば，家づくりなどでは，木などをどのように組み合わせれば丈夫な家ができるかなど，精密な計算のもとできてるんだなと思いました。また，ものをつくる上では，たくさんの人の協力があってたくさんのものが作られているんだなとわかりました。
＊あの時作ったのは「缶つぶし器」でしたが，自分で作り上げたときの達成感をよく覚えています。でも，現代社会には，人の手で作られたあらゆるすばらしいものがたくさんそろっています。それをみると，人間の「ものを作る」という力に感激します。外に出るとたくさん見える建物がどれほどすばらしいかが少しわかるようになりました。
＊私の父は内装業をしているので，よくメジャーを使ったり図面をかいているところをみかけます。技術にふれる前は，力仕事が中心なんだろうと思っていましたが，自分が実際にやってみると頭も使うし，集中力も必要と身にしみて感じ，父はすごい仕事をしているんだとわかり，がんばって仕事をしていることに感謝しました。

5 人とつながって成長する

意外なことに，感想文のなかでもっとも記述が多かったのは，製作上のことではなく，自己と他者との関係についてであった。仲間と製作を進める週1回の技術の時間，生徒たちは人と人との新しい関係を見出し，自分の位置を意識して学級の人間関係の新たな段階に進んでいた。「次の授業が楽しみ」と思う根底にはこうしたことへの新たな期待もあるからではないだろうか。

生徒は，つくることを手段として人とのつながりを求めているようにみえる。

> ＊いつもは接点のない相手でも，席が近かったり，たまたま近くにいた
> という理由でわからないことを聞くことでクラスの雰囲気がよくなった
> り，私も人見知りすることなく教えてもらうことができました。授業が
> 終わった後でも仲良くできたりして，すごく良い思い出です。

(1) みんなが教えてくれたから「もう少しがんばろう」と思える

「わからなかったら旅にでよう」と，4月の製図学習から呼びかけてきた。
わかる人の所に席を立って教わりに行こうということである。製作が始まる
頃にはこれが生徒間で当たり前になっていた。

> ・作業がとてもスムーズに進みました。それができたのも，まわりの友
> だちの支えがあったからこそだと思います。逆に，自分の缶つぶし器製
> 作が早く終わったので，友だちに教えることもありました。普段，あま
> り人に物事を教えることはないので，とても良い経験ができました。自
> 分も学べることがたくさんあったので，本当によかったです。
> ・1人じゃ絶対にあきて，途中でやめちゃったりするけれど，友だちと
> 一緒に分からないことは教えあったりしながらやっていると，「もう少
> しがんばろう」とか思ったりしてがんばれるんだと思います。

個人製作の課題を見本のように完成させたいという，同じゴールを目指す
製作の過程は人よりも高い評価を求める競争ではなく，互いに補い合って満
足できる結果を求める協働的な学びの世界になる。ここには他者よりも良い
成績を得ようという意識はない。だから教えあえるし，協働が楽しいと感じ
る。生徒は皆，不十分な自分の能力を仲間と一緒に高めたいと思っている。
教師も生徒全員がつまずかずにゴールインできるよう，作業条件を整える。
それは，きちんと機能する道具を用意すること，失敗しても挽回できるよう
に予備の材料を十分に用意することの他に，「評定」をふりかざさないこと，

よく考えたていねいな作業をもとめ，提出期限で製作を追い立てないことなど，生徒の意識にかかわる面にまでおよぶ。教師は，生徒の製作に取り組む気持ちにストレスをかけないよう，言動に気をつけたい。生徒たちが本来の学びをしているのに，これを教師が妨害してはいないか。生徒は，自己の課題意識に基づいて自分の成長のために学んでいる。

　製作に集中できるように，教師が物的にも精神的にも諸条件を整えると，生徒は気持ちに余裕がうまれ，仲間同士で教わっている自分や教えている自分を自覚するようになる。感想文は，その中身を詳しく教えてくれる。生徒は，強く意識したことを最優先で書いてくれるからである。完成後に強く感じた作業のシーンを思い出しながら文字にして改めて相手の人柄に気づき，自分の内面の課題までふり返り，自分や他者への見方が変わったことを自覚する。製作中にでも接する態度や所作が変わるから相手もこれに呼応する。

- K君が教えてくれて，最後までやり終わるまで教えてくれてとてもうれしかった。私も，そんなことができるようになりたいです。
- 難しかったけどとても楽しくて，みんなと協力しあってできて，クラスの和をつなげたと思ったし，友だちとの仲も良くなったと思います。
- 私がこの後どうするのか困っていた時や，失敗してどうしようか困っていた時に，みんながやさしく，次はこうだよとかこうしたほうがいいとかアドバイスをくれました。みんな，とてもやさしかったです。
- わからないことがあった時は，友だちに聞いて教えてもらったり，友だちがわからないコトがあったら教えたり，お互いそういうコトをしあったので仲良くなったと思います。作っていてすごく楽しかったです。
- 友だちとも協力しあえてつくることができました。あまり仲が良くない友だちでも技術の授業では助けあって笑いながらできました。

　初めての木材加工が挫折感で終わったら，授業で不器用意識を確定させただけのことになってしまう。生徒の誰もが滞りなく作業ができるように技術

室内を動き回っていた私は，生徒間でこのような学び合いがおきているとは夢にも思わなかった。私の授業は，生徒同士の学びあいで成立していた。この学びあいは，製作そのものより人と人との関係性についての側面が強い。

「K君のようになりたい」という願いは，K君のなかになりたい自分の人間像のモデルを見出していることにほかならない。生徒は，教え教えられる関係のなかで，現在の自分と変わりたい自分の姿の間を往来していたのだ。

＊缶つぶし器を作ったことによって，普段の授業では知ることができなかった友人の特徴を知ることができたので，人との関係の面ではとても良い機会だったと思います。

＊わからないところがあればすぐに仲間がかけつけてくれる。逆に，相手がわからないことがあれば自分から声をかけて助けあう，これの積み重ねです。それによって，しゃべったことがないような友だちでも気やすくなることを授業で学べました。

＊製作を通して，こいつ意外と器用だなとか，こいつ授業はあまりちゃんとやらないけど，こういうのはちゃんと真剣にやるとか，今までしゃべったことない人と教えたり教えてもらったりなどでしゃべってみて，案外いいやつなんだなとか，その後の友だち関係にも影響しました。

---

(2) 家庭で認められて成長を確信する

生徒にとって，缶つぶし器は初めての自信作になった。私が製作のなかで細部にまでこだわるよう促した理由の一つは，「これなら家で必ず褒めてもらえる」というほどの自信作をつくらせ，ものをつくることについて家族から承認されてほしかったからである。持ち帰った日，生徒たちは家族の話題の中心にいた。

• お母さんがすぐに興味を持ってくれたのでたくさん説明しました。

• 缶つぶし器を持って帰ったら，お父さんとお母さんに「うまくできた

ね！」と言われてとてもうれしかったです。

・お母さんに「すごいね」とか「上手にできたね」とか，いろいろほめ言葉をもらいました。私は，すごくうれしかったです。

・お母さんに「よくできてるね」と言われました。おばあちゃんには「これ全部自分で作ったの」と言われました。作ったかいがありました。

・お母さんが「また缶つぶし器？　もう置く場所ないんだけど〜。でも，お兄ちゃんより上手くできたね」って言われました。お兄ちゃんには，「俺にはかなわないけど，まあまあ上手いんじゃん？」っていわれました。

自分がつくった（育てた）ものを家族が使って（食べて）くれて，家族に貢献できるほどに成長した自分を見せることができるのは，最高のよろこびである。それは，過去の自分から脱却したことの証明であり，成長した現在の自分を家族に確実に認めてもらうことでもある。さらには，今後も認められる予感のなかにいるよろこび（＝未来の自分への期待感）かもしれない。

このような，自己の向上への可能性や確信は，社会的な独自の価値形成につながっている。このとき生徒は自己の次への可能性を意識する。人は，どんな時に生き生きするのかを追究してきたエリクソンは，このような現実的な自己評価を次のように説明する[3]。

「自我が，確かに実感できる社会的な未来に向かって，着実に歩みを進めているという確信，すなわち，ある社会的現実の中で，ひとつの持ち場を与えられた自我へと発達しつつあるという確信」

「自分の体を自由に支配できる身体的な出来事が，文化的に意味ある動きと一致し，社会的にも承認してもらえることからくる喜び」

技術科の授業を生徒の人格的な発達という視点で捉えると，生徒の行動が何に起因するのかや，発することばが意味するものが理解しやすくなる。

・私は，最初，穴をあける位置を測ったり，まっすぐ線を引くのでさえ苦手で道具をうまく使いこなせませんでした。なので，あまり技術が好きではなく，すごく苦手意識を持っていましたが，回数をこなしていくうちに気づくことがたくさんあり，どうやって道具を使ったら上手くできるか，どうすれば正確に作れるかなどが分かってきて，だんだんつくることが楽しくなり，苦手意識もいつのまにかなくなっていました。もちろん今でも難しいところではとまどうことも多くあります。でも，周りの友だちやクラスメイトが助けてくれたり，聞くと気軽に教えてくれていろいろな人のやさしさを改めて実感することができました。

　道具の名前や使い方もたくさん覚えました。最初は，覚える必要なんてないし，覚えても将来使わないと思っていましたが，先生のいうようにつくる経験が大事なんだと，今は私もそう思います。将来たとえ使うことのない知識でも，一生懸命作ったという努力や経験，人の優しさなどたくさんのことを学べたこの学習は，絶対無駄なんかにはならないと思うからです。

　作り始めた頃は知らなかったし，考えてもいなかったことを予想以上に学べ，きらいだった技術を好きになれたりと，今思い返すと私を大きく成長させてくれた教科だったんだと思います。2年生になってもこの気持ちを忘れずに技術の学習に取り組んでいきたいと思います

　PS. 直江先生，1年間ありがとうございました！　先生が最初に話してくれた自転車の話はとても面白かったです。ダイコンも大きく育っておいしく食べることができました。缶つぶし器は難しかったけれど，楽しくつくることができ，一生忘れません。本当にありがとうございました。

6　ものをつくって自分の能力に気づく……自己肯定感の範疇

　これまで製作のなかでの生徒個人の意識に特に注目してきた。授業感想文には，生徒がものをつくるなかで気づいていなかった自分の能力を発見し，自身の可能性に確信を得ている姿が表されていたからである。技術科の授業は，その視野を個人の内面の成長という面にまで広げるものでありたい。

> ＊たとえ，将来，その人が関係の仕事につかなくても，役に立つ知識でなくても，ひとつの作品をつくることで得られるものがたくさんあると思います。限られた時間のなかで集中してひとつのことに取り組むちから，人との関わりをもって輪を広げるちから，あきらめずに作り終えたときの達成感，自信……。そうしたちからは，これからいろんな経験をするであろう人にとって励みになったり，ちがうことに取り組むうえで生きてくるちからだと思います。それがまた自信につながっていくように，ものをつくることは，その人を成長させてくれる大事な意味をもったことなのだと，私は思います。

　共通する課題意識で学び合う学習集団のなかでは，生徒個々人の人格的変容が促され，学び方の内実を変えながら個人のつながりを質的に変える。

> ＊僕は，自分から話をするのが得意ではないので，教えあうことで話すきっかけになって，話すことにたいして前向きに考えられるようになったと思います。製作経験を通してむずかしいことにもチャレンジしてみようと思うようになったり，行動力が増したと思います。それに，作業でわからない友だちに指導するときは，缶つぶし器を作ったおかげでこの経験が生きていると感じます。
> ＊僕も，つくる進度が早い友だちにわからないところを教えてもらうことがありました。でも，教えた回数のほうが多かったです。教える側，

教えられる側に限らず，教えあうということは人と話すので，コミュニケーション能力の向上はもちろん，友だちとの絆がより深まったと思います。あまり話したことがなかった人との会話が生まれ，友だちを増やすよい機会になったと思います。

技術科における生徒の自己肯定感とは，ものを完成させ，やり遂げた自分を認める感情にとどまらず，製作の過程での人としての内面の学びの成果を含めた感覚と捉えたい。

7　人として発達し，ものをつくる能力と感覚が生かされる日のために

ものをつくる経験がなかった生徒に「ものを作るとはこうすることだ」ということを教えようとした，ものづくりの入り口にあたる授業を紹介してきた。

ここで紹介したような授業は，小学校高学年でも可能であろう。しかし，図画工作科の内容が技術教育として不十分な状況であれば，技術科が初めにこれを担うことになる。材料が金属やプラスチックであっても，生徒が獲得したものをつくる上で必要な技能と感覚は，後日，自ら主体的に製作活動を行う際にも生きて機能するはずである。製作する上で依存することになる多様な道具や工作機械の機能および加工法を意識しながら製作物の構想を練ることができるからである。

＊材料によって使用する機械や道具を変えたり，すべての作業工程を順序通りに行い，ものを作り上げることは，何をするにも準備が大切で，一つひとつの作業を手抜きしないでていねいに行うことが完成させる近道だと思う。材料の特性を知って，それにあった道具や機械を知っていたら，ものづくりのさまざまな場面でその知識を応用して新しいアイデアが生まれると思う。

ものをつくることは，生徒に知識や技能を獲得させることのほかに，生徒

自身の人格形成にまで影響をおよぼす。これは、生徒と直接に関わりをもつ授業者であれば誰でも感じていたはずである。

　本章では技術科での生徒たちの学びの内容を示すとともに、これまで注目されてこなかった製作の過程における生徒間の意識の分析を行った。結果、生徒のものをつくる学びは教師の想定を超えて、生徒自身が意識している人としての個別の発達課題とのたたかいであったといえる。これは、ものをつくるという、全力で取り組まざるを得ない技術科の学びの特徴ゆえにひきだされたものと考えられる。

　ものをつくる学びにおける生徒の意識に関わる問題は、本書の先行本『改訂版技術科の授業を創る』では、技術科の授業論の「学習活動の三つの側面」および「自分探しの側面」で、教育目的に関わる問題[4]として指摘されていたものの、授業実践をもとにした具体的な検討はされていなかった。しかし、本章で検討してきたように、授業を構想する際にはその授業が生徒の学びや発達にとってどのような意味があるのかについても思いを巡らせたい。それは、言い換えれば、生徒の発達への願いに応えるという授業づくりの基本的な視点にほかならない。

〈注〉
1）生田久美子・北村勝朗編著『わざ言語』慶應義塾大学出版会、2011年、p.21。
2）M. チクセントミハイ、今村浩明訳『フロー体験　喜びの現象学』世界思想社、1996年。
3）西平直『エリクソンの人間学』東京大学出版会、1993年、p.219。
4）田中喜美・河野義顕・大谷良光編著『改訂版　技術科の授業を創る―学力への挑戦』学文社、2011年、p.311。

第**Ⅲ**部 ··

理論編：

子どもとともに
授業を創る

■ 第**1**章 技術科を教え学ぶ意義

1 普通教育としての技術教育

　学校教育は，種々の教科の指導および教科外の諸活動を通して，子どもの発達を促し，将来へつながっていく生活を自律的に営むのに必要な基礎的な知識や技能を身に付けるために行われる。各教科は，人びとのつちかってきた文化や英知に基づき，それぞれの学問体系を柱に設けられている。

　ではなぜ，中学校に技術科がおかれているのだろうか？　技術科の授業で子どもたちがどんな力を身につけ，成長することが意図されているのだろうか。

(1) これからの社会を担う主権者を育てるために

　これからの社会を生きる子どもたちは，AI 技術や IoT（Internet of Things），自然エネルギー利用，自動運転装置等々，次世代ハイテク社会を生きることになることは疑いえず，またそうした社会を支えていかなければならない。

　現代技術はめまぐるしい速さで進歩している。インターネットのワールドワイドウェブ（WWW）の仕組みができたのは 1991 年のことであり，それからわずか 20 年でスマートフォンが普及し，誰もが時間と場所を選ばず生活の一部としてインターネットを利用している。技術の発展は，時間と場所の壁を取り払い，人と人との関わり方や働き方までも変えつつある。たとえば，ソフトウェアのオープンソース化とデジタルファイルの標準化，3D プリンタなどのデジタル加工機械の普及により，地球上のさまざまな場所で多くの人がデータを共有しアクセスして開発・改良されたプロダクトデザインが現物化される。ものづくりの世界の技術発展は，さまざまなものを自分たちのニーズに合わせてより自由につくり出す文化を生み出している。今後，ものづくりにとどまらず，自分たちのコミュニティーで生き方や生活のあり方を

自分たちの思いや願いを反映してつくり出していく，よりクリエイティブな社会が到来するとの見方もある。[1]

　また，何より生きていく上で，気候変動や地球資源，自然災害はわれわれの身に降りかかる問題であり，それらへの対応はまさに技術の問題である。ドイツやフランス，デンマークなどでは太陽光・地熱・バイオマス発電など，自然エネルギーによるコミュニティー単位での発電・電力活用が普及しており，いわば大規模中央独占から小規模地域自立へと，エネルギー技術の選択・決定がなされている。[2]ドイツは2022年には原子力発電から完全撤退するという。[3]他方，日本では高度成長期に整備された道路，橋，トンネル，河川，下水道，港湾などについて，建設後50年以上経過する施設の割合が今後，加速度的に高まる。気候変動による自然災害の問題とも相まって，社会資本の老朽化への対策も不可欠である。

　以上，われわれの生活や社会のあり方は，環境問題や人権，平和の問題等々を含んで，これまでにも増して，技術をめぐる問題と不可分の関係になっていくことは間違いない。もはや，技術をめぐる問題は，一部の専門家にまかせておけばよいものではなく，その方向性を決定することに一般の人びとが主権者として参画する問題となっている。

(2) 技術科の誕生と今

　そもそも，人間はものをつくり，社会的な物質的財貨を産み出すことによって繁栄してきた。当たり前ながら，誰かがつくったもののおかげで生活ができるのであり，ものづくりなしに社会は成り立たない。

　技術科は，コラムに示すように，人工衛星スプートニクの打ち上げ成功など，世界的規模での急速な技術発展を迎えた1950年代に誕生した。重化学工業化の進展へと変化する時代に，そこでの社会を担っていく子どもたちに技術教育を享受させる必要性が叫ばれ，誕生した。

　今の技術科はどうだろう。中学校を卒業してすぐに集団就職して技術科の知識と技能を活かして働く時代ではなくなった。しかし，たとえばスポーツ

の技の難しさはやってみるとよくわかるように，世の中のものごとは，自分で経験したからこそ見える世界が多々ある。とりわけ，ものづくりは，そこに込められた技やつくり手の想いなどは，つくってみてはじめてわかることが多い。技術科でのものづくりの経験によって，世の中の技術や働く世界が見えてくる。今，技術科は，子どもたちが生きる・生きていく社会での"技術を見る目"を養い，子どもたちを身近な生活世界から社会へとつないでいく上で極めて重要な役割を果たしている。

　そのために，技術科は単にものをつくる教科ではなくなっている。たとえば，欧米諸国でのポートフォリオの積極的な活用などにみられるように，つくる経験を通して，どのように世の中の技術をみることができるようになったかなど，その学んだ成果や学ぶなかでの気づきを表現する機会を設けることで，技術科の学びを子どもたちの血肉になるように仕組んでいる。

(3)　技術および労働の世界への手ほどき

　以上のように，技術科は，端的にいえば，子どもたちに**「技術（学）および労働の世界への手ほどき」**をする教科である。1974年に，ユネスコ総会は，「国際理解，国際協力および国際平和のための教育ならびに人権および基本的自由についての教育に関する勧告」と併せて，「技術及び職業教育に関する改正勧告」を議決した。そして，「技術（学）および労働の世界への手ほどき（the initiation to the technology and the world of work）は，これがなければ，普通教育が不完全になるような普通教育の本質的な構成要素になるべきである[4]」とする原則を国際的に確認した。ちなみに，普通教育とは，性や障害の有無にかかわらず，すべての人びとにとって共通な文化たりうる一般的な教養の教育を意味する[5]。

　さらに，15年後の1989年，後者の勧告は「技術及び職業教育に関する条約」として採択され，その第3条第2項（a）は「普通教育におけるすべての子どものための技術（学）および労働の世界への手ほどき……を提供しなければならない[6]」と規定した。現在，これは国際条約として発効しており，

学校教育の原則になっているといえる。

そしてこうした意味における普通教育としての技術教育は，1980年代以降，多くの国々で初等教育から開始され中等教育まで（学年の点では第11学年までが平均的）教科指導として行われ，その内容は基本的には建築・建設，エネルギー，製造，通信ネットワークの4単元で構成されてきた[7]。

そして近年，アメリカでは技術教育と工学教育の結びつきが意識され，かつ，それらが連邦法上，自然科学教育と数学教育と同格（STEM教育と称される場合もある）に位置付けられてK-12学年（幼稚園から高校修了まで）で必修化される動向がみられる[8]。コラムに示すように，教科書の内容には論理回路やロボット工学，オートメーション（CAD，CAM，FMS）など，工学分野の先端技術に関する内容がかなり含まれている[9]。台湾ではデジタルファブリケーション機材が導入されている中学校（国民中学）が増加しており，10台もの3Dプリンタに加えて大型レーザー加工機が2台も置かれている中学校もある。そうした設備を活用して，ソーラーカーの製作や発明コンテストなどが行われている[10]。

ビル建築や照明，電線，農作物，棚やねじ等々，現代社会を成り立たせており，その恩恵にあずかっているにもかかわらずどこか自分とは離れた，いわば外の世界を，こうした知識や技能の獲得によって自分に関わりあるものとして認識し，それをつくりだしている人びとの労働がみえてくる。こうして技術によって構築されている現代社会やそこにある労働を認識し，社会に参画していく「手ほどき」が普通教育としての技術教育の役割である。

⑷　貧弱な日本の現状

日本の学校教育およびそこにおける普通教育としての技術教育は，この点で重大な欠陥をもつ。

なぜなら，第1に，量的な面で，わが国の普通教育としての技術教育は，実質上中学校の技術科でしか行われず，しかもそれに充てられる時数は中学校の全授業時数の3％台にとどまるからである[11]。表図Ⅲ-1-1に示すように，

技術科が新設された1958年では3年間で必修315時間（選択を含めると455時間以上）であった授業時数が，技術科も家庭科の内容も男女共学となった1989年に2倍になることなく，改定のたびに削減され続け，1998年以降はわずか175時間となっている。技術科のみでいえば，第1～2学年で週1時間，第3学年で週0.5時間の計87.5時間であり，1958年時点に比べて2割に満たない時数となっている。著しい技術発展に逆行している。

第2に，質的な面で，わが国の普通教育としての技術教育を担う技術科は，「技術・家庭」科として，目的や性格などが本来異なる家庭科と括られている。そのため技術科は，「技術（学）および労働の世界への手ほどき」という性格があいまいにされているからである。

今ある日本の技術科の現状を当たり前ととらえることなく，国際的・歴史的な視野をもって，現代を生きる子どもたちのまっとうな成長を促す技術科のあり方を捉えたい。

表Ⅲ-1-1　技術・家庭科の標準授業時数の変遷

	必修教科	選択教科	計
1958年版	315時間 （105・105・105）	140時間以上※1	455時間以上※2
1969年版		140時間※1	455時間※2
1977年版	245時間 （70・70・105）	35時間 （第3学年で開設）	280時間※3
1989年版	210～245時間 （70・70・70～105）	35時間 （第2・3学年開設）	245～280時間※4
1998年版	175時間 （70・70・35）	30～35時間 （第1～3学年で開設）	210時間
2008年版		実質廃止	175時間
2017年版			

※1 いわゆる「職業に関する教科」の時数
※2 男女別学。女子は家庭科の内容を履修
※3 男女で一部の学習領域を相互乗り入れ
※4 これ以降，男女共学

技術科教育の歴史

(1) 技術科の新設

技術科は，1958年版学習指導要領で新設された。それは，人工衛星スプートニク打ち上げに象徴される1950年代の全世界的規模での急速な技術の発展，日本での重化学工業発展などの状況を反映していた。

この教科は，①戦前の手工科，芸能科工作の系譜を受け継いだ図画工作科の生産技術に関する部分，②戦前の実業科，戦後直後の職業科を経て成立した職業・家庭科の工業に関する部分を再編した形で，登場したものであった。技術科（正確にいうと，当時の技術・家庭科「男子向き」）の特徴は，機械，電気を含む工的内容を中心とした点にあった。

また発足当初の技術科は，「近代技術」の教科を標榜し，当時の教科書には，「機械」に関しては，ガソリン・エンジンの仕組みが詳細に説明され，「電気」に関しては，ラジオの仕組みなど，今日の教科書よりも高いレベルの内容が含まれていた。しかしその後，学習指導要領の改定ごとに，技術科の授業時間は削減されていった。また1969年版学習指導要領以降，技術科の性格は，身近な「生活」を「くふう創造」し改善するものへと後退した。

(2) 技術・家庭科の男女共学化と技術科の授業時間数の減少

技術・家庭科の男女別学も，男女平等などの観点から批判の対象となってきた。「技術・家庭科」発足時には，当時の性別役割分担論を反映して「男子向き」「女子向き」の2系列が設けられていた。1977年版学習指導要領では，いわゆる「相互乗り入れ」により，男子が家庭科，女子が技術科の一部領域を履修することとされたが，男子：技術科中心，女子：家庭科中心とする男女別履修の形態は変わらなかった。しかしこうした男女差別に対して批判が高まり，また日本政府が国連の「女子差別撤廃条約（1981年発効）を批准したこともあって，1989年版学習指導要領実施では性別による履修分野の指定が撤廃され，それ以降技術科の男女共学化が進んだ。ここに男女双方を対象とする普通教育としての技術教育は，ほぼ確立をみることになった。

本来その時に「技術・家庭科」を技術科と家庭科に分離し，それぞれに相応の授業時間数を割り当てるべきであったが，実際には「技術・家庭科」という枠組みは変更されずに，男女とも技術科と家庭科の双方を学習することにされたため，男子に関してみると，技術科の授業時間数は，半減し，発足時の3分の1以下になってしまった。

(3) 情報技術などへの対応と技術科教育の内容再編

　技術科は，常に技術の発展に伴って，教育内容の変更を迫られてきた。その一つは，パソコンやインターネットに代表される情報技術の発展である。1989年版学習指導要領では「情報基礎」（選択領域）が導入され，1998年版学習指導要領では，「情報とコンピュータ」が，その他の領域を再編した「技術とものづくり」とともに必修の内容となった。しかしこうした措置は，技術科を情報教育化するものとの批判を招いた。

　これに対し，2008年版学習指導要領では，技術科の内容構成を，A「材料と加工に関する技術」，B「エネルギー変換に関する技術」，C「生物育成に関する技術」，D「情報に関する技術」の4つに再編され，情報に関する内容の比重は低下した。これは一つには，世界各国での普通教育としての技術教育の内容再編の動向を反映したものである。それと同時に上記の4単元は，国内での議論を反映したものであり，現代社会における技術の代表的な分野の技術を取り上げたものだと評価される。しかしこの学習指導要領でも，技術科の授業時間数が増加されず，これらの単元すべてを指導するのには，極めて不十分である。

　今日技術科の必要性は，ますます増大している。これからを生きる子どもたちは，AI技術やIoT（Internet of Things），自動運転装置など，益々技術が発展していく時代を生きることになり，技術に関する基礎的な素養を身に付ける必要性は増大している。そのような意味からも技術科の授業時間数増加を，政府・文科省に求めていく必要がある。

コラム5

普通教育としての技術教育の国際的動向

　日本では，普通教育としての技術教育は，中学校技術科のみで行われている。しかし世界各国では，この種の教育は，初等段階から後期中等教育段階まで行われており，また近年，内容のレベル・アップの動きが見られる。そのような動向を示している国として，アメリカと台湾をあげることができる。

(1) 初等段階から後期中等教育段階まで一貫した技術教育を行う動き

　まず初等段階から後期中等教育段階まで，普通教育としての技術教育を行う動きの事例として，アメリカを取り上げる。同国では，国際技術教育協会

（ITEA）が中心となって出された『技術リテラシーに関するスタンダード』（2000年，以下『スタンダード』）が，幼稚園から，第12学年（日本の高校3年生に相当）まで，普通教育としての技術教育を行うことを提唱した。

　実際にアメリカでは，普通教育としての技術教育は，高校に相当する多くのハイ・スクール（9～12学年が一般的）でも実施されている。ハイ・スクールでは，①ミドル・スクール（6～8学年）で教授されているものと同様，さまざまな分野について教授する科目，②分野ごとの科目，③4年制大学工学系学部進学者対象の工学予備教育の科目など，多様な形態で教授されている。

　また台湾でも，初等段階から後期中等教育段階まで，普通教育としての技術教育が行われている。小学校段階（「国民小学」，6年制）では，従来から学習領域「自然と生活科技」や「総合学習」の一環として技術教育が行われてきた。さらに2019年実施の「十二年国民教育基本教育課程」では，「国民小学」には「科技領域」が新設され，技術教育が独立した形で行われることになった。また中学校に相当する「国民中学」（3年制）のみならず，高校普通科に当たる「高級中学」（3年制）でも，技術科に相当する「生活科技」が，「情報科技」（情報技術）とともに2年生まで必修とされている。

　以上の事例からもわかるように，諸外国では，普通教育としての技術教育が初等段階から後期中等教育段階まで行うことになっている。

(2)　普通教育としての技術教育のレベル・アップの動き

　アメリカでは，1980年前後に，普通教育としての技術教育の教科は，実習室作業を中心とし，道具・機械の使用技能の習得などを重視した「産業科」から，現代技術の理解を重視した「技術科」への転換が進んだ。また実際の教科書にも，コンピュータ，CAD，光ファイバー，NC工作機械など，当時の先端的な技術が多く取り上げられるようになった。

　21世紀になってからは，先述の『スタンダード』が，バイオテクノロジーも教育内容に加えることを提起するなど，先端的な技術を取り上げる動きは一層進んでいる。また教科の名称を「技術科」から「工学」あるいは「技術・工学」に変更する議論も展開されている。さらには，最近出された教科書のなかには，論理回路やロボット工学，オートメーション（CAD，CAM，FMSなど）などの内容をかなり含むものも出ている。

　実際にアメリカの学校には，CAD/CAMの装置を備えたミドル・スクール，アーム・ロボットの制御装置や流体力学に関する最新の実験装置を備えたハイ・スクールもある。なお最近アメリカを中心に欧米諸国では，新しい動きとして，科学，技術，工学，数学を関連付けて教授するSTEM教育

（Science, Technology, Engineering and Mathematics Education）推進の議論も展開されている。

一方台湾の場合も，同様な傾向が指摘される。門田和雄氏によれば，中学校段階（「国民中学」）では，ブリッジ・コンテスト，ソーラーカー製作などが取り上げられ，技術に関する科学的根拠の理解に重点が置かれているようである。また同氏によれば，デジタルファブリケーションの取り組みも広がり，3Dプリンタやレーザ加工機などの機器を導入している学校も増えている。

以上のように諸外国の技術教育の事例をみると，1）中学校のみならず高校や小学校でも普通教育としての技術教育が行われている，2）さらに技術教育の内容が先端技術を意識したものとなっていることなどが指摘され，これらの点については，われわれとしても学ぶべき点が多いと考えられる。

2　教師の想いとしての教育目的

(1)　教育目的とは

教え学ぶ意義，すなわち「なぜ，その内容を教え学ぶのか」という教師の意図を，**教育目的**という。たとえば，第Ⅱ部川俣実践は，子どもたちに「設計の世界をつかませたい」という教育目的をもってなされている。授業を仕組む教師は，教育目的に自覚的でなければならない。

普通教育としての技術教育は，技術および労働の世界への手ほどきであり，すべての子どもに技術および労働の世界をわがものとさせることがその役割となる。他方，技術は自然的物質的側面と社会的経済的側面をもっている[12]。そのため普通教育としての技術教育は，学校での教育活動にあっては，一面では理科や数学と，他面では社会科や家庭科などの教科の内容と密接な関わりをもち，その成果は相互に規定し合うことが知られており，この点は大切にされるべきである。しかしこのことは，他の教科の教育に解消されることを意味するものではない。普通教育としての技術教育は他の教科の教育では達成できない固有の目的をもっている。

(2) 普通教育としての技術教育の教育目的

　普通教育としての技術教育の教育目的は，「技術の科学的認識や生産技能に裏打ちされた生活概念としての技術観・労働観を形成すること」と規定される。技術科は，密接に関連している次の３つの側面から，技術および労働の世界を子どもたちにわがものとさせることを目指す。[13]

　第１は，技術に関する科学的認識の側面である。技術科は，生産から廃棄までの全過程を見通した技術に関する科学的な認識の形成を図る。技術は，その発展の過程で**技術学** technology （＝物質的自然的側面に主に対応した**技術科学** technological sciences と社会的経済的側面に主に対応した**技術論**の２側面をもつ）[14]を誕生させ，これを仲立ちにして，自然科学との結合を強めた。技術は，こうして技術学という基礎をもち，これを教えることによって，誰にでも，その本質的なものが習得でき，すべての人のものとなりえるようになった。技術科は，こうした技術学の基本を学ばせ，技術に関する科学的認識を，すべての子どもに形成することを図る。

　第２は，生産に関する技能の側面である。技術および労働の世界は，知識の獲得によってわかるだけでなく，実際に行うことを通して，いわば手や体でわかるようになる部分が少なくない。技術のすばらしさや合理性は，道具や機械をその使用法に則り，一定程度反復練習してはじめて納得できる面が多い。また，道具・機械や材料の取り扱いを体験するなかで，技術学の理論的知識を検証し，科学的認識の形成を確かなものにすることができる。技術科は，こうした意図で，基本的な道具・機械の適切な使用法や代表的な材料の取扱いに慣れさせることを図る。

技術観・労働観	
科学的認識	生産技能

　第３は，技術および労働に対するものの見方の側面である。技術に込められた人間の知恵の豊かさを伝えたり，技術が現実の社会でどう活かされてきているか，また，技術が国民によってどのようにコントロールできるかを知

らせるなかで，技術のもつすばらしさをわからせ，技術の社会的性格を適切に見極められる技術観を育むことは，技術科の大切な役割である。あわせて技術科は，ものをつくる活動に子どもたちを取り組ませるなかで，そのおもしろさをわからせるとともに，人間の労働こそが価値をつくりだすという見方を実感的に納得させる。技術科は，こうして適切な技術観・労働観の形成を図る。

つまり，技術および労働の世界をわがものとするとは，技術学を学び，一定レベル以上の社会的生産に関わる技能を身に付ける経験によって，技術や労働の世界を科学的に認識できるようになり，そうした認識と技能獲得経験に裏打ちされた技術・労働を見る目が養えることを意味する。

普通教育としての技術教育の専門家である技術科教師の想いとしての教育目的は，現実の技術および労働の世界への見方を，目の前の子どもたちの現状からどのように再構成し，つかませたいのか（＝**生活概念の再構成**）という授業を行う意義・意図を明確にもつ必要がある。こうした教師の想いなしには，子どもの発達を促す授業を仕組むことができない。

3　子どもの学びの実態と重なり合う教育目的の設定を

教育目的は，教師の想いとして設定されるだけでなく，その実態は子どもが学ぶ内容に興味をもち，自ら主体的に取り組むなかで，子どもたちのなかで実感的に設定されていく。

第Ⅱ部沼田実践では，目の前の多くの子どもたちが"学校の勉強は点数をとるため"との意識であった状況において，そうした意識を変革すべく，すなわち"学校での学びは社会を知って自分たちが成長するため"であることを子どもたちが実感できるよう，社会資本を学びのツールとして社会とつながる技術の学びを仕組んでいる。

そしてその結果，子どもたちは「これからの社会を担っていく私たちの世代が考えて，できることについてしっかりと向き合うことができ，とても良

い経験になりました」と，学ぶ意義を自分のものとしている。

　教師は，授業を仕組む立場として，その授業への想いである教育目的の設定なしには授業を組むことはできない。しかし，その教育目的は，発達の只中にある目の前の子どもたちの姿から発達課題をとらえ，授業を通して子ども自身がそれを学びとる意義を実感し，自分なりに高みへと向かっていく内容とマッチしていなければ，教育目的を問い直しつつ，授業を仕組み直さなければならない。技術科では対象世界を工業，農業，水産業などの社会的生産における技術・労働の世界におき，目の前の子どもたちの目から見えている対象世界や彼らのおかれた現状を把握し，そこを出発点として，彼らの成長を促しえる教育目的を設定する必要がある。

■ 第2章 技術科のカリキュラム開発・編成

1 カリキュラム開発・編成で求められるもの

(1) カリキュラムとは

カリキュラム（教育課程）は，1回1回の授業の積み重ねを中核とする3年間の学びの総体である。もちろん，1回1回の授業の内容を不問にしてカリキュラムを組んだのでは意味がないが，逆に3年間の子どもの学びを見通してカリキュラムを開発・編成する視野をもたなければ，1回1回の授業の位置づけが曖昧になってしまい，その授業のもつ意味が子どもたちのなかで薄れてしまう。では，カリキュラムをどのように開発・編成すればよいのだろうか。

(2) 3つの次元のカリキュラム開発

教科のカリキュラムといえば，一般には年間の指導計画・プランを指し，その大枠は学習指導要領に依拠して作成されるものと理解されている。しかし，今日的には次のように，もっと広い概念としてとらえられるようになってきている。[15]

A．教育制度の次元で策定された各教科の内容としてのカリキュラム

B．Aを解釈した教師が実際の教育活動に向けて具体的に立てて**実施した**学習指導案や指導計画としての**カリキュラム**

C．実際の教育活動を通じて子どもが獲得した概念や手法や態度などの**達成したカリキュラム**

学習指導要領や教科書はAの次元に当たる。この次元でカリキュラムを組むだけであれば，教師はビデオやロボットでも事足りてしまう。目の前の一人ひとりの子どもの成長に責任をもつ教師は，単にAを所与の前提とした下

190

請け作業を行う存在ではない。専門性に基づいて地域性や子どもの実情を踏まえて自律的にAとの関係を常に問いつつ，BやCの次元でカリキュラム開発・編成を行っていくことが求められる。

(3) 3年間の学びを見通してカリキュラムを組む

　教育目的に照らして目の前の子どもの成長に必要と思われるカリキュラムを組む次元がBである。学習指導要領の4単元を個別のものとして扱うのではなく，4単元をトータルして学ぶことで子どもたちがつかめる世界を見通したカリキュラムを組むことが必要となる。

　たとえば，第Ⅱ部直江実践では，地域柄，劣等感をもつ子どもの多いクラスの現状から，じっくりと技能習得に時間をかけて成長の高みへと導くことを通して，「オレって，結構やるじゃん！」との自己肯定感を育むべく，「材料と加工の技術」の単元に1年半を費やしている。念のために指摘しておくと，学習指導要領は家庭科と授業時数を均等に配分するとしているだけであって，「各項目に配当する授業時数及び履修学年については，生徒や学校，地域の実態等に応じて各学校で適切に定める」とされ，技術科の4単元を均等に配分することは規定していない。授業時数が極端に少ない現状においては，単に4単元を均等に時数配分したのでは子どもたちを成長の高みにまで導くことは困難なケースが多々ある。子どもたちの現状に応じて，柔軟に単元の軽重をつけることが必要になる。

　さらにCの次元は，第Ⅱ部川俣実践でいわれる「真のカリキュラム」である。学び取るのは子どもであって，実際に子どもが学び取ったもの（＝学びの履歴・足跡）こそがカリキュラムであるとの見方である。子どもが学び取ったものを小テスト・スモールステップでの技能評価・感想文・ポートフォリオなどで可視化することで，子どもは学びをつみあげていることを自覚し，教師は子どもが実際に学び取った次元での内容を把握する。この次元でカリキュラムを把握することによって，次年度のカリキュラムの改善をより確かなものにしていくことができる。

2 子どもが学ぶ意味と喜びを実感できるカリキュラムを

(1) 受験教育体制の弊害

　BやCの次元でカリキュラム開発・編成を行うということは，端的にいえば，一人ひとり個性をもつ子どもたちが学ぶ意味と喜びと成長を実感できるカリキュラムを，彼らの目の前にいる教師が彼らと共に生み出すことである。

　現在，中学校の教育現場には，テストと偏差値序列を柱にした**受験教育体制**が覆いかぶさって久しい。子ども・親・教師にとって，受験学力を身につけることが中学校教育の中心目的になってしまっている観さえある。中学校におけるこうした受験教育体制は，三重の意味で，子どもたちが学ぶ意味と喜びを奪い取る傾向を強めている。

　第1に，学校で教えられるべき内容である知識などは，元来，自然や技術や社会などの現実世界に根拠をもっている。だから，ある知識がわかるということは，その知識にうつしとられた現実世界がわかるようになること，しかも感覚ではとらえられないような現実世界の本質的なものがわかることにつながるはずである。それゆえ，学ぶことは，本来，自分にとって「意味がある」「役に立つ」という実感と喜びを伴い，また，その喜びと実感は，次の学びへと向かわせる動因となる。しかし，受験教育体制のなかでは，たとえばそれはテストに出るか否か，あるいはどのくらいの配点か，といった外的に認定される価値の方が，知識そのものの価値よりも優先される。いわゆる点数主義化である。そして，子どもたちも，学ぶ知識などのそれ自体のおもしろさや役割に興味をもって学ぶ楽しさを感じ取るのではなく，テストという外的評価者との関わりでしか「意欲」をもてなくされる。

　第2に，そこでの知識などは，その元来の根拠である現実世界とのつながりは不問にされるので，受験学力を身につけるほど，現実世界から隔てられる結果を招きがちになり，学ぶことの意味を実感することから遠ざけられる。たとえば，理系大学の講義で原発の仕組みを学生に問いかけた際，中学校で

フレミングの法則を学んでいるにもかかわらず，火力発電と原子力発電の動作原理が同じであることを，ほとんどの学生が知らなかった。ともに熱エネルギーで水を水蒸気にして蒸気タービンを回しているにもかかわらず，原子力発電は核エネルギー反応によって生じる"何か"もしくは膨大なエネルギーが直接に電気を生み出していると誤認している。電気が生じる科学的原理を知識として学んでいても，現実の発電技術の理解には及ばない。つまり，学んだ知識が世の中の事柄を理解することに結びついていない，すなわち役立っていないわけである。

　第3に，受験教育体制においては，子どもたちは点数・偏差値の結果によってつねに序列化を強いられ，点数・偏差値が序列化のための手段として機能している。授業は，真理・真実によって，子どもたちを偏見や謬見から解放し，手をつなぎ合わせる協働の場ではなく，逆に受験競争をあおる分断の場に化している。多くの中学生は，小学生の時から偏差値序列を刻印され続け，その序列に甘んじるように自らを慣らし，消去法的にしか自分の進路を選択できなくされている。こうして授業は圧倒的多数の子どもにとって，夢を膨らませ，それを実現する手段ではなく，あきらめさせる手段になっている。今日の受験教育体制のなかでは，子どもが学ぶ意味や喜びを実感することはきわめて困難になっているといわざるをえない。

　しかし，これらのことは視点をかえれば，受験教育体制の覆う現在の中学校教育の問題を，日々の授業を中心とした教育実践において克服しようとするとき，その要点は，授業のなかで学ぶ意味と喜びを取り戻し，それらを中学生に実感させることにあることを示唆しているとも捉えられる。

　誤解を恐れずにいえば，いわゆる受験教科と異なり，現実の技術や労働の世界との密接なつながりをもつ技術科には，子どもに学ぶ本当の意味に気づかせ，学ぶ喜びを実感させ，学びを復権させられる大きな価値と魅力がつまっている。

⑵　詰め込み教育に陥る危険性

加えて，授業の問題を教師の教授活動の面からみるとき，受験教育体制は，「少なくともこれだけはすべての子どもに教えたい」と思う，それ自体は至極まっとうな教師の願いが，往々にして，いわゆる**詰め込み教育**に陥らせる教師の教授活動の構えを助長する結果を生むことになる危険性を高める。特に，授業時数が大幅に削減され続けている技術科の教師にとって，この危険性はより大きいものと考えられる。

教える内容が，子どもにとって教えるに値する価値あるものでない限りは，授業で子どもに学ぶ意味や喜びを実感させることは困難である。しかし，たとえ教えるに値する内容であったとしても，詰め込み教育では，子どもの成長・発達を促さず，その教育的価値はなくなる[16]。ましてや，子どもに学びの意味と喜びを実感させることは困難である。

こうした現状において，子どもたちが学ぶ意味と喜び，そして成長を実感できるカリキュラムを構築することが不可欠となっている。

⑶　「作品」の持ち帰りから学びの持ち帰りへ

技術科は，本棚などの製作を行う場面が多い。これは製作（制作）の過程に子どもたちに学び取ってもらいたい，ないし学び取りたい内容が含まれているだけであって，その結果として製作品ができあがることが多いに過ぎない。第Ⅱ部直江実践では，完成した製作品（缶つぶし器）は「学びの抜け殻」と表現されている。極端な言い方をすれば，「作品」をつくりあげること自体には達成感を味わえることを除けばほとんど意味がない。しかし，一般には技術科は製作を行う教科との誤解が流布している。現在においても技術科でつくる製作品を「題材」とよぶのを耳にすることがある。このことは，コラムに示すように，歴史的にみて，**題材論**という大きな問題を孕んできた。

こうした誤解がもたらすもっとも大きな問題は，技術科の教材を選定する際に，「何をつくらせるか」といった，つくらせるもの，すなわち題材ありきとなってしまう点である。本棚など，技術科での製作は長い時間を要する

のが一般的である。子どもたちに学び取ってもらいたい内容から構想するのではなく，つくらせる題材を選定することからカリキュラムを組むことにより，他教科では当たり前である1時間ごとの授業の教材研究を行う視野を後退させる。「今週と来週の授業はつくらせておけば，授業準備はいらない」といった姿勢が生まれる危惧がある。真面目に授業を構想しようと思う教師においても，「より上手に，見た目をきれいに完成させてあげたい」という子どもへの思いが，上手につくりあげやすい，ないし失敗をしにくい題材を選択する風潮が生まれる。その結果，つくるプロセスで分かち伝えたい知識や技能が上手につくらせるための内容に矮小化され，子どもの成長・発達を狭めてしまう原因となる。

　「作品」を持ち帰るのではなく，学びを持ち帰る場として技術科カリキュラムを開発・編成していく視点をもつことが必要である。

(4)　内面の成長をもたらす技術科の実習

　技術科の授業は当然ながら実習を伴うことが多い。カリキュラムを開発・編成する上で，技術科での実習のもつ意義についてもぜひ把握しておきたい。

　実習で子どもたちは当然，受け身ではいられず，自ら頭と手，身体全体を使って取り組んでいく。ものをつくる際，子どもたちは，自らの知識や技能や感性や集中力などを総動員しなければ，つくりあげることはできない。それどころか，一定の時間内に満足のいくものをつくりあげるとなると，頭と手などを十分に働かせ，たえず工夫する必要がある[17]。

　当然ながら教室で学んでいるのは自分一人ではない。自分の技能の程度やその習得スピードなど，隣の子との違いを否応なく見せつけられる。時には受験教科で良い成績をとっている自分よりも勉強が苦手な隣の子が簡単にこなしている姿を目の当たりにし，「自分は何者だろう？」と葛藤する。同時に，「おまえ，すごいな！」と，隣の子の優れた能力に驚き，新たな一面を知る。すると，そこには学びあいが自然に生じる。時にはつくるプロセスでの自分の欠点や配慮のなさを痛感する。この際，できない自分にとっては切

迫した課題であるため，そこでのコミュニケーションは上辺だけのつきあいとはレベルが異なる。こうして自分を知り（＝自己認識），友だちを理解し，認める（＝他者理解）。ベンチづくりなどの大型の共同製作が行われる意図の一端には，こうした子ども同士の教えあいや連帯感，協力し切磋琢磨しあう場面が多くみられることがあげられる。

さらに，たとえば，「もっと上手に鉋削りをしたい。もっと薄い削りくずを出して，表面をつるつるにしたい。」など，子ども自らがより高い課題を設定し，それを達成すべく，夢中になって作業に取り組む場面がみられる。そうした作業レベルになると，周りの余計なことが意識から取り除かれ，スポーツでよくいうところの「ゾーン（＝無我の境地）」にさえたどり着く。こうした体験は心理学では「フロー体験」と呼ばれ[18]，一種の幸福感をもたらすとともに，新しいレベルのチャレンジとスキルを発展させるとされる。すなわち，その後に物事に取り組んでいく際の自分なりの姿勢への糧となり道標にもなる。加えて，実習の課題は社会的有用性なり商品価値をもっているため，有用なものをつくり出せるようになった自分の成長を確かに感じられる。

技術科の実習には，こうした子どもの内面を成長させる大きな意義がある。カリキュラムは，こうした実習の意義を踏まえて組まれるべきであろう。

コラム6

題材論の問題性

　技術科特有の意味をもつ題材の概念は，技術科が誕生した1958年版ではなく，1969年版中学校学習指導要領で登場した。1971年に発行された『学習指導要領用語辞典』（徳山正人・奥田真丈編，帝国地方行政学会）で，題材とは「一般に作品の内容となる材料をいうが，『技術・家庭』では，各領域の指導事項を統合し，一定のまとまりをもたせ，指導単位を構成しているものをいう」（p.610）と説明された。題材は，まとまりをもった指導単位を構成するために各領域の教育目標ないし教育内容を統合する核とされている。

これは，教育目標ないし教育内容の面では，その系統性を軽視することに
つながる危険性をもつとともに，教材論の面では，1単位時間ごとの授業の
ための教材を研究するという視点を後退させる危険性をもつものといえる。
本棚製作など，一題材にはかなりの授業時数を配当するのが通常であり，そ
れを統合させた一つの指導のまとまりとすることは，それを単位とした教材
の研究に傾斜させ，1時間ごとの授業の教材のあり方を探求するという他の
教科では当たり前の教材研究の視点を後退させる。

　教育目標（教育内容）と教材の対応関係には，多：1ばかりでなく，1：
1や1：多も想定できる。しかし，この題材論は，技術科の教材論を多：1
の関係に制限し，多様な発展を阻害する可能性をもったことは否定できない。

　さらに，『学習指導要領用語辞典』には，「『技術・家庭』では，生活の見
方や考え方を，技術の習得を通して身につけることも重要なねらいとしてい
るので，最も身近な生活の側面である家庭生活に焦点をしぼり，その充実発
展に役立つ題材を選定するとする観点(4)は有意義なことであるといえよう」
とされている。すなわち，技術科特有の題材概念は，その内容とともに，選
定の観点として，「家庭生活に焦点をしぼる」ことを強調するものであった。
これにより，それ以外のもの，たとえば，現代産業の生産過程を例示し典型
化したような教材を排除したと評価できる。

　その結果，1969年版の教科書は，1958年版教科書での「図面と生産」「機
械と産業との関係」「電気と産業の関係」等々，産業や社会的生産の世界に
関わる教材をすべて削除した。加えて，たとえば，機械学習に関して，1958
年版では「取り上げられる機械に即して指導する」とし，教科書も現実に存
在する本物の機械を教材としていた。これに対して1969年版は，これらを
排除し，かわって「動く模型」を教材とした。

　つまり，1969年版教科書は，産業や生産の世界を排除しつつ，いわばフ
ィクションの教材を導入することによって，子どもたちの前に，本物の技術
および労働の世界をリアルに展開させる面で重大な弱点をもち，子どもたち
が技術および労働の世界に立ち向かうことを促さないばかりか，それを阻害
する危険性さえ孕んだ内容となった。そして，1969年版学習指導要領によ
って導入された技術科に特有の題材概念は，教科書を強力な媒体として，中
学校の教育現場に浸透していき，技術科の教材研究を制約しゆがめていった。
その影響は，今日でも根強く存在している。

　題材論の制約で，技術科が「家庭生活」技術から脱却して2008年版学習
指導要領で生産技術を対象とするようになるまで，約半世紀の遠回りをする
ことになったともいえる。

■ 第3章 技術科の授業づくりの理論

1 授業づくりの三要素

(1) 教師の教えのプロセス

　教師は教壇に立つ前に，上記で見たカリキュラムをプランニングし，さらに1回1回の授業の内容を構想していく。授業は，つくらせる題材を決定するないし題材から逆算して教える内容を構想するのではない。教育目的に照らして子どもにつかみ取って欲しい，子どもがつかみ取りたいであろう内容を構想するわけである。この際，技術科で扱うべき具体的内容，すなわち教育目標をどのように捉えるべきであろうか。なお，教師が教えようとする対象物である教育目標は，しばしば教育内容といわれることがあるため，以後，教育目標＝内容と表現する。

　技術科において教授すべき対象物としての**教育目標＝内容**は，技術そのものではなく，技術学と作業の基本である。これは，たとえば，理科の教育目標＝内容が自然そのものではなく自然科学の基本であり，社会科のそれが社会そのものではなく社会科学の基本であるのと何ら変わらない。

　このことは裏を返せば，技術科において技術学と作業の基本を教えること自体は，技術科の教育目的ではないことを意味する。技術科の目的は，技術学と作業の基本を習得させることではなく，技術そのものをわがものとさせることである。自然や社会をわからせられないならば，自然科学や社会科学を教えた価値はなく，技術そのものをわからせられないならば，技術学を教えた価値はないという意味で，自然科学や社会科学や技術学それ自体は教育目的とはなりえない。誤解を恐れずにいえば，一市民として生活し生きていくために大切なのは，現実の自然であり社会であり技術だからである。

ではなぜ，技術学と作業の基本を教育目標＝内容とし，技術そのものを教授すべき対象としないのか。その理由は，学校教育という教育の特殊な一定の形態においては，事実上，それは実現不可能だからである。技術や労働の世界を含め，現実世界に関する知には，長期間，見様見真似によって，いわば以心伝心的にしか伝えられず，しかもわれわれが生きる上で重要なものが数多くある。しかしこれらは，学校とりわけ国民教育を担う学校での教育の対象物にすることはできない。

　科学の基本が学校での教育目標＝内容とされるのは，それが誰にでも分かち伝えることのできる知の一定の種類に他ならないからであって，しかも科学は，感覚ではとらえきれないような現実世界の本質的なものをわからせる役割を果たすことができ，また，人間の認識力を発達させるもっとも有効な手段であることが確かめられているからである[19]。ちなみに認識とは，学び得た知を自分の経験・価値観に照らし，新たなものの見方あるいは過去の自分の見方を再構成できる段階，すなわち知識が自分に「同化」[20]することを指す。

　また，作業の基本に関しても同様であって，その分かち伝える方法がある程度，客観化され定型化され，誰にでも分かち伝えることができない限り，学校での教育目標＝内容として位置づけることはできない[21]。

　以上のように，技術科教師は，現実の技術と労働の世界を子どもたちにつかみ取らせるために，技術学と作業の基本を教育目標＝内容としてとらえ，授業を構想していく。とはいえ，現実の自然や社会や技術から教育目標＝内容を抽出する，あるいはその対象範囲を設定するだけでは不十分である。なぜなら，そうして構想された授業をうける子どもたちが学ぶプロセスへの視野が不可欠だからである。

⑵　子どもの学びのプロセス

　現実の授業では，どんなに教師が明確な想いをもって教育目的を設定し，子どもたちに学び取って欲しい教育目標＝内容を教師の側からみて適切だと思われる形で構想したとしても，実際に授業を通して，子どもたちが教師の

想定通りに学び取っているとは限らない。時に子どもたちは教師の想定を超えて，自らの興味にひきつけられ，自らの関心に基づいて学びを進めていく面が存在するからである。

　たとえば，木材加工でのニス塗り前の素地磨きの場面で，教師に「もう十分だからニス塗りに移ったら？」と言われても夢中になって素地磨きを続ける子どもがいる。教師の想いは，ニス塗りをする前に木材の表面のざらつきやムラを素地磨きによって取り除くことが次のニス塗りにつなげる大事な作業であることを分かち伝えたい。すなわち，素地磨きを次の作業につなげるための作業といった程度の認識で捉えている。しかし，その子どもは素地磨きをすることでどんどん表面がツルツルになっていくことを体験し，感動して，"自分の手でもっとツルツルにしてみたい"と思って素地磨きを続ける。結果，その子が発した言葉は「ジェンガみたい」であった。素地磨き前の木材に対する子どもの生活概念は，素地磨きの経験によって再構成され，そのことによって材料から生産された製品を見る目へとつながっている。その教師は素地磨きの経験が子どものなかで現実の製品を見る目につながるなど，想定もしていなかったのである。子どもが素地磨きの経験によって学びえる世界を見落としていたともいえる。

　また，教師が子どもにつかみ取って欲しいと想って展開した授業を，子どもは自分なりに学び取っていくプロセスをたどる。子どもが学ぶ内容を理解して自分のものとするプロセスは，彼ら一人ひとりの既存の経験や生活概念によって変わってくる。第II部川俣実践で記載されたラーニング・ジャーナルをみると，定格の性能を実現するトラッキングなどを扱った授業をうけた子どもが，「安全」をど真ん中のキーワードにして，授業での内容をまとめていることがわかる。教師は，「安全」ですべてつながるような授業展開を意識していたわけではなかったにもかかわらず，その子が自分の生活概念に照らして「安全」で筋を通すことで授業内容を自分の心にストンと落ちる形で学び取っていたのである。

こうした子どもの学びのプロセスを日々の授業で，教師が感じ取り，引き取り，次の授業に還元していかなければ，教えと学びが重なり合わず，単なる教師の押しつけの授業となってしまう。逆にいえば，子どもの学びのプロセスへの視野をもつことで，子どもたちの学ぶ感覚やプロセスにより近づく授業を展開することが可能となる。そもそも人は，刺激を追求する知的好奇心を本能的に備えた動物であり，それこそが人類の文化や英知を生み出し，今の世の中をつくり上げた原動力の一つである。子どもたちは，教材などの対象物に自分なりの興味や関心に導かれて学んでいく面があることを心にとめておきたい。

子どもの学びのプロセスからみるとき，すでに上でも多少，述べたように，子どもは授業において次の四つの関係に入る。

第1は，教育目標＝内容との関係である。技術科の場合，すべての子どもに技術および労働の世界をわがものとさせるという目的を実現するために，現実の技術と労働の世界から抽出し配列された技術学と作業の基本が教育目標＝内容となる。子どもたちは，教育目標＝内容とされた技術学の基本や作業の基本を，それらが内に予定された教材の一つひとつと向かい合い，格闘しながら学びとっていく。

第2は，自分自身との関係である。一般に，事柄の本質的なものは，私たちの感覚でとらえた表層とは異質のものである。そのため技術科の授業において，技術に関する本質的なものを反映させた技術学の基本を心に落ちる形で納得してわかるためには，これまでの生活総体のなかで育んできたその子なりのものの見方や考え方の準拠枠（frame of reference）を組み替えること，すなわち生活概念を再構成することが，多かれ少なかれ必要になる。そこには，子どもが自分自身と反省的に向き合い，自分をいったん崩して再度，自分をつくろうとする契機が認められる。また，技術に関する作業の基本の学習でも，道具や機械を適切に使用することで，「自分でもこんなことができるのか」等々，子どもが自己認識や自己像の輪郭を再構成する契機を必ず含

んでいる。

　第3に，教師や学級の仲間との関係である。一般に，授業における子ども
の学習は，教師や学級の仲間との意思疎通や意見の交流を通して展開される。
これに加えて，とりわけ技術科の授業では，ものをつくりだす活動等々，学
級の仲間といかに力を合わせるかが目標達成の鍵になり，教室での子どもの
活動が協働のものとして行われることが多い。そこでは，子どもたちは素材
に働きかけることと同時に，他者に働きかけることをも学んでいる。そうし
た働きかけを通して，他者をあらためて理解していく。

　第4に，現実の技術および労働の世界との関係である。上の第1〜3との
関係によって，すなわち，ものに働きかけて技術・労働を見る目を養い，自
分を認識し，他者を理解し働きかける関係を通して，技術および労働の世界
とつながり，参画する関係を築いていくことになる。やや繰り返しになるが，
第1との関係からいえば，技術科の目的は，技術学と作業の基本を習得させ
ることそれ自体ではなく，技術および労働の世界をわがものとさせることで
ある。したがって，技術学と作業の基本を習得させる際に，技術および労働
の世界との関係なしには，技術科の授業は成り立たないし，最終的に現実の
技術・労働の世界へと子どもたちをつなげ，参画させていくことはできない。
技術観・労働観の再構成までたどり着くうえで，子どもたちは現実の技術・
労働の世界そのものとも向き合うことになる。

　このように，技術科の授業づくりにおいては，現実の技術と労働の世界を
つかみとらせる上で，現実の自然や社会や技術を視野に置くだけでなく，も
のへの再認識や自己認識や他者理解等々，子どもなりに学び取っているもの
の存在，すなわち技術科の授業を通して子どものなかでおきている確かな成
長とそうした成長を技術科の授業がもたらすことをも視野において授業づく
りを行っていく必要がある。

　とはいえ，ここで疑問が生じたであろう。あくまで初発の段階では教師が
授業を構想するのであって，時に教師の想定を超えて子どもが学んでいくの

であれば，教師はどうやって授業を想定できるのであろうか。また，子どものなかでの技術学の知識と技術そのものの理解との乖離，あるいは自然科学と自然そのものの理解との乖離をどうやって埋めればよいのであろうか。

⑶　教師の想いと子どもの学びをつなぐ教材

この疑問を解く答えは**教材**にある。冷淡にいうならば，教師が学び取ってほしいと想う内容と子どもが実際に学びとっている内容が完全に一致することはありえないし，それは何ら不思議なことでもない。この両者，すなわち，教師の教えのプロセスと子どもの学びのプロセスは，教材を媒介としているからである。**授業は，教師と子どもとが，教材を介して，彼らの生きる現実世界に立ち向かい，その現実世界を新しく意味づけ直していく共同の営みである**。そして，こうした意味づけ直しを通して，子どもたちが生きるに値する世界を見通していく共同の営みになるように授業は仕組まれなければならない。逆にいえば，この媒介する教材の準備・提示の仕方次第で，両者のプロセスを含みこんだ授業を想定することが可能となる。

媒介物である教材は，単に教師が子どもにつかませたい内容を下請け的に体現したものではなく，教師も想定できないような子どもの学びを導き出す豊かな内容をもちうる。では，こうした豊かな内容をもちえる教材を準備・提示する上で必要なことは何だろうか。

2　教材づくりの理論

⑴　教材づくりの基本は「第二の現実」

技術科の教材づくりの基本は，（a）教育目標＝内容である技術学の基本によって，教材の源泉である技術そのものの現実世界を分析・総合する活動であり，（b）授業の前提としての子どもの生活概念を，目的としての生活概念へと再構成させることにとっての有効性の度合いを基準にしながら，（c）この分析・総合の活動によって，技術そのものの世界の典型的な事実，すなわちいわば「**第二の現実**」[23]を構成することである。

障害児教育

　みなさんは障害児に対する技術・職業教育がどのように行われているか知っているだろうか。ここでは，中学校技術科に相当する教育に限定して，その内容をみてみよう。対象とする生徒は，障害児教育をうける子ども・青年のなかでもっとも多くを占める知的障害児である。

　障害児が学ぶ場としてみなさんにも思い浮かべてもらいやすいのは特別支援学校だろう。特別支援学校において，中学校にあたるのは中学部という。

　中学部の教育課程は，学校教育法施行規則第 127 条で定められている。ここで注意してほしいのは，知的障害児を教育する場合と，それ以外の場合とでは，教育課程にかなり大きな違いがあるということだ。知的障害児を対象とした教育課程は，国語，社会，数学，理科，音楽，美術，保健体育，職業・家庭の各教科，特別の教科である道徳，総合的な学習の時間，特別活動，自立活動によって編成するものとされている。そして，必要がある場合には，外国語科を加えて教育課程を編成することができると規定されている。それに対して，知的障害児以外の中学部の教育課程は，中学校の教育課程とほとんど同じ編成である。

　両者の違いは，知的障害をもつ生徒を教育する場合は，そうでない場合と比べて，① 技術・家庭科が職業・家庭科となっている，② 原則的に外国語科は設置する必要がない，という 2 つの点にある。

　技術・職業教育に関わっていえば，① が問題となる。職業・家庭科という教科の名称は，他のコラム（技術科教育の歴史）にもあるように，技術・家庭科の前身の教科の名称である。1958 年に告示された中学校学習指導要領において，それまでの職業・家庭科は，技術・家庭科となった。しかし，1963 年に，知的障害教育の学習指導要領として初めて示された『養護学校小学部・中学部学習指導要領精神薄弱教育編　昭和 37 年度版』において定められた技術・職業教育の教科の名称は，職業・家庭科であった。さらにその後，この教科の名称を変更すべきだという意見が出たことがあったものの実現はせず，現在に至るまで職業・家庭科のままとなっている。

　では，職業・家庭科のどこが問題なのか。次の説明が，知的障害特別支援学校の中学部において，技術・家庭科ではなく，職業・家庭科がおかれている理由を端的に物語っていると考えられる。すなわち，知的障害者の教育は，「生産社会に参加できる人間を育てることを目指していることにあるととも

に『技術』を教えてもそれを駆使して生産に役立てることがきわめて困難であるということによる。そこで学習指導要領では，目標として『職業生活および家庭生活に必要な基礎的知識，技能，態度を養う』としている。したがって，『職業・家庭』の内容には，職場での安全に注意したり，きまりを守ったり，他の者と協力しあうなど態度を養うことが重要な指導内容としておさえられている。」（文部省『養護学校（精神薄弱教育）学習指導要領解説』東山書房，1974年，p.62）。

つまり，職業・家庭科には，生産技術に関する科学的認識や技能といった，技術・職業教育において子ども・青年たちに身につけさせるべき教育目標＝内容は軽視されている。いいかえれば，知的障害特別支援学校中学部における職業・家庭科という教科の名称には，知的障害者の発達可能性に対する否定的・限定的な人間像が反映されていると考えられる。

実際に，知的障害特別支援学校学習指導要領の職業・家庭科の記述内容をみてほしい。中学校学習指導要領における技術科の記述内容との違いに驚くはずだ。

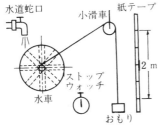

図Ⅲ-3-1　水車の出力の測定

たとえば，動力技術における効率の概念が教育目標＝内容である授業でのすぐれた教材として，手作り水車をあげることができる。

第1に，水車は比較的よく知られており，歴史的に動力技術の重要な部分を占めてきたばかりでなく，熱機関の時代である現代でも，蒸気・水力タービンとして基幹的な役割を果たしている現実の動力技術の典型の一つである。

第2に，効率の概念，すなわ

ち動力へのエネルギー変換における出力／入力を，子どもたちに実感的にわからせる上で，水車は効果的である。

なぜなら，入力は，近似値ではあるけれども，水車に注ぐ水道の水が一定時間に流れる量と貯水タンクの高さから簡単に割り出すことができるし，出力は，水車の軸に紐で重りをつるし，一定時間に巻きあげる距離と重りの重量から割り出すことができる。要するに，教師からいわば天の声として回答を聞かなくても，子どもたち自身で事実に即して解答を導くことができる。

それだけではない。多くの子どもたちは，入力よりも出力の方が大きいとする生活概念をもっている。しかし，水浸しになりながら，自分たちの水車を使って測定してみると，効率は1％以下しかなく，見込みの違いに驚く。さらに，水車の羽根をスプーンのような湾曲したものにかえると，途端に効率が数倍よくなることに再度驚き，現代のタービンは効率が90％以上にも開発されていることを知ると，さらに目を輝かせる。技術のすばらしさを垣間見る。

あるいは，水車に発電機を結び付け，豆電球を点灯させていくと，豆電球の数が増えるにしたがって水車の回転が遅くなり，一定数以上になると回転が止まってしまう。これらは動力から電気エネルギーへの変換の不思議さと真理を，身をもって体験でき，納得させる。

この教材をつくりだした教師は，(a) 教育目標＝内容である「効率」の概念を念頭におきながら，現実の動力技術の世界を分析・総合し，(b) 子どもの生活概念の実態とその再構成の可能性の見通しを基準にしながら，(c) 動力技術そのものの「第二の現実」として手作り水車を媒介にして，効率のよいエネルギー変換を本質とする動力技術の世界に子どもたちを立ち向かわせ，動力技術の世界を新たに意味づけ直させようとしたのではないだろうか。[24]

(2) 技術の二重性

ところで，われわれが技術科の教材づくりの基本についての上の結論にそって具体的作業に着手するとき，技術科固有の問題の存在に気づく。その問

題とは，技術科で教授しようとする教育目標＝内容は，技術学のうちの物質的自然的側面に主に対応した技術科学（technological sciences，技術に関する実験科学とも呼ばれる）の基本が主なものになると考えられるのに対して，教材づくりのために，これによって分析・総合しようとする技術そのものの現実世界は，「技術の二重性」という特質をもつことに由来する。

　すなわち技術は，自然法則が支配する物質的自然的側面と社会法則が支配する社会的経済的側面とを二重に併せもっている[25]。したがって，物質的自然的側面に主に対応した技術科学の面からみた典型的事実が，技術そのものの現実世界における典型的事実であるとは必ずしもいえないことが予想されるからである。では，どうすべきか。

　技術学には，技術の二重性に対応して，二つのものが存在するといわれる。技術の物質的自然的側面に主に対応した技術科学，ならびに技術の社会的経済的側面に主に対応した技術論である。

　また，技術の物質的自然的側面は歴史貫通的で普遍的であるのに対して，その社会的経済的側面は，物質的自然的側面を内容にして，ある特定の社会的経済的条件のもとで発現した具体的形態であるととらえられる。すなわち，技術が併せもつ二側面は，内容と形態としてとらえられ，その論理的関係は，図Ⅲ-3-1のように表すことができる。そして，これによれば，社会的経済的側面からとらえた，いいかえれば技術論に基づいて構成した技術の典型的事実は，物質的自然的側面からとらえた，いいかえれば技術科学に基づいて構成した技術の典型的事実に必ずなるけれども，しかし逆は必ずしも真ならず，という関係になっていることがわかる。

　たとえば，機械工学の面から考えれば，自動車や場合によっては自転車さえも，機械の典型といっ

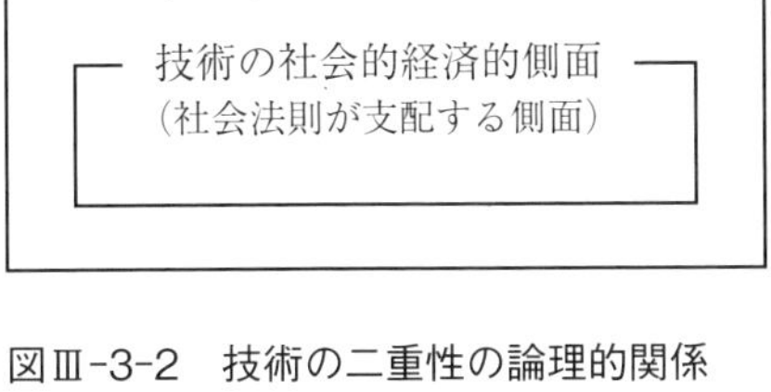

図Ⅲ-3-2　技術の二重性の論理的関係

技術の物質的自然的側面
（自然法則が支配する側面）
技術の社会的経済的側面
（社会法則が支配する側面）

てもさしつかえないのかもしれない。しかし，技術論の面から考えれば，これらは技術の典型には位置づかない。逆に技術論の面から機械の典型であるとされる工作機械は，機械工学の面からみても典型に位置づくであろう。

　したがって，結論としては，まず，**技術論**の観点から，技術そのものの現実世界における典型的事実を取り出し，さらにそれを教授しようとする教育目標＝内容である技術科学の基本によって分析・総合しながら典型的事実を構成して，技術そのものの世界の「第二の現実」として教材にまとめていくことが技術科における教材づくりの適切な方法であるといえる。なお，「労働手段の体系」である技術論から現実の技術の世界をとらえるならば，[26] 現行の学習指導要領の４単元もコラムのように整理することができる。

　一般に，授業は教室とよばれる特定の空間で行われ，現実の対象世界としての技術そのものに子どもを立ち向かわせることは困難である。そこで，技術そのものの世界の「第二の現実」——全体としては，技術および労働の世界の「第二の現実」——として，その典型的事実を教材として構成する。こうして，技術そのものの世界の「第二の現実」としての教材を介して，子どもたちは，彼らの生きる現実世界のうちの技術に立ち向かい，その本質を反映させた技術学の基本をてがかりに，その世界の現実を新しく意味づけ直していく共同の営みとして，技術科の授業を展開するための基本条件が整えられることになる。

　第Ⅱ部安田実践での変化朝顔の教材づくりでは，授業者がアサガオの突然変異系統である変化朝顔の不思議に着目し，表皮が硬い種子であるアサガオで発芽の手助けのために一般的に行う芽切りの技能などを位置づけつつ，それらに止まらずに，種子の系統保存の歴史，優良な品種を安定的に生産・供給するための国による種子管理を義務づけた主要農作物種子法の廃止の問題性など，農業・栽培技術における種子の本質的問題を社会的経済的側面から追究し，それを子どもたちと実際の栽培を通して共有していくという，まさに「第二の現実」としての教材をつくりだしていったプロセスが語られている。

3 教材を授業に活かす

　教材は，教育目標と教育方法を内に予定するものとされる[27]。教材は単に，つくらせるもの（題材）ではなく，そこには教師がつかませたい内容・到達目標や，そのために授業をどう展開するかといった指導過程・学習形態が必然的に含まれる。とはいえ，子どもの学びの実態のすべてが教材に含みこまれているわけではないこともまた，確かである。

　ここでは，「第二の現実」として構成された教材を，目の前の子どもたちの学びのプロセスに寄り添って授業に活かすための工夫や仕掛けについて，第Ⅱ部の実践などを例に挙げながらみていくことにする。

(1) 子どもなりの学びが含まれていることへの視野

　まず第1に，先に述べたように，子どもは教師の想定した教育目的と教育目標を，もしくはそれらのみを学び取っているとは限らない。子どもたちは教材に直接に対峙する。「第二の現実」として教材が構成されていれば，そこには，教師が“これだけは教えたい”と思う事柄以外にも，技術・労働という対象世界を映し出すさまざまな要素も含まれることになる。そうした，いわば豊かな教材に子どもたちが向かい合うことで，彼ら一人ひとりの生活概念に照らして新たに気づかされる内容が存在するわけである。先に挙げた木材加工での素地磨きの例がこれに当てはまる。

(2) 子どもの成長のための失敗を許容する

　第2に，子どもが頑張らないと手が届かないような，かつ繰り返し試行錯誤しながら取り組むことで達成できるような，失敗を許容する教材の工夫である。今日の学校教育においては子どもが失敗しないように，失敗を避けられる教育がなされることが多い。しかし，「失敗は成功の母」といわれるように，人は失敗をすることで学び，試行錯誤を繰り返すことで成長する。鋸びきが下手でもベルトサンダーで削ればそれなりに形になってしまうようなキット教材は巷にあふれているが，そうした教材では子どもたちの成長はま

技術科にとっての技術論の意義

　技術科が教えるべき技術について考えるとき，経済学の一部門として発展してきた技術論の学術的成果が参考になる。技術論とは，技術の社会経済的諸条件と技術の内的発展論理を究明しようとする学問である。

　技術論が技術を対象とする学問である以上，「技術とは何か」を規定する必要があった。もっとも有力な説である労働手段体系説では，以下の通りである。

　「技術とは，物質的財貨の生産を目的として自然の物質に働きかけるために，人間によって創造される労働手段の一定の特殊な体系であり，またこの体系一般である。このさい，労働手段の体系が技術という概念の中心的な内容である」（中村静治『技術論入門』有斐閣，1977年，p.135）

　ここに規定された技術とは，衣食住などの社会的物的財貨の生産を目的とするものに限定した上で，労働力としての人間が，資源や材料といった労働対象に働きかけるための道具や機械，すなわち労働手段こそが，技術の中心的な内容であると規定したものであった。

　さらに，労働手段の体系を，下図のように整理した。そして，労働手段のなかでも，労働対象に直接的に関わる直接的労働手段，動力部の発展を歴史的に主導してきた作業部にあたる作業労働手段，労働対象に切削や鍛造といった物理的な作用を利用することで，化学的・生物的作用による脈管系の作業労働手段をも実現する筋骨系の作業労働手段が基幹的であるとした。

　こうした技術論の労働手段体系説による技術の概念規定とその基本種別は，技術教育にとって，以下の4点で示唆に富む。

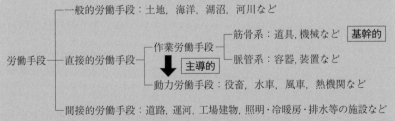

出所）中村静治『技術論入門』有斐閣，1977年，p.87の図を参考に作成

図III-3-3　労働手段の基本種別

(1) 技術教育が対象にすべき技術を，衣食住などの社会的物的財貨を生産するための技術に限定することができる。

　日常用語で広義に使用される技術という用語を，学術用語として，本来の生産技術としての性格を明確にできる。これは，技術・家庭科という教科として存在する日本の技術科を考える上で，重要な役割を果たした。

(2) 技術科が教授すべき技術をより具体的にとらえることができる

　労働手段体系説による技術の規定は，技術に関する唯物論的規定ともいわれる。そのため，対象とする技術を具体的にとらえることができる。たとえば，脈管系の作業労働手段である農業技術の場合，対象とすべきは，作物ではなく，作物という労働対象に働きかける土壌などの労働手段が中心となる。

(3) 技術と技能の区別と関連を整理できる

　労働手段体系説の場合，技能を労働力の属性としてとらえ，技術と明確に区別する。区別するからこそ，その関係が問える。人間の能力である技能を教えるべき対象物として重視する上で，こうしたとらえ方は有効である。

(4) 技術科が教授すべき技術を体系的に把握することができる

　労働手段体系説によれば，労働手段のなかでも，筋骨系の作業労働手段が基幹的な位置を占める。これに対応する中学校技術科の内容領域「材料と加工に関する技術」は，教科のなかで中心的な位置を占めるといえる。これと並ぶ，脈管系の作業労働手段として，「生物育成に関する技術」がある。これら2つの作業労働手段があって，「エネルギー変換に関する技術」が，動力労働手段として位置づく。電気エネルギーを利用するといっても，照明などは間接的労働手段に位置づく領域となる。これらの労働手段の発展として，通信技術や制御技術などの「情報に関する技術」が位置づくことになる。こうした労働手段の体系的な把握は，技術科における各内容領域の位置づけやカリキュラム編成にとって貴重な視野を提供できる。

るで見込めない。

　第Ⅱ部直江実践の缶つぶし器は，外見には支障の出ないピストン部の角材を鋸びきさせる。角材は子どもに十分な長さを与える。まっすぐ切るのに失敗しても再度切り直すことのできる構造となっている。到達目標は「直角定規をあてて光がもれない程度」としているが，子どもたちは，教師が「もう大丈夫」と言っても「もっとまっすぐ切りたい！」と自ら課題を設定して取

り組んでいく。こうして子どもたちは成長の高みへと到達する。

⑶　つかみとってほしいことを子どもに気づかせる

　第3に，先に述べたように，学ぶ内容が単なる知識の獲得段階に止まらず
に認識へと導くには，詰め込み的に事柄を解説したり作業を指示する方法で
は，効果は薄い。つかみとってほしい大事なポイントは，教師が天の声とし
て教え込んでしまうのではなく，子どもが自ら気づき学び取らせることで認
識へと導くことができる。先の手作り水車の実践例で入力と出力の関係を子
ども自身が測定のなかで気づける仕掛けがこれに当たる。すなわち，教師が
つかみ取って欲しいことは，子どもが教材に向かい合うなかで，子ども自身
が気づくことのできる仕掛けが重要である。

⑷　教師の専門性

　第4に，技術科の授業に限らず，今後の中学校の授業において，"子ども
の主体的な学びが大事だから，子どもがやりたいことを経験させるのがよ
い"という誤った風潮が生まれる危惧を指摘しておきたい。[28]教材自体に教師
が子どもにつかみとってほしい内容が内在していてこそ，すなわち「第二の
現実」として教材が構成されていることがまず重要である。そしてその上で，
子どもを高みへと導ける教師の専門的知識と技能が必要不可欠となる。第Ⅱ
部の各実践は，設計と 3D-CAD，建築，プログラミング，育種など，それ
ぞれの教師が自分の専門性を日々，磨くなかでたどり着いたものである。

　国際的に理科や数学を理解させるためにものをつくらせる実践がみられる
が，そのなかには，ものづくりの専門的知識をもった教師が子どもの学びに
立ち会っていないがために，構造・強度などのものづくりの大事な要素を落
として行われてしまっている例も散見される。これでは技術学を学べないど
ころか，技術学の根拠やつながりにある自然科学には到底結びついていかな
い。このことは，「第二の現実」として教材を仕組むこと，仕組める教師の
力量の重要性を物語っている。

　技術科教師は，いわゆる教科専門で学ぶ技術学の基本的概念をしっかりと

身につけておかなければならないし，日々の教材研究のなかで現実の技術の世界に学び，さらに磨いていく必要がある。

(5) 子どもを技術という文化に参画させる

第5に，教員の多くは，無自覚でありながらも実は，生徒の学びに学んで，それを次年度の授業へと活かしている。第Ⅱ部川俣実践の特徴の一つは，子どもの学びをつかみ取る方法を意識的に改善し積み上げてきた点にある。その結果あるいはプロセスで，そのつかみ取ったものを教師の内にとどめずに，同学年や次学年の子どもたちに，学びの成果として直接ありのままにつなげたところにある。子どもの学びを教師が見取り，それを次の授業に活かそうとすると，どうしてもそのすべてを反映することはできない。しかし，そもそも現実の技術の世界は，その時点での対象物そのものの到達水準に学び，それを一歩乗り越えることで発展してきた。

当該クラスの子どもたちの学びの成果を，直接に他のクラスや学年の子どもたちに公開し共有するという手段は，実は技術開発や技術発展のすじ道と同一である。他者のたどり着いた学びの成果・水準を一歩ずつ乗り越え，積み上げていくことで授業全体の質が高まっていく。一人の子どもの学びを個人のものにとどめずに，みんなで共有することにより，授業の空間を技術という文化として構成し，そこに参画していく場（「第二の現実」としての技術および労働の世界の空間）へとつくり変える授業を仕組むこともできる。

(6) 課題設定のポイント

最後に，座学の授業を含めて，いわば問題解決型授業（プロジェクト・ベースド・ラーニング）を行う際の課題設定の方法について言及しておきたい。近年，アクティブ・ラーニングの風潮で，他教科でも子どもたちに問いを出し，5〜10分ほどグループで話し合って発表する形式の授業が行われることが多くなった。その適切な課題設定がなされないと，話し合いがおしゃべりの時間となってしまい，貴重な授業時間を無駄に過ごすことになる。

問題解決型授業は，課題設定→計画→実行→評価をループ的に行う形式で

ある。技術科ではプロジェクト法として位置づいてきたものに類似している。こうした授業形式は，子ども自身に課題を設定させることで，意欲的・主体的に子どもが学んでいく利点がある。効果的に行うためには，まず，課題は子どもの生活世界に直結ないし延長上にあるリアルなものである必要がある。次に，子どもの「知りたい」との好奇心を惹起し，解決にあたれるだけの多面的で十分な情報を与えられる教材の準備が必要となる。課題は子どもが頭のなかにある断片的で不十分な知識から解決策を導くのでは意味がない。「環境にやさしいエネルギー技術を考えよう」といった課題で子どもたちが調べ学習を行い，時に教師の視野になかった様々な意見が活発に出されると，子どもが十分に考えたすばらしい授業であるかのように錯覚する。しかし，実は発電の科学的原理そのものを見落としてしまっている授業も見受けられる。子どもは技術学の本質（基本的概念）を自分だけでは見落としてしまう。既述の専門性を担保した教師が十分な教材を準備する必要がある。

　人は一からものをつくり出すのではなく，技術の積み重ねの上に新たなものをつくり出す。新しいアイデアを生み出すためには，現実に存在するものを知ることなしにはできない。技術科での問題解決型授業は，現実の製品のすばらしさやそれをつくり出した人びとの想いに気づかせる手段ともいえる。

　教材を「第二の現実」として構成できたならば，すなわち既述のように，教材の源泉である現実の技術そのものを，子どもの生活概念を再構成させる有効度合いを基準にしながら，教育目標＝内容である技術学の基本によって分析・総合して教材を構成できたならば，技術的な課題は教材に内在している。技術的な課題は，教師がねらいとしたいところであり，教材に埋め込まれている。しかし，それを教師が「○○を課題として設定します」と，一方的に暴いて提示してしまったのでは，その課題は子どもにとっては与えられた課題であり，子どものものにならない。子どもたちを教材に向かい合わせて，課題を子どもたちから引き出しながらともに設定していく姿勢が肝要となる。

たとえば，前年度の子どもたちが製作したスターリングエンジンカーの改良を授業で取り扱う場合を想定してみよう。改良の課題は，目の前のエンジンカーと向き合うことで，㋐より速く走れる改良，㋑同量の燃料でより長く走れる改良，㋒見た目・デザインの改良など，子どもたちは複数の課題を見出すだろう。その上で，教師が子どもたちに分かち伝えたい内容と合致する㋑を課題として定めていく。もう一例あげると，1年生で育てた畑でのエダマメ栽培を2年生で再度行う場合，前年度の経験を活かして子どもたちは，それぞれ味のより良いもの，より実の大きいもの，より色の濃いもの，虫のつきにくいもの，均一のもの，収穫量が増えるもの等々，昨年の自分の経験（＝失敗・くやしさ・気づき・改良のアイデアなど）から，さまざまに課題を見出す。子どもたちが見出すそれらの課題のなかで，子どもたちに「実際に農家で作られているエダマメ栽培と照らし合わせた場合，どんな改良がもっとも必要になるだろう？」と問いかけることで，単位面積当たりの均質での最大収穫量を目指すという農業の本質的課題＝子どものものとしての課題，にたどりつかせることができるだろう。

4　授業改善のスパイラル

　以上，教えのプロセス，学びのプロセス，教材の3者関係を図式化すれば，図Ⅲ-3-4のようになろう。

　（A）教えのプロセスでは，教師が技術および労働の世界を範疇として，目の前の子どもたちの生活概念を再構成させるべく教育目的を設定し，3年間のカリキュラム，さらに1回1回の授業を，子どもたちが学ぶ意味と喜びが実感でき，“技術を見る目”等々が養えるような見通しをもって到達目標を設定し，それらを教材に反映していく。

　（B）子どもの学びのプロセスでは，（A）での教師の解釈を経て提示された教材に子どもが対峙する。ここでは，子どもは，必ずしも教師の想定した教育目的や到達目標を，もしくはそれらのみを学び取るとは限らない。時に

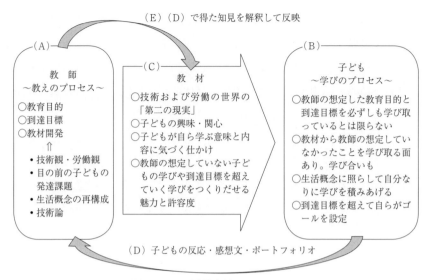

図Ⅲ-3-4　授業改善のスパイラル

到達目標を超えて，子ども自らがゴールを設定し，成長の高みへと昇ってい
く。こうして，教材を介して教師の想定していなかったことをも学び取って
いる。そこには，教師からだけでなく仲間からの学び，すなわち学び合いも
生じている。

　以上の教師の想いと子どもの学びをつなぐのは（C）教材であり，そのた
めに，教材は技術および労働の世界の「第二の現実」として構成され，また
そこには，発達の只中にある子どもの興味・関心を踏まえ，子ども自らが学
ぶ意味と内容に気づくことのできる仕掛け，教師の想定していない子どもの
学びや到達目標を超えていく学びをつくりだせる魅力と，失敗や試行錯誤を
許容できる工夫等々が求められる。

　さらに，この授業づくりの三要素の関係は《教師→教材→子ども》の行き
止まりの一方通行ではない。（D）の道すじのように，教師は子どもの学ん
でいる姿を目の前で見取ったり反応をみるだけでなく，授業後の形成的評価
としての感想文やリアクションペーパー，さらに子どもが自らの学びの履歴

を書きとめ，自らの学びを積み上げてそれを確認するポートフォリオの内容を教師が確認し，自分の授業および教材のあり方を内省する。

（E）ではその内省と（A）での教えのプロセスを組み合わせて，時に止揚することによって（C）の教材に反映していく。

こうして日々，授業を改善していくことが授業の質を上げ，子どもが"技術科を学んでよかった"との実感をつかみ取ることのできるスパイラルであり，これこそが教師の成長のプロセスであり，やりがいといえるだろう。

コラム 9

技術科の教育条件整備という課題

教育条件整備とは，教育の目的を遂行するのに必要な諸条件を整備しようとする営みである。ここにいう諸条件とは，① 教員の指導体制や生徒の学習環境などの人的条件，② 施設・設備や教材などの物的条件，③ これら ①②の経費に関する財政措置，という相互に密接に関係する三側面からなる。元来，教員は，担当教科の教育条件整備に自覚的になる機会は少ない。しかしながら，技術科の場合，実習が必須の教育活動として含まれるため，教育条件整備に関心を持たざるを得ない状況がある。

(1) 人的条件整備

人的条件整備として，もっとも深刻な課題は，技術科の専任教員の不足である。技術科教員が決定的に不足している。

こうした事態になっているのは，そもそも技術科教員養成の大半を担ってきた数少ない国立大学法人の弱体化に加えて，「公立義務教育諸学校の学級編制及び教職員定数の標準に関する法律（義務標準法）」による教職員定数と配置という構造的問題がある。「義務標準法」によれば，教員定数は，教科ごとではなく，学級数によって規定される。そのため，特に小規模校では，限られた教員定数のなかで，技術科の専任教員が配置されずに，非常勤講師や免許外教員と呼ばれる技術科免許状をもたない教員が授業を担当する状況がある。教育の機会均等の原則からして，重大な問題である。

また，2000年頃から，免許外教員の解消を掲げて，技術科専任教員が他校の技術科の授業を兼務する事例が全国的に増加してきた。しかしながら，

こうした専任教員の他校兼務の過酷な労働実態や問題点の把握が不十分のまま運用されている問題がある。

さらに，学級規模の問題も，技術科にとっては重要である。学級規模は，「義務標準法」によって，1学級40名が基準とされる。しかしながら，実習を伴う授業で40名という水準は，安全管理の面から国際的にみても異例である。こうした状況において，1学級を半分に分けて授業を実践する半学級編制が，広島市や淡路市などの自治体レベルで組織的に取り組まれてきた。こうした実践的成果を共有し，適正な学級規模の実現を探りたい。

(2) 物的条件整備

技術科教室や準備室の数や面積に関する法的根拠をもつ基準はない。1992年に「中学校施設整備指針」が策定されたけれども，その指針は，教室の面積や部屋数などが示される基準となるものではなく，施設の機能を確保するための計画や設計上の「留意事項」を示すものでしかない。

教材の整備としては，かつては国庫補助を中心にした財政基準があった。しかし，1985年以降，それまで国庫補助あるいは国庫負担されてきた財政措置が，地方交付税として一般財源化された。これによって，それまでの「教材基準」が財政的裏づけのない参考基準として扱われるようになった。その後も，「教材基準」の参考基準としての性格は変わらず，2011年に策定された「中学校教材整備指針」へと継承され，現在に至っている。

(3) 財政措置

既述の1985年の一般財源化を契機として，教育に関する財政措置は，各地方自治体の財政力の多寡を背景に，その格差を増大してきた実態がある。こうした状況のなかで，① 各学校内で教科などに割り振られる経費である教科等教育費が予算削減の影響を強くうける傾向があること，② 保護者などから特別に徴収する経費である実習費などの私費負担に技術科の教科経営が大きく依存する慣行ができているとの指摘がある。学校教育法第5条の設置者負担主義の理念に照らして，公費負担のあり方について再考することが期待される。

【参考文献】

本多満正「技術科の教育条件整備」坂口謙一編著『技術科教育』一藝社，2014年，pp.48-62

技術教育の教育条件整備検討委員会「技術の学力を保障するための教育条件整備」『技術教育研究』別冊4，2010年

■ 第4章 技術科の授業づくりの方法

1 授業の設計

⑴ 学習指導案の作成のポイント

　1回1回の授業づくりを行う際，まず取り掛かるのは学習指導案の作成であろう。学習指導案は，これから実施する授業の設計図である。家の建築が設計図を引くことから始まるように，授業づくりも学習指導案づくりから始まる。設計図が悪ければ，よい建物ができないように，適切な学習指導案ができなければ，よい授業はつくれない。

　また，図法幾何学の創始者モンジュが，図面の役割を，思考手段と伝達手段の2つにまとめたように，授業の設計図としての学習指導案にも2つの役割がある。

　第1の役割は，**思考手段**としてのものである。これから実施しようとする授業の計画を練りあげる役割である。実現すべき授業のレイアウトを，一度，紙の上に書き表す。次にこれを再検討し，子どもの状況把握や目標設定などの不十分な点を補い，授業展開（指導過程の分節構成や山場の置き方，子ども全員を授業に参加させる学習形態のあり方等々）や発問，使用する教具などについて，必要な修正を行う。さらに，授業時に生じるかもしれない事態について予測し，あらかじめ対応の仕方を考えるなど，多面的に吟味しながら，より適切な授業が行えるように学習指導案を練りあげる。

　しかし，もし役割がこれだけであるなら，学習指導案は，それぞれの教師が，各自のやり方で思いつくままに書き付けておけば済むかもしれない。

　第2の役割は，**伝達手段**としてのものである。建物に欠陥があった時にその設計図の良否が問われるように，学習指導案は，それに基づいて実施され

た授業を評価する際の基準になる。授業の観察者は学習指導案に即してうまくいったかどうかで当該授業を評価し，そこから得られた知見を授業者にフィードバックさせて次の授業の改善に取り組む。また，よい授業が実現できたならば他の教師もその学習指導案にそって実施でき，よい授業を広める条件をつくることになる。したがって学習指導案は，教師の思いついたことを書き付けただけでは十分でなく，それを読んだ第三者に授業の意図や授業の流れ・イメージが正確に伝達され理解を共通にすることができるものでなければならない。視点をかえれば，**第三者がその授業を追試することのできる学習指導案**であることが必要である。教育実習時には実際に授業を行う前に，学習指導案に基づき指導教諭が授業の内容をチェックする場合が多い。その際，学習指導案が授業をイメージできるように丁寧に書かれていないと，書いた学習指導案の内容の説明に時間がとられ，指導時間がかえって長くなってしまい，模擬授業をやった方がはやかったという結果になりかねない。

　このように学習指導案は，よい授業をつくるために不可欠の要件であるが，同時にそれをつくる本人にとっては，授業の腕前をあげるもっとも有効な方法である。適切な学習指導案づくりは，初学者にとって授業の腕前をあげる最短コースであることを見過ごしてはならない。頭のなかで授業を構想するだけでは，細かな教具が抜け落ちるなどの準備不足が生じたり，論理的に授業を組めていないことに気がつかず，実際に授業をしている途中で立ち行かなくなりかねない。そういったことにならないよう，学習指導案を以下の内容を踏まえてつくることが大切になる。

(2) 学習指導案の骨格と盛り込むべき事項

　学習指導案に特に決められた形式があるわけではない。形式を画一化することは，授業者の弱さをカバーする面はあるが，多様に展開する授業の本質からみてなじまない。ただし，上記2つの役割に照らし，学習指導案には長年の経験のなかでわかっている最小限度必要なことは盛り込むべきである。

　学習指導案の骨格は，二つの部分から成っている。一つは，当該授業にお

ける**教育目的と教育目標＝内容を記述した部分**である。もう一つは，授業展開を記述した**授業案の部分**（導入・展開・まとめの流れが記された表）である。

　繰り返しになるが，何を教え学ぶかを教育目標といい，教育内容とよばれる場合がある。これに対して，なぜその教育内容を教え学ばなければならないかという目標設定の意図が教育目的である。教育目標と教育目的とは明確に区別されなければならない。すでに題材論のところで述べたように，その授業で，何をどこまで教え学ぶのか（＝**教育目標**），なぜこの内容をそこまで教えようとするのか（＝**教育目的**）を，１時間の授業ごとに明確にすることが，とりわけ技術科の授業では求められている。

⑶　授業の目標を絞り込む

　授業の目標を考える場合，もっとも大切なことは，それが教え学ぶのに値するかどうかの問題である。授業の目標は真に教え学ぶに値するもので，子どもの実態と教科の系統からみて欠くことのできないものを重点的に絞り込まなければならない。量より質を問題にすべきである。

　また一般には，１時間の授業で教えることのできる内容は，一つか二つ程度である場合が多い。それゆえ，何を教えるべきかと考え，"あれもこれも"となるよりも，"何を教えないか"と考え，極端と思えるほど内容を切り捨て，大事な一つの内容を見極めて限定することの方が有効である。捨てるべきものを捨てることが選ぶことである。いわば枝葉（周辺・派生的内容）にとらわれずに，幹（軸となる本質的内容）を見極めたい。

　なお，この点に関連して，力量のない教師ほど一定内容を教えるのに時間がかかると思いがちだけれども，この考え方は二重に間違っている。一つには，授業づくりにおいては，教えるのに時間が「かかる」という受動的立場ではなく，時間を「かける」という能動的立場をとるべきであり，二つには，この「かける」時間観に立てば，力量のある教師ほど一定内容に時間をたっぷりかけられる，あるいは時間をたっぷりかけることが教師の力量ということになる。[30)]

⑷　教育目標は到達目標で

授業の目標が決まっても，次にそれをどのように表現するかが，授業案づくりにあたり重要な問題になる。

たとえば，技術科における教育目標の表現としてしばしば使用されるものに，「……に気づかせる」「……に関心をもたせる」「……の理解を深める」「……についての態度を養う」などがある。

これらの特徴は，“どこまで”ということが限定されていないこと，言い換えれば目標を達成したかどうかを判断できない，ないし決められていないことにある。こうした表現で設定される教育目標は，その目標にそって子どもを変化させることが望ましい一定の方向を示しているだけであって到達点ではないので，方向目標と呼ばれる。

これに対して，「金属の四つの基本加工法をあげることができる」「原動機の効率を求めることができる」「オームの法則を使って，基本回路の分流電流，分圧電圧が計算できる」「コンピュータのプログラムの3つの基本構造がわかる」などの目標は，到達点として明示され，たとえば授業終わりの小テストで子どもがそれぞれ達成したかどうかを客観的に知ることができる。こうした目標設定を**到達目標**という[31]。

授業の教育目標は，“最低限ここまでは”という到達点を実体的に示し，子どもが一定の知識や技能を獲得できたかどうか，それが十分か否かなどを明らかにできる基準でなければならない。それゆえ，授業の教育目標を方向目標として設定するのはふさわしくなく，到達目標にすべきである。

⑸　生活概念の再構成のための教育目標

なお，教育目標は，上で述べてきたように，教師の想いのみで設定されるものではない。教育目標は，子どもの側からみれば自分たちのめあて，いわば発達課題となり，子どもの意欲と可能性に支えられる。その意味で，教育目標＝内容は，目標達成を実感させながら，より高次への目標へと導く意欲を育てるものである必要がある。したがって，設定された教育目標が子ども

の現状を通して問い直され，それによって教育目標をつくり直すことにもなる。**教育目標の独特な点**は，目標づくりは子どもの学習権の保障を前提に，子どもからゆだねられる形で専門的力量を持った教師が行うところにある。教育目標の意味・意義を教師と子どもの間の対話で共有していくという子どもの参加も含め，教師の教育目標の設定に関する説明責任は常に求められる。

「第二の現実」として教材を提示できたのであれば，教育目標＝内容の源泉は現実の技術の世界に求めることは当然である。ただし，中学生に技術の学びを保障する上で，技術の世界に数多く存在する典型的あるいは基本的な知識や技能のなかから教育目標を抽出し設定する際には，目の前の子どもの生活概念を再構成しうる見通しをもってなされる必要がある。教育目標は，子どもの生活概念を再構成するための入り口としての価値をもつ必要がある。すなわち，彼らの生活概念を，目的とする生活概念に導くためのいわばチェックポイントとして設定する必要がある。

たとえば，木材加工だから鋸の横びきを教育目標＝内容に当然のように設定するのではなく，子どもの成長にとって横びきができるようになることの意味を問いつつ，目の前の子どもが彼らの現実の世界を見る目を変えられるのに必要な形で，鋸びきとその技能水準を設定する必要がある。でなければ，たとえ木材加工だからといって鋸びきを教育目標＝内容として設定する意味はない。第Ⅱ部笹倉実践では，子どもたちが作りたいと思う，ないしつくり出せているゲーム機の内容と，教育目標＝内容を照らし合わせることで，ゲーム作りの幅をもたせることを意図して，「福笑い」の課題のなかに，当初は位置付けていなかったリスト概念をつかませるプログラミング課題を設定するようになったプロセスが語られている。

次のものは，「エネルギーの技術」の単元での「１ワット（W）の実感」の授業の学習指導案における教育目標部分の例である。なお，「１ワット（W）の実感」での教材は，後述の「(3)　種々の教材紹介」に掲載している。あわせてみることで，授業のイメージをつかんでもらえるだろう。

○本時の到達目標：実習で体得した１ワットのエネルギーの大きさを元に，身近で使われている電気製品の消費電力や，火力発電所の発電能力の大きさがわかる。

　○目標設定の理由：身近な電気製品を製作するといった授業を展開している学校が多い。エネルギー変換というと，電気エネルギーの利用に授業の焦点が当てられている。しかし，化石燃料を燃やしたり，ウランを核分裂させたり，さまざまな自然のエネルギーを使って，使い勝手のよい電気エネルギーに変換する発電の段階で，どれだけのエネルギーが今この瞬間にも消費されているかということについては，大人も含めて多くの人が無頓着である。

　たとえば，実際に自分で発電をする経験なしに，36W の蛍光灯と言われたとしても，その蛍光灯を点灯させるためにどれだけのエネルギーが使われているのかを説明することは，極めて難しいといわざるを得ない。発電の経験も"ただ発電しました"というだけでは不十分である。テスターには電圧や電流を測定するレンジがあるが，どれだけのエネルギー変換が行われているのかは，これらの測定だけでは把握できない。

　その発電の大きさを正しく把握させるためには電力（ワット）の測定の体験が不可欠であると考えた。１ワットを発電するためにどれほどの風のエネルギーが変換されているのかを把握することで，自分たちが当たり前に使っている電気製品を作動させるために，どれだけのエネルギー変換が，今この瞬間に行われているかを把握させることができる。この実習の経験を起点とすることで，地球温暖化や発電方法のバランスなどについても，子どもに自分ごととして考えさせることができる。

⑹　授業の展開と指導──授業案づくりのポイント
○授業の流れを段落づけ，分節化し，山場をつくる

　授業案は，通常，授業の流れを「導入」「展開」「まとめ」に段階づけ，「展開」をさらに分節化し，授業の山場をどこにおくかを判断して立てる。

表Ⅲ-4-1 は，生物育成，とりわけ栽培の技術に関する授業の学習指導案の授業案部分の一例である。掲載の都合上，やや簡略化してある。

　導入：導入は，教師の問題を，自分の問題として子どもたちにとらえさせる段階である。子どもたちが立ち向かうことになる問題を，子ども一人ひとりがありのままに，かつ，問題としてとらえることができるように工夫して構成する必要がある。導入では，授業に子どもたちをぐいぐい引き込んでいく手立てがとられなければならない。

　展開：授業の中心部分である。展開の段階は，教師の五つの発問によって分節化され，(4)の発問に山場をもってこようとしているとみられる。

　まとめ：授業で取り上げられた事柄（例では「コメやコムギが主食になっている」事実）の意味が，学ぶ前と後ではすっかり変わっていることを子どもたち自身に認めさせる段階にある。

　こうして子どもたちは，授業においてわがものとした高みから，現実の技術および労働の世界を振り返って見渡し，各自の価値観の枠組みのなかで新しく意味づけ直していく。また，時として，価値観の枠組みそのものを組み替えていく。[32)]

　○**中心的発問・指示，全員参加の方法，およびそれらの根拠も**

　学習指導案（授業案部分）には（a）授業において中心となる発問と指示，（b）子ども全員を授業に参加させるための方法や工夫，（c）そうした手立てを使用する根拠や理由の3点を，それぞれ番号を付記しながら盛り込むことを勧めたい。[33)]

　発問・指示：「子どもに何を思考させるか」という発問，および「どのように思考させるか」という指示なしには，授業は成り立たない。授業において，教師の発問は子どもたちに問題をつきつけることによって，彼らの思考を揺さぶり，教師の問題を自分たちの問題として捉えることを促して，学習活動に立ち向かわせる重要な契機になるものである。授業の準備をする時間が足りない場合，とりあえず発問だけでも考えて授業に臨む必要があるとい

表Ⅲ-4-1　授業「主食になる作物」の学習指導案（授業案部分）

過程	教師の発問・手立て(番号)と生徒の反応(●)	手立ての根拠・留意点
導入 10分	(1)八百屋で「何でもいいから好きな食物を一つ食べてよい」といわれたら，何を選びますか． (2)生徒から出た食物を，板書する ┌─────── 板　書 ───────┐ ● ● ● ● ● ● ● ● ● ● ● ● ● ● ム コ メ ト ミ バ ス ピ パ ラ ジ サ ニ ゴ キ ハ ギ メ ロ マ カ ナ イ ー イ ッ ャ ツ ン ボ ャ ク ン ト ン ナ カ ナ カ マ ナ キ ガ マ ジ ウ ベ サ 　 ン 　 ッ 　 　 　 ン ッ ョ イ イ 　 　 ン ツ イ 　 プ 　 ウ 　 　 　 　 　 モ モ 　 ル └──────────────────┘	①栽培領域では食糧生産の技術を学ぶことを意識化させる． ②食べる部分別にあらかじめ分けて，板書していく．発表順に書かないようにし，生徒に"おかしい"と思わせ，授業に参加する構えをつくる．
展開 35分	(3)なぜメロンやミカン等のうまいものでなく，コメやムギを主食にしているのだろうか． ●毎日1日3回では飽きてしまう． ●高くて毎日は食べられない． (4)黒板に書いた食物を，食べている部分で四つに分けると，どこで分けられますか．班で話し合ってまとめて下さい． ●キャベツとゴボウの間 ●サツマイモとジャガイモの間 ●ラッキョウとパイナップルの間 (5)パイナップルから左は実を食べる点で共通していますが，この中でもコメとムギは食べ方が異なっています．どこが違いますか． ●コメやムギは，種子そのものを食べている． (6)どうして主食は，種子なのだろうか． ●栄養があるから． ●保存がきくから． (7)豆も種子ですが主食にはしません．イネ科とマメ科の成分表から各班理由をまとめて下さい． ●イネ科の種子はデンプンが主成分である．	③"当たり前"と思い込んでいることを逆に問題にし生徒をゆさぶる．ただし漠然とした聞き方では生徒は戸惑うだろうから(4)に手際よく移る． ④葉，根，茎，実のうち茎（ジャガイモ・ラッキョウ）が生徒には意外であろう．班でまとめ発表を競わせることで，全員の生徒を授業に参加させるようにする． ⑤デンプンの多い点とともに熱源になることに気づかせる．
まとめ	┌─── 板書 ─────────────────────────┐ イネ科の種子が主食になる． 理由1：種子は保存性があるので貯蔵して一年中食べられる． 理由2：主成分がデンプンなので熱源（カロリー源）になる． └────────────────────────────┘	

出所）長谷川淳他『中学校技術科の授業』あゆみ出版，1983年の授業記録より作成

われるほどである。発問を考える場合，典型性と具体性という教材の要件，および子どもの思考をゆさぶるという点から，その内容は，（a）強力な実体的イメージを形成するような問題で，かつ，（b）子どもの"常識"と相反していたり，"当たり前"と思い込んでいたことを揺り動かすような衝撃的事実をつきつける問題，になることを視点にして構成するとよい。

全員参加の方法：授業においては，子ども全員が学習活動に立ち向かえるように配慮されなければならない。このためには，中心となる発問・指示に加えて，補助的な発問・指示，説明，助言，指名，板書，机間巡視，ノート筆記などに関する熟考と判断，およびその記述が必要になる。

手立ての根拠：その手立てについて，どのような意図から，なぜ使用するのかの理由や根拠を書き記す作業は，当該手立てを対象化する作業にほかならない。それゆえ，この記述は，授業者の意図を第三者に正確に伝える助けになるばかりでなく，授業の腕前を向上させる上で，大変有効である。

(7) 学習指導案を活用して授業を改善する

以上，学習指導案作成のポイントと具体的手立てについて述べた。教師は考え得るすべてをつぎ込んで授業をリアルにイメージして学習指導案をつくり，それに基づいて授業をするが，一度でうまくいくことはほとんどないだろう。どんなベテラン教師も授業に定評のある教師も，最初から完璧な授業ができることはない。たとえ完璧のようにみえても，まったく同じ授業を他のクラスで実践してうまくいかないこともよくある。クラスが変われば子どもは変わるし，授業はやってみてはじめてリアルな子どもの反応や理解の程度，見落としなどが見えてくるからである。

実は，学習指導案をつくって，それに基づいて授業をして終わりではない。むしろ本当のスタートはそこからである。授業を実施した直後，すなわち授業時の記憶が鮮明なうちに，授業者はうまくいかなかった箇所や気づいた点などを学習指導案に書き込むことを怠ってはならない。その書き込みに基づいて，次の授業の改善に活かしてこそ，学習指導案をつくることが意味をも

ってくる。なお，自分の授業を録画して見直すことは，主観から少し離れた目で振り返ることができ，有効であろう。

さらに授業の改善は，授業後のいわば教師の感覚に依る以外にも，有効な手立てがある。教師の感覚はあくまで主観であって，子どもたちの感覚とはズレていることもある。たとえば，教師の感覚としてある事項をうまく伝えることができなかったと感じたのにもかかわらず，子どもの感想を読んでみると，他の事項との関係から予想以上に子どもたちに伝わっていることもある。

そうした授業改善のヒントを得ること，それこそが次の教育評価と呼ばれるものである。

2　授業の評価

(1)　授業改善のための教育評価

授業を設計し実施した後，その授業の良し悪しはどのように評価すればよいのであろうか。教師は授業がうまくいったのかどうかを，授業の進め方に対する子どもの反応（食いつきや盛り上がり）や子ども一人ひとりの理解度・成長度合いを，教育目的と教育目標＝内容に照らし合わせながら反省的に評価をすることが必要となる。こうした評価なしに授業改善はできない。教育評価とは本来，教師にとっては自分の授業の良し悪し，すなわち子どもの成長・発達をどれだけ促し得たかを確認し，授業改善のヒントを得るためのものであり，子どもにとってはその子に理解度を確認させてつまずいている箇所をすぐに把握させる（＝**形成的評価**）ためにある。[34]

しかし，今日の中学校現場において一般に「**評定**」と呼ばれる指導要録（＝学籍や成績を記録・証明する公簿）は，これとは異なり，戦後も一貫して子どもを比べる物差しとして点数化し，子どもを序列化する機能を果たしてきた。教師は大前提として，指導要録に掲載する評定（＝形成的評価を経ない**総括的評価**）と本来あるべき教育評価とはまったく性質の異なるものであることを心にとめておかなければならない。

(2) 到達度評価を主軸に

　教育評価において目標準拠型評価を採用した場合，教育目標は教育評価の基準になることから，教育目標をどう設定するかの問題は，いかなる方法で教育評価を行うかの問題と表裏の関係になってくる。到達目標に照らして指導の成果を判定する評価方法を到達度評価という。教育評価の目的は子どもたちに約束事としての発達を保障していくことになるとするならば，教育評価の方法は，**到達度評価**を採用すべきである。

　他方，教育目標を方向目標として立て，これに依拠して評価する場合，目標が"ここまでは"という到達点をもたないので，その方向性に対して，他者がよりどれだけ進んでいるか遅れているかという，集団での位置関係を示すしか方法がなく，その結果，相対評価にならざるをえない。技術科においては，実践的態度の強調など，方向目標の影響が他の教科よりも強いと思われるので，この点に特に注意する必要がある。

　なお，到達度評価論に立ったとしても，方向目標の内容となっている価値を否定するものではない。技術科の学びを通して，技術および労働の世界への興味や関心を育てるという方向性は大切であるし，実践的な態度を形成することは望ましいことである。

　しかし，授業の目標が方向目標のままでは問題が生じる。第1に，たとえば，どのようになれば興味や関心を育てたといえるのか，目標がはっきりしない。目標が明確でないならば，指導は困難である。第2に，興味・関心は何らかの内容を学習する楽しさやその内容を身につけ使いこなす喜びによって育つものであって，方向目標のままでは，どのような内容を学ばせながら興味・関心を育てていくのか，教育の内容水準を問うことが難しい。

　たとえば，単に電力（W）の計算ができるようになっても，エネルギー技術を見る目にはつながらない。しかし，今日のエネルギー技術問題への子どもたちの視野を広げることを意図した際，そもそも電気が生じ，エネルギーとして利用される科学的原理への理解がなければ，先の事例のように，原子

力発電は核反応で直接に膨大な電気が得られるとの誤った理解のもとでエネルギー技術をとらえることになってしまう。すなわち，子どもたちが技術の本質をとらえるためには，その技術に関する基本的な知識・技能を同化することが必要であり，それなしには子どもたちは生活経験のどこかで断片的に耳にした情報による偏向したイメージから抜け出すことはできず，したがって技術を見る目を養うことにはつながらない。教材に埋め込まれた技術の本質に子どもたちを向かわせ，気づかせる鍵概念としての到達目標の設定が，授業改善のための教育評価を行うために不可欠である。

　なお，到達目標は「これだけは身につけてほしい」という目標であって，それが評価ないし評価基準のすべてではない。先に述べたように，子どもたちは教師の想定を超えて学んでいくことがよくある。たとえば，鉋での角材の平面削りで「つるつるの表面にするために，0.05mm以下の薄さの削り屑を出そう」との到達目標を掲げた際，子どもたちが鉋削りに夢中になって，もっと薄い0.03mm以下の削り屑を出そうと子ども自らが目標を設定していく場面もみられる。到達度評価は子どもたちの学びを制限するものではないし，制限するものであってはならない。

⑶　子どもの内面の成長を読み解く教育評価

　以上，主に到達度評価に基づき，教師の想いと子どもの学びの実感を一致させていく取り組みを経ながら，教育目標の達成度合いがテストなどの客観的に評価できるもののあり方について論じた。この点に関わって，戦後は一貫して，テストの点数などによって客観化できるもの＝狭義の学力を評価の対象としてきた。

　しかし，近年，さまざまな評価方法の進展により，**教育評価の新しい動向**がみられる。これらの教育評価は，もののとらえ方や人への見方・価値観の変化など，いわば内面の成長を含んだ子どもの学びを深く読み解くための教育評価といえるだろう。子どもは必ずしもテストという尺度で客観的には測れなくとも，たとえば内面において確かに成長している場合も多々ある。こ

れまでは，教師は子どもの脳内を透視できる全能的存在ではないため，そうした客観的に測れない面について評価することは主観を伴って「ひいき」や誤認を起こしかねないことから避けられてきた[35]。

　教育評価の新たな動向は，そうした従来では確かに子どもが成長しているけれども客観的に扱えないために評価に加えてこなかった面を，ポートフォリオやパフォーマンス評価といった評価方法（※詳しくはコラム10を参照）によって，積極的に子どもの成長を見取る手段として活用しようとするものである。

　実はこうした評価方法は，技術科においてはまったく新しい評価ではなく，類似した評価は以前から行われてきている。たとえば，技術科での製作品の評価は，まさにパフォーマンス評価である。また製作品の評価方法としてルーブリックにもあてはまる作業工程表なども用いられてきた。

　ペーパーテストは誰が採点しても同一の結果が得られる意味で客観的だが，パフォーマンス評価では，どうしても評価者の主観が入る。たとえば，本棚製作において，「底板が側板とどの程度，隙間が無いように加工できているか」「釘打ちを失敗した傷がいくつあるか」などがしばしば評価基準にされる。この基準にそって評価をすることは，評定の説明責任としての客観性は担保しているが，実は，その評価基準自体は，評価者が主観的に設定した基準であることに気がつくだろう。ある教師は，釘打ちを失敗しても，その経験を通してその子の技能がその後，高まっていることが確認できたならば，釘打ちの傷はマイナス評価の対象とはしない。こうした評価基準こそがパフォーマンス評価におけるルーブリックにあたる。これまでの蓄積に学びながら，できあがった製作品を恣意的・独善的な「評定」のための総括的評価にならないよう，子どもの成長を促し，読み解ける形成的評価としてのパフォーマンス評価を行うことに留意すべきであろう。

　また，広くはパフォーマンス評価に含まれるポートフォリオは，リアクションペーパーや感想文などに文章で可視化されたものであり，そこから小テ

ストなどの数値化では教師がすくいとれない子どもの思考や見方を読み取ることができる。たとえば，期末テストで90点をとって単に暗記知識でとどまっている子と，テストで85点を取って知識を認識へと同化させている子では85点の子の方が学びが深まっており，成長の度合いが大きい可能性が十分にある。テストの点という客観的な数値だけでなく，子ども一人ひとりの成長を見取れる手段といえる。

　つまり，ポートフォリオは，知識を自分の経験や価値観に照らして認識へと同化させる際の子どもが思ったこと・考えたことなど，脳内に浮かんだ内容を表出して可視化させることに意義があるといえるだろう。この可視化は教師が子どもの学びをとらえるだけでなく，子ども自身にとっては，学んだ内容を脳内での漠然としたイメージから文字や図として表現することによって学びをより確かなものにすることができる利点をもつ。

　第Ⅱ部川俣実践に出てくるラーニング・ジャーナル（学びの軌跡）は，ポートフォリオの一種である。また，第Ⅱ部直江実践にみられるように，授業後の感想を通して，教師はその子どもが意外にも"こんなことを学び取っていたのか"と子どもの学びの実態を把握することができる。そして，こうした子どもの学びの実態を把握することによって，先の図で示した授業改善のスパイラルが確かなものとなっていく。

　なお，パフォーマンス評価やポートフォリオにも落とし穴があることが指摘されている。本来，パフォーマンスは能力とつながっていて，そのあらわれであるべきである。しかし，どうふるまえば高い評価が得られるかに子どもが気をとられると，パフォーマンスが他者からみた自分の印象を望ましいものにしようとする印象操作の手段になってしまう。たとえば，授業中は学ぶ内容に興味をもてていなかったにもかかわらず，その授業の感想レポートが評価の対象とわかると，自分が学んだリアルな内容とは別に，いかにも評価が高くなるような感想を書くといったケースが生じる。この点は，教師の側も子どもの側も常に気をつけておかねばならない。[36)]

⑷　子どもの学び取った内容や内面の成長を読み解く方法

　では，子どもの学びとった内容や内面の成長を，授業後の感想文やラーニング・ジャーナルなどから読み解くにあたって，どのような点に留意すればよいだろうか。上記のポートフォリオの落とし穴に極力入らないようにするにはどのような点に配慮して実施すればよいだろうか。

　これらを実施する子ども自身にとっての利点はすでに述べたように，学びを表現することで自分の経験した学びを自分のなかで文字として整理し客観化できることにある。しかし，なかなか子どもにこのことを納得的に分かち伝えることは，子どもの実感が伴いにくいために困難である。すなわち，表現することが自分自身の学びを深めるためになることを気づかせるのは難しく，子どもたちは"所詮，教師が読むためのもの"ととらえてしまう。そうすると，一方では，「評定」のことが頭をよぎり，自分で学び取ったり感じたりしたこととは乖離した教師受けのよさそうなことを書く子どもが出る。他方で「評定」を気にかけていない子どもや文章を書くことが苦手な子どもは面倒な作業と感じ，"テキトー"に書く。

　このような状況を鑑みるならば，当然，子どもたちが学ぶ喜びや意味を感じ取れる授業を実践していることが大前提ではあるけれども，まずは第Ⅱ部直江実践のように，感想文はテストや評点とは関係のないものとして書かせることが有効であろう。ちなみに，直江実践の生徒の感想を読んで，「おべっかじゃん？」「本音じゃなくていい点がほしくて書いてるのでは？」と思った読者もいるかもしれない。しかし，多くの感想文は，「○○ちゃんに手伝ってもらって作りあげることができた」といった，人との関わりを含んで書かれることが多く，「おべっか」で書かれていないことがわかる。そして，何より実際に書かせてみてほしい。「楽しかった」「面白かった」など，わずか数行しか書かれていないならば，その可能性はありえるだろう。しかし，直江実践に載せられた感想文は，どれも長々と書いてある。経験則によれば，5行以上書かせると，ないし5行以上書いてある感想文は，そもそも授業で

学び取ったものがない限り，そんなに書けない。そして，そこで書いた内容が教師によって授業に反映されることがわかると，書き慣れることと相まって，本来の教育評価を果たす感想文が書かれるようになる。

次に，"所詮，教師が読むためのもの"との子どもの意識を，他者に学びを公開し共有するものに変えることが有効である。第Ⅱ部川俣実践では，生徒がこれから学ぶ内容を，先輩のラーニング・ジャーナルをみて学んでいる。そのラーニング・ジャーナルのおかげで同じ生徒という目線で学ぶ意味を確かめられたり，あるいは"先輩を越えたい"との意欲が湧くことにより，自分の学びを深めるきっかけになる。その経験を経ることで，今度は自分の書いたラーニング・ジャーナルが他者の学びの役に立つとわかると，表現する意味を見出して積極的に取り組むようになる。結果，そこで表現することがその子自身の学びを整理・客観化することになる。

つまり，感想文やラーニング・ジャーナルを書くことは，「評定」とは関係ないこと，そしてそれよりも自分の学びの成果が授業に反映され，他者の学びの役に立つとの実感がもてるように行うことがポイントといえよう。ちなみに，日々，授業のなかでその子どもと接している教師だからこそ，授業時を思い浮かべながら，感想文やラーニング・ジャーナルなどを納得的に，深く読み解けることはいうまでもないであろう。

(5) 教育評価を「評定」に活かす

以上のような新たな教育評価は，ダイアン・ハートによれば，アメリカでの NCLB 法（No Child Left Behind Act：どの子も落ちこぼさない法）による標準テスト利用の増大・成績公表・それによる学校制裁措置が生じたことにより，子どもたちの学習を評価する際に標準テストを多用することへの批判として，登場してきた。学校における評価の適切な役割を巡って，「どのようにすれば，子どもたちが学んでいることをもっとよく見つけ出せるのか？」「子どもたちに知ってほしい，できるようになってほしいと望んでいることを，本当に子どもたちは学んでいるのか」というシンプルな二つの問いに対する答

えを見つけ出す方法として位置付けられている。[37)]

　新たな評価方法は，「評定」のための評価ではない。あくまで教師が一人ひとりの子どもと向き合い，その子の学びを読み解くことによって，**授業を改善していくための評価**であり，そのために活用されるべきものである。

　ただし，たとえば先に述べたように，これらの評価が「主観的な採点」という特徴をもつことを自覚した上であれば，一定程度，「評定」にも活用することはありえるだろう。

　たとえば，2008 年版中学校学習指導要領下では，「知識・理解」「技能」「思考・判断」「関心・意欲・態度」といった観点別評価が A ～ C の 3 段階でつけられ，それをもとに絶対評価での 5 段階評価としての「評定」がなされる。2017 年版中学校学習指導要領下では，「知識・技能」「思考・判断・表現」「主体的に学習に取り組む態度」といった観点別評価の 3 項目が設定される見通しである。[38)]

　「知識・技能」の項目では，主として教師が設定した到達目標に関するペーパーテストの結果（「知識」），教師がルーブリックや作業工程表で設定した鋸の横びきの正確性などの基準（「技能」）が活用される。「思考・判断・表現」や「主体的に学習に取り組む態度」はポートフォリオや感想文に書かれた内容を活用することができよう。「思考・判断・表現」や「主体的に学習に取り組む態度」は，どうしても 40 人近い子どもたちをすべて一人の教師が把握することに限界がある。授業中，表情をあまり変えないおとなしい子が，実は授業内容をクラスの誰よりも深く考えていたとしても，それに気がつけないことも往々にしてある。

　こうした現状のなかで，教師はたとえば，本棚の作品の角を丸くしているといった「表現」（あるいは「工夫」）でそれらの項目に何とか客観性をもたせようと評価したり，それらの項目に当てはまるような授業内容を組むといったことが，苦心して行われるケースを耳にすることもある。「評定」のために授業内容を構成するという本末転倒なケースである。「評定」に授業内容

が引きずられないように，新たな教育評価を「評定」においても活用することも考えられよう。

コラム10

新しい教育評価の動向

　パフォーマンス評価とは，文字通り，パフォーマンスによる評価のことである。実際に課題や活動を遂行させて，その遂行ぶりや遂行の成果物のできばえを評価する。体操競技の演技課題のように，評価内容に応じたパフォーマンス課題を与えて解決・遂行させ，それを評価者がルーブリックとよばれる評価基準を用いながら評価していく。パフォーマンスは能力と対をなす言葉である。私たちは能力それ自体をみることはできない。能力をパフォーマンスの形にして可視化し，能力を解釈する評価法ということができる。パフォーマンス課題とは，現実の状況で，さまざまな知識や技能を総合して使いこなすことを求めるような評価課題のことである。その他に，レポート作成やプレゼンテーションのような課題も含まれる。重要なのは，目標としている高次の複合的な能力を用いることが求められるような課題であることである。ルーブリックとは，作品などのパフォーマンスを解釈し，その質を評価するために用いられる基準のことである。ペーパーテストは誰が採点しても同一の結果が得られる意味で客観的だが，パフォーマンス評価では，本文中にあげた本棚製作での釘打ちの評価のように，どうしても評価者の主観が入る。パフォーマンス評価は，主観的であっても恣意的・独断的ないし「評定」のための評価にならないように，子どもの成長にとっての評価の意味合いや基準に妥当性のあるルーブリックを作成する必要がある。

　次に，パフォーマンス評価との関係で，簡単に真正の評価について言及しておく。熟練工が弟子を評価する際などに評価するパフォーマンスは，各々の対象世界で実際に必要とされること，もしくはそれを模した「真正な」ものである。パフォーマンス評価は，子どもに現実の世界からの挑戦や問題を模した課題を与えることで，「真正性」を教室にもたらそうとするものであり，こうした「真正性」をもった評価が真正の評価と呼ばれるものである。いわば生活のリアルな課題への対応のなかで子どもの能力をみなければならないという提唱である[39]。この点も，教材を「第二の現実」として仕組むことの必要性を示しているといえよう。真正の評価は，リアルな課題であるから

子どもたちは意欲的に挑戦しようとし，他方でリアルな課題を解くには応用力や総合力といった能力が養成されるという関係構造をもっているとされる。

　さらに，ポートフォリオとは，「子どもの学びの過程や成果を示す作品，子どもの自己評価の記録，教師による指導と評価の記録などをファイルや箱に収集したもの」である。作品やレポートなどのパフォーマンスも内容に含まれる。ポートフォリオが活用されるようになってきた理由としては三つある。一つ目は，子どもが学ぶ過程に対する評価への注目である。二つ目は，学びの自立性の回復である。自分の学んだ過程をポートフォリオの形にひとまとめにして自ら管理することによって，他者からの評価のために学ぶのではなく，学びが自分のものであるという感覚（所有権＝ownership）を取り戻す。三つ目は，メタ認知，すなわち子どもが自らの学び方を意識して調整する（“学び方を学ぶ”）ことの重要性が認識されるようになってきた。自分の学びの軌跡・履歴を示す具体的な資料によってこうしたメタ認知能力が育まれるとされる。[40]

　以上のような教育評価の新たな動向は，J. レイブ・E. ウェンガーによる徒弟制の研究により生み出された「正統的周辺参加論」[41]に端を発し，さらには心理学分野にもみられる「社会的構成主義」の影響をもつとみられる。レイブらは，職業的コミュニティーのなかで，新参者が仕事の遂行に必要とされる知識や技能に熟達していく過程を，正統的周辺参加（LPP）という概念で表した。新参者が従事させられる最初の仕事は，洋服の仕立ての場合，ボタン付けのような責任の軽い「周辺的」な仕事である。とはいえ，それは練習の類ではなく，れっきとした仕事全体のなかの不可欠な一環であり，その意味で「正統的」なものである。こうした仕事への「参加」のなかで，新参者は共同体のなかで共有されている仕事の遂行に必要な道具や言葉などの使用に精通していくと同時に，共同体の成員としてのアイデンティティーも強化していく。こうした事実を観察しながら，レイブらは，学習とは，学習者が新たな知識や技能を獲得していくだけでなく，学習者と周囲のモノや人との関係，学習者の共同体における成員性とアイデンティティー，さらに学習者と関わる他の成員および共同体そのものも変容していく過程であることを指摘した。[42]学びは個人のなか（だけ）ではなく学びの「場」に埋め込まれているとされるゆえんである。

3　種々の教材紹介

　以上，授業づくりの方法についてみてきた。最後に，A～Dの4つの教材を紹介する。教材研究や模擬授業に活用されたい。

A）1ワット（W）の実感

　エネルギー変換というと，身近な電気製品などのように電気エネルギーを光や熱，動力などに変換することをイメージしがちだ。では，その電気製品，たとえば1,000Wのドライヤーを使うために，どれほどの化石燃料を燃やして発電しているかを，生徒は実感をもって語ることができるのだろうか。

　私は，2013年度から，当時東京工業大学付属科学技術高校におられた門田和雄先生の実践（https://gijyutu.com/main/archives/1462）をまねて，直径20cm以内という制限のなかで，工作用紙とセロファンテープで製作させた風車で発電する「風力発電コンテスト」に取り組ませている。さまざまな形の風車が出てきて，授業はそれなりに面白いのだが，初年度に不思議なことが起こった。直径が小さくバランスのよい風車の方が直径の大きな風車より，高電圧を発生させてしまう。生徒たちの風車の直径がどんどん小さくなっていく。授業後，生徒が製作して高電圧を記録した直径の小さな風車で発電した電気でLEDを光らせてみてようやく納得できた。負荷を接続した瞬間にエネルギーが消費され，直径の小さな風車は一気に勢いを失い，高輝度のLEDはかろうじて点灯させることはできても，ソーラーモーターは回転させることすらできない。発電機の回転が速いほど高電圧は発生するが，負荷に電流を流した瞬間に電圧は急激に減少してしまう。発電能力を正しく評価するためには電圧ではまったく意味がない。電力の測定が不可欠なのだ。「電圧×電流＝電力」であり，電流を流す性能がなければ，どんなに電圧が高くても電力はゼロだ。

　翌2014年度には，信州大学の村松浩幸先生の研究室で開発された「でんまね」（http://www.mura-lab.info/main/archives/281）のプロトタイプを使い始めた。「でんまね」プロトタイプでは，3チャンネルの電圧と電流を測定することで，リアルタイムに発電中の電力をPCの画面に表示することができる。授業ではそのPCの画面を教室中から確認できるようにプロジェクターで常時投影しておき，電力（W）を競う風力発電コンテストに取り組ませている。

　毎年のようにこれまでにないさまざまな形の風車（写真）が，わずか3時

間の授業のなかで生徒の手で生み出され，最高記録は毎年のように1Wを超えるようになった。言い方を変えれば，バランスを考え，空気の抵抗を考え，風車の強度を考え，さまざまな試行錯誤を経て，3時間の授業で彼らがようやくたどり着く風車の最高性能が1W程度でしかないということになる。ちなみに風車に風を当てるために回している扇風機で消費されている電力を測定してみると123Wだった。123Wの電力を使って，1W発電できたとしても，その効率は1％にも満たない。

　この時点で生徒に初めて，日常的に使っている電気製品がどれだけの電力を消費しているのかを伝える。今教室で点灯している蛍光灯の消費電力が1本36W，1本の蛍光灯を点灯させるために，どこかの発電所で36枚のあの風車が今この瞬間も回っている。それは，火力発電かもしれないし，原子力発電かもしれないし，水力発電かも，風力発電かもしれない。

　ちなみに同じ県内の鹿島火力発電所は，566万kWの発電能力がある。これをワットに換算すると，56億6千万枚の風車が回っていることになる。その風車をタービンというのだ。石油や石炭を燃やした熱でお湯を沸かし，その熱で水蒸気をつくり，今この瞬間もタービンを回している。ラーニング・ジャーナルからは，生徒がさまざまな試行錯誤を通して1ワット（W）を実感する姿が読み取れる。

図Ⅲ-4-1　試行錯誤によって生み出された風車

○「風力発電コンテスト」単元計画

時間数	学習内容
1時間目	工作用紙とセロファンテープを用いて，直径20cm以内の風車を製作し発電機に取り付けて発電する。より高電圧（ボルト）を発生させることができように改良を加える。
2時間目	高輝度LEDを点灯させるだけでなく，ソーラーモーターも回転さ

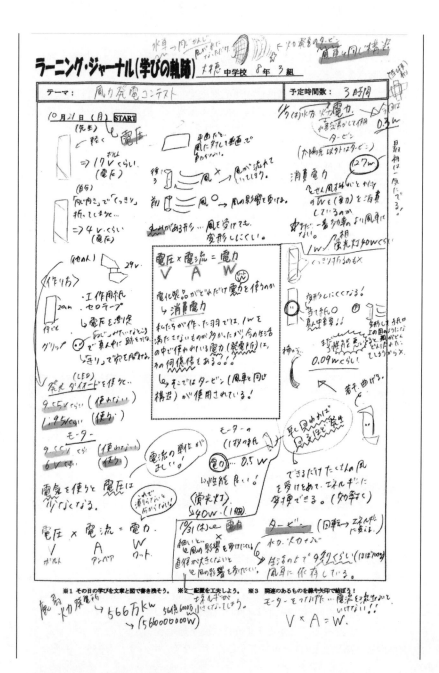

せることのできる風車を試行錯誤を繰り返しながら製作する。負荷としてソーラーモーターを回転させている時に，風車が発電している電力（ワット）を測定する。

3時間目　より高い電力を発生させることができる風車を目指して改良を加えるだけでなく，他の人が試していない形状の風車を作成し，その性能を電力（ワット）で測定する。
実習で体得した１ワット（W）のエネルギーの大きさを元に，身近で使われている電気製品などの消費電力や，火力発電所の発電能力の大きさを考える。

図Ⅲ-4-2　「でんまね」の画面を共有する

○**実習に必要な教材教具（６班の場合）**
工作用紙（１クラス×20枚程度），テープカッター×６，四つ目ぎり×12，はさみ×18，カッター＆マット×18，業務用扇風機×４，風車固定台（高電圧ジェネレータ，先端の取り付け部を工夫）×９，負荷セット（高輝度 LED，ソーラーモーターの取り付け部を工夫）×９，デジタルテスター×９，「でんまね」（３チャンネル電力測定版）×１，プロジェクター×１

B) 自動化された栽培技術を体感させる灌水装置の実践

　現在の制御学習の主流はブロックプログラミングによるロボットの制御（ライントレースなど）である。利点としては，自分のプログラムのフィードバックがすぐに得られ，トライ＆エラーをしやすい，ロボットを動かす面白さなどがある。生産技術とのつながりでいえば，ライントレースは自動車の自動運転の話とつながるが，自動車の運転経験が無い子どもたちにとっては，学ぶ内容が現実の技術の世界につながっていることを実感しにくいのではないかと考えた。そこで，子どもたちが授業で行ったばかりの栽培と結びつく，自動灌水装置を作ってみようと考えた。

　本校における栽培は，露地栽培とプランター容器栽培の2種類を行っていた。子どもたちが口をそろえて言っていたのが「露地栽培は水やりをしなくてもいいけれど，容器栽培の灌水がめんどうくさい」ということであった（実際，枯らしてしまった班もあった）。この水やりのわずらわしさを，土壌湿度センサによる自動制御で解決することができれば，生産技術と制御学習とのつながりを理解するだけでなく，こうした技術が労働現場の省力化につながるという実感が得られるのではないかと考えた。

　この土壌センサはアナログ入力のため，対応するマイコンであるArduinoを使い，C言語でプログラムを書く必要があった。テキストプログラミングの，しかもBASICなどの入門のものではないC言語を教えるのは非常に難しいと想像でき，またC言語の習得は普通教育であるという技術科の前提に立てば必ずしも必要ではない。よって，従来通りの制御学習を行った後に，あくまで体験的にArduinoを用いて授業を行う，という流れで授業を3時間計画で行った。C言語を扱ったことから，子どもからは，やはり難しいという声が多く聞かれたが，「本当のプログラムはこうなのか」という声も聞くことができた。

　実際に子どもたちが灌水装置を完成させて，水やりができるようになるのに2時間でできた。C言語の基本的な知識を伝え，本時のプログラムの意味と構造について説明し，見本のプログラムを見ながら各自で製作した。各班でコンパイルが正常になされたものをArduinoに書き込み，ブレッドボードを用いてリレーを使った自動灌水装置を製作した。ブレッドボードを用いた電気学習は2年次に行っているため，スムーズに行うことができた。また，プランターにこちらで用意した灌水装置を取り付け，短期間で収穫できるラディッシュの播種を行った。後は子どもに土の乾き具合がどのくらいで水が

出るようにするか，プログラムの中身を再度説明してプログラムの書き換えを行わせた。結果として，班によって生育状態はあまり変わらなかったが，約1カ月後に子どもたちの灌水なしでラディッシュの収穫ができた。子どもの感想としては，口をそろえて「最初からこれを使ってくれれば良かった」というもので，格段に楽になるという実感をもってくれたようだった。

3時間目の授業で，土壌湿度センサで自動灌水装置を作れたならば，違うセンサを使って何か作れないかという話をした。子どもからは「温度センサを使えば栽培の温度管理もできるのではないか」「温度センサを使えば，前に作った扇風機のモデルと合体させて，暑くなったときに自動で動く扇風機ができる」「それの冷たい風が出てくるものがエアコンだ」「でも冷たい風はどうやって出すのか」など意見交流がなされた。この実践は，生産技術におけるセンサがもつ意味をつかませるという点で良かったように思う。

たった3時間の学習であったが，プログラムが自分たちの経験を通して，現実の生産現場で人びとの仕事を助ける技術として活かされる実感を得られた授業内容になったと考える。自動灌水装置は実際に，十勝の農家などで現実の農業技術としてすでに利用されており，灌水する時間や量などをスマートフォンから指定することができる。

今後は，そのような自動化された栽培技術は実際の農家ではどのように用

ポンプは穴あけした塩ビパイプにつながっており，全体に灌水できるようになっている。
リレーに直接はんだづけする場合，ブレッドボードは不要である。

図Ⅲ-4-3　自動灌水装置

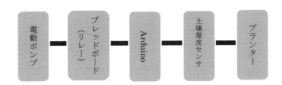

いられているか比較を行い，自分たちの学んだ内容が生産技術の場でどのように利用されているかを知ることで，より生産技術とのつながりを意識できる学習内容になると考える。また，先ほど例に挙げたスマートフォンで灌水をコントロールする IoT の技術に関する話題についても広げられる内容であると考える。

○「自動灌水機の製作」単元計画

時間数　　　　　　　　　　　学習内容
1時間目　C 言語の基本的事項について確認し，プログラムの内容を理解し，土壌湿度センサでのアナログ計測と，その値によってポンプを作動させるプログラミングを行う。
2時間目　ブレッドボードを用いた自動灌水装置の製作を行う。土壌湿度センサと Arduino を繋ぎ，リレーによる汲み上げポンプの制御を行う。接続が終わったら，実際にセンサの値によってポンプが作動するかテストを行う。テスト後，ラディッシュの播種をプランターに行う。
3時間目　ラディッシュの収穫を行い，自動灌水装置について考えたことをまとめさせた。また，他のセンサを用いてどのようなことができるかを考えさせた。

○実習に必要な教材教具（6班の場合）
Arduino× 6 台（本実習では Uno R3 を使用），ブレッドボード× 6 個，Arduino 用土壌湿度センサ× 6 個（M-07047），5V 小型リレー P-01229 × 6 個，ジャンパーコード，乾電池式自動汲み上げ灯油ポンプ× 6 個，汲み上げ用の水槽やバケツ，プランター× 6 個，ラディッシュの種

図Ⅲ-4-4　自動灌水装置のプログラム

C) 蒸気タービンカーを走らせる！〜エネルギー変換を学ぶ〜

　洗濯機や自動車など，私たちが生活で使用する多くのものは，あるエネルギーを別の形に変換して利用することで，それぞれの目的を達成している。私は，エネルギー変換の仕組みを，生徒に体験的に理解してほしい考え，蒸気タービンカー（図Ⅲ-4-5）を一から作り，走らせる授業を実践している。

　蒸気タービンカーは，静岡大学の紅林秀治先生の研究室で開発された教材である（紅林秀治・河合巧「教材用蒸気タービンカーの改良」『日本産業技術教育学会誌』第53巻，第1号，2011年，pp.49-56）。これは，蒸気の力を利用して走る車である。トタン板や空き缶といった金属素材を加工し，プーリーなどを組み合わせて，車の形に製作する。特徴として，羽根状に加工したタービン（図Ⅲ-4-6），ボイラー部分，蒸気保持のためのタービン囲いがあること，そして，仕組みがわかりやすいことが挙げられる。走行するまでの仕組みは以下の通りである。

図Ⅲ-4-5　蒸気タービンカー

図Ⅲ-4-6　タービン

①　固形燃料をセットし，火をつける。（化学エネルギー→熱エネルギー）
②　ボイラー内の水が沸騰し，蒸気が発生する。
③　蒸気が蒸気噴射ノズルを通り，外に出る。
④　蒸気によってタービンが回転する。（熱エネルギー→運動エネルギー）
⑤　タービン軸に取り付けられた，小プーリーが回転する。
⑥　小プーリーとタイヤが輪ゴムで連動して回転する。
⑦　タイヤが回転することで，前進する。

　走らせるためには，タービンの回転がスムーズであること，蒸気が一切漏れることなく，タービンに勢いよく当たることが重要である。

　最初に生徒は，この車が動く流れの説明をうけ，実際に走っている様子を

見て仕組みを覚える。次に，先輩からのアドバイスを参考に，走らせるためのポイントを理解して，製作に入る。製作は，車体製作のパート，動力部分製作のパート，試験と調整のパートの大きく３つに分かれている。

　車体製作では，トタン板へのけがきから始める。加工線が描かれた台紙を板に貼り，けがき針やセンタポンチを使って印をつける。そして，切断，穴あけ，バリ取り，折り曲げ加工を経て，組み立てる。最後に，真鍮棒とプーリーを組み合わせたタイヤを取り付け，車体が完成する。ここでは，１mmのズレが，その後の作業に影響することを意識して取り組む。

　動力部分の製作では，主にタービンとタービン囲い，ボイラー，銅パイプを加工していく。夏休みの課題で発電所のタービンや水車の形状を研究しておき，自分なりの根拠を持ってタービンの形を決めてつくる。また，動力伝達を意識して，タービンの取り付け位置を決めたり，蒸気がタービンの羽根の先端に当たるよう，銅パイプの形状や角度を工夫したりと，エネルギーの変換効率を少しでも高められるように設計して加工する。タービン軸に部品を取り付ける時，力いっぱいに差し込んで軸を曲げてしまい，スムーズな回転が得られない生徒が多くいた。また，ボイラー缶の穴を必要以上に広げてしまい，銅パイプ取付部分から蒸気が漏れ，蒸気の勢いが弱まり，タービンが回転しなくなることもあった。この対策として，過去の失敗事例をいくつか紹介し，その影響も説明した。そうすることで，失敗が減っていった。

　それぞれの部品を製作したのち，エアーコンプレッサを用いてタービンを回転させたり，風力計を用いて蒸気の速さを計測したりと，試験ができる機会を設けた。走行試験をすると，最初から走るものもあるが，多くの場合は，上手くいかず，改良することで走るようになる。最後に，「走行させるために意識すること」というテーマでレポートを作成すると，ネジをしっかり締めてゆるみを無くすという気づきや，蒸気とタービンの関係性を重視した，体験したものにしか表現できない言葉でまとめることができた。こうして，生徒はエネルギー変換の仕組みや，効率を高める工夫を学んでいった。

表Ⅲ-4-2　指導計画

時	授業内容	具体的な内容
1	仕組みの理解	目的の確認，仕組みの理解
2～6	車体製作	トタン板の加工，各パーツの組み立て
7～16	動力部分の製作	タービン，タービン囲い，ボイラー，銅パイプの加工および取付
17～20	走行試験と調整	走行試験を繰り返し，走るように調整する
21	振り返りとまとめ	レポート作成とエネルギー変換のまとめ

表Ⅲ-4-3　材料一覧

No.	名　　前	寸法・種類	個数
1	トタン板（車体）t0.5mm	180mm×105mm	3枚
2	トタン板（車体底）	110mm×65mm	1枚
3	トタン板（軸受け用）	20mm×80mm	2枚
4	トタン板（タービン用）	80mm×80mm	2本
5	真鍮棒	φ2mm，90mm	3本
6	L字パンチングメタル	200mm	2本
7	プーリLセット	TAMIYA	2袋
8	銅パイプ（軟）	内径4mm，長さ100mm	1本
9	コーヒー缶（未開封）	185ml	1本
10	ツナ缶（開封済）	はごろもフーズ	1缶
11	プラスチック蓋	ハンディーポット	1個
12	シリコンチューブ	内径3mm，長さ25mm	2本
13	安全弁用ネジ	M4×20	1本
14	輪ゴム	♯20-1.1mm	1本
15	ネジ	M3×6(14)，M3×20(2)	16本
16	ナット	M3	14個
17	ゴムチューブ	内径2mm，長さ30mm	2個
18	アルミ耐熱テープ	10mm×40mm	2枚

表Ⅲ-4-4　使用工具一覧

No.	工　具　名
1	けがき針
2	鋼尺
3	センターポンチ
4	げんのう
5	卓上ボール盤
6	金やすり
7	金切りばさみ
8	打ち木と折り台
9	ドライバー
10	ラジオペンチ
11	ニッパー
12	はんだごて
13	はんだ
14	テーパーリーマ
15	弓のこ
16	万力
17	ライター

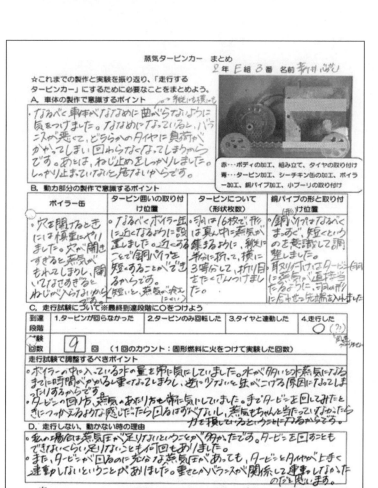

図Ⅲ-4-7　蒸気タービンカーのまとめ（生徒記述）

参考URL［https://www.facebook.com/gikyouken］
　　　技術教育研究会の Facebook に，蒸気タービンカーに関する記事がある。
　　　2017年4月6日の記事【北海道サークル冬季研修会開催しました
　　　（12/27〜28）】に詳細が記載されている。

教材入手先　会社名：教材・教具　マルキ　代表：紅林信介
　　　　　　住所：静岡県藤枝市大洲2丁目4番9号
　　　　　　TEL・FAX：054-636-8860

D) 一番の思い出は融けた金属を注ぐ時の緊張〜鋳造

なぜ鋳造を教えるのか（教育目的）

　和同開珎やマンホールの蓋は，鋳造という加工方法で作られている。鋳造は，塑性加工や切削加工と異なり，原型を製作し，さらに鋳型を製作して，その鋳型に融かした金属を流し込む方法である。

　鋳造は，原型をもとに同じ形状をコピーできることが大きな特徴であり，金属加工の中で，最も使用されている加工法である。しかし，その作業工程を生徒が直接みる機会はとても少ない。

　そこで，鋳造によって複雑な形状の工業製品を大量に生産することができると

図Ⅲ-4-8　砂型鋳造が技術室で実習可能

いうことを生徒たちに気づかせるために模擬的に学習することにした。

授業実践へとたどり着くまで（教材開発の経緯）

　鋳造は，製造方法が比較的よく教材化されている。まず，不燃性ゴム板やコルク板で型をとる方法で鋳造を学ぶことのできるキット教材を試しに使ってみた。そこでの作業は，ゴム板を切り抜いて型を作り，木材で挟む。次に，挟んだ物を金工万力で固定して空洞を作り，そこに金属をカセットコンロで高温に融かして流し込むという工程である。

　この実習方法だと，生徒は，鋳造の実習を行ったことに違いはないのだが，鋳造（砂型鋳造）の本質を理解することができず，美術工芸品を制作する程度にとどまった。

　つまり，型をこの方法で製作すると現実と乖離しているため，工業製品が複雑な形状で大量に生産されている生産技術の世界を伝えきることができず，製作工程の説明程度の実習となって完結してしまうという問題にぶつかったのである。

　けれども，砂型鋳造を本格的に取り組もうとすると大規模な施設や設備などが不可欠である。また，金属を加熱して凝固するまでの実習となるため，多くの授業時間数が必要になってくる。これらのことより，技術室で2コマ分の授業時数で簡易的に実習を行えるように，工業高等学校や工業高等専門学校での体験講座で行われている方法を参考にした。

図Ⅲ-4-9　ホワイトメタルや減摩合金を使用

図Ⅲ-4-10　鋳造製品

鋳物砂は，水分調整の不要な鋳物砂であるOBBサンドを使用し，材料の金属は，カセットコンロで熔解できるように融点が低く鉛の含まれない種類のホワイトメタルを使うことにした（減摩合金でも可能）。

授業での理解の様子

生徒の感想では，「マンホールがあんな風に作られているとは知らなかった。以前までは，それほど気にせずにマンホールを見ていましたが，作り方を知り，これからはあんな風に作られているのかと思い，楽しみながらマンホールを見たいです。」といった工業製品に対する技術観を育むことができた。

他にも「ただ金属を加熱して型に流すだけだろうと軽視していたが，予想よりかなり楽しかったので奥が深い仕事なのだと思い，自分が思っていた考えとは違っていた。」と安全に留意させて実際に生徒が作業を行ったことで，労働観へと思いを巡らせることができた。

実習で金属が液体になることを見せ，生徒たちが目の当たりに未知の体験をしたことでこのような効果があったといえよう。生徒がクラスメイトの前で金属を慎重に注ぐ様子は，物音ひとつせず，張り詰めた緊張感があった。

それは，実際の鋳造の世界を垣間見る真剣そのものの雰囲気だった。

表Ⅲ-4-5　鋳造実習　単元指導計画

計：2時間扱い

	作業工程	指導内容	教師の事前準備や留意点
1時間目	型枠に木型を入れて鋳物砂を押し固める	最初は細かめの砂をかけ，最終的には砂をびっしり詰めて上から手などで圧縮して砂を押し固めていく 外側から円を描くように中心に向かってハンマで押し固める 型からあふれた砂を棒で擦り切る	※木型を型枠に入れた後に，木型と鋳物砂が剥離しやすいように木型の表面に剥離粉を振りかける ※力一杯に押し固めないと金属を流し込んだ時に底から流れ出てしまう

1時間目	合金を融かす	10分ほどホーロー鍋に入れて加熱する	※水滴が加熱した金属に入り水蒸気爆発を起こさないように作業する
	鋳込む	型枠を手前にひっくり返す。 木型を四ツ目錐などで突き刺して鋳物砂が崩れないように取り除く ゆっくりと切れ間なく注ぐ	※火傷と周囲の安全に気をつけて作業をする
	冷　却	鋳込み直後は鋳型がとても高温なので型枠を動かしたりしない 水冷などの急冷をせずに，室温で徐冷する	※冷え切っていないと金属は液体の状態なので，触らずにしばらく置いておく ※砂がまだ熱いときがあるので注意する
2時間目	鋳物を鋳物砂から取り出す	鋳物の縁を軽くハンマでたたいたとき，固体化した手ごたえと金属音が聞こえたら取り出す	※取り出した金属は，熱い場合があるので素手では触れない ※取り出し後は，不要な板材の上に置く
	研　磨	鉄工ヤスリで表面を少しずつ，耐水ペーパー→スチールウール→金属研磨剤の順で行う ワイヤブラシを使用することもできる 金属用透明塗料で塗装も可能	※鉄工ヤスリ使用時は金工万力で固定させるよう安全に留意させる
	完　成	鋳物砂は，ほこりなどをきれいに取り除いて缶などに密閉して保管することで再利用する	金属粉や破片も砂を取り除いて後，るつぼにいれる

実習に必要な物（教材代理店で購入可能）

　OBBサンド（水の代わりにオイルを結合剤にした鋳物砂。ルトロンサンドともいう）・熔解する金属の塊（融点235℃のホワイトメタル）・パーチングパウダー（剥離粉）・ホーロー鍋（るつぼの代わり）・カセットコンロあるいは電気コンロ・手首まで覆う革手袋・型枠（角材に釘打ち程度のものでよい）・OBB

サンドを擦り切るための棒・ハンマ・レードル・作業に適した帽子・ゴーグ
ル付きヘルメット・ハンマ・四ツ目錐（木型を取り除くときに突き刺す）・ワ
イヤブラシ（ブラシ部が真鍮のもの）・鉄工やすり・耐水ペーパー・スチール
ウール・金属用研磨剤
※必要物の入手先
　株式会社北見教材厚生部：北海道北見市とん田西町 314 番地
　株式会社菊目屋商店：北海道札幌市西区発寒 16 条 12 丁目 1 -10

図Ⅲ-4-11　複雑な形状や空洞のある製品

〈注〉
1）井庭崇編著『クリエイティブ・ラーニング』慶應義塾大学出版会，2019 年。
2）飯田哲也『エネルギー進化論』ちくま新書，2011 年，レスター・R. ブラウン
　ほか『データでわかる世界と日本のエネルギー大転換』岩波書店，2016 年，ほ
　か参照。
3）安全なエネルギー供給に関する倫理委員会，吉田文和ほか編訳『ドイツ脱原
　発倫理委員会報告』大月書店，2013 年。なお，2018 年段階でのドイツの原子力
　発電のエネルギー割合は 13％である。
4）UNESCO, Revised Recommendation concerning Technical and Vocational
　Education adopted by the General Conference of UNESCO at 18th session,
　Paris, 19 November 1974, p.9.
5）田中喜美「米国での初等・中等教育の垂直的編制における一般教育と職業教
　育との関連問題」『教育学研究』第 53 巻 4 号，1986 年。田中は，アメリカ産業
　革命期に展開された普通学校（コモンスクール）運動に関して，「コモンスクー
　ルとは，理念上，上流階級から区別された普通の common 人々のための学校と
　いうものではなく，すべての者によって共有される common 学校であり，また
　時代を担うよき市民として，すべての者にとって共通に必要とされる common

資質の形成をめざす学校」であり，「特定の階層や宗派等のためではなく万人のための教育であり，またそのためにはある特化した specialized ものではなく共通な文化たり得る一般的な general 教育という universal education（万人のための教育）の観念が，コモンスクール運動により成熟された」と論じている。

　なお古くは，コンドルセが普通教育の目的を「1　自分の能力や，教育に充当できる時間的余裕に応じて，職業や趣味のいかんを問わず，すべての人が承知していることが良いと思われることがらを，国民のすべてに教えること。2　一般的利益のためにそれを利用し得るように，それぞれの問題についての特質を知る手段を確保すること。3　将来生徒たちが従事する職業が必要とする知識をかれらに用意すること。」（コンドルセ，松島鈞訳『公教育の原理』明治図書，1962 年，p.22）と論じた。

6 ）UNESCO, Convention on Technical and Vocational Education adopted by the General Conference of UNESCO at 25th session, Paris, 19 November 1989, p.5.

7 ）田中喜美「現代における普通教育としての技術教育の同時代像」『国民教育におけるテクノロジー・リテラシー育成の教育課程開発に関する総合的研究』（科学研究費補助金基盤研究 A 研究成果報告書，1997 年）。

8 ）田中喜美「未来を切り拓く『産業教育学』研究：技術教育を中心に」『日本産業教育学会創立 60 周年記念誌　1960-2019』日本職業教育学会編，pp.17-26，2020 年。

9 ）アメリカのミドル・スクールの技術科（Technology）の教科書の 1 つである『工学への門戸』（George E. Rogers, Michael D. Wright and Ben Yates., *Gateway to Engineering*, Delmar Cengage Learning, 2013）を参照。

10）門田和雄「STEM 教育を重視した台湾北部の自造者教育」日本 STEM 教育学会第 1 回年次大会講演資料，2018 年，ほか参照。

11）経済協力開発機構『図表でみる教育—OECD インディケータ（2019 年版）』明石書店，2019 年。

12）山脇与平『社会と教育と技術論』創風社，1986 年，p.85。

13）田中喜美「普通教育としての技術教育の教育目的論再考」『技術教育研究』第 57 号，2001 年，pp.28-35。

14）近年，田中喜美の研究（技術教育研究会 2018 年冬季研究会報告「前座　ユネスコ『技術及び職業教育に関する条約』（1989 年）の位置と技教研への警告」，日本技術教育学会第 9 回（2019 年）大会報告「現代米国における技術学教育（Technology Education）の教育課程開発実践史論」）により，Technology の訳語には従来の「技術」ではなく「技術学」を当てるべきことが提起されている。その根拠は，中村静治『技術論入門』有斐閣（1977 年，p.179）および D. R. Herschback, *Technology Education : Foundations and Perspectives*, American Technical Pub., 2009 に据えられている。本書ではこの提起に基づい

ている。なお，これに関連して，「技術及び職業教育に関する条約」の第3条第2項（a）は「普通教育におけるすべての子どものための技術（学）および労働の世界への手ほどき……」と表記した。2020年4月現在では，条約の訳語の統一見解には至っていないためである。

15) 国際教育到達度評価学会（IEA）の第3回調査（1995年）にて，第2回調査でのモデルを修正したintended curriculumとimplemented curriculumとattained curriculumのカリキュラムの3つのLevelの概念的枠組みが提示された。David F. Robitaille (ed), Carriculum frameworks for mathematics and science (TIMSS Monograph, No.1), Pacific Educational Press, 1993. 国立教育研究所『小・中学生の算数・数学・理科の成績』東洋館出版社，1996年，ほか参照。

16) 堀尾輝久『教育入門』岩波新書，1989年，pp.153-154。

17) 坂口謙一編著『技術科教育』一藝社，2014年，pp.64-70。

18) M. チクセントミハイ，大森弘監訳『フロー体験入門』世界思想社，2018年。同書にて，フロー体験は，「目標が明確で，迅速なフィードバックがあり，そしてスキル〔技能〕とチャレンジ〔挑戦〕のバランスが取れたぎりぎりのところで活動している時，われわれの意識は変わり始める。そこでは，集中が焦点を結び，散漫さは消滅し，時の経過と自我の感覚を失う。その代わり，われわれは行動をコントロールできているという感覚を得，世界に全面的に一体化していると感じる。」とされる。

19) 勝田守一『能力と発達と学習』国土社，1964年，pp.135-187。

20) ジャン・ピアジェ，波多野完治ほか訳『知能の心理学』みすず書房，1960年。滝沢武久ほか『ピアジェ　知能の心理学』有斐閣，1980年，ほか参照。

21) 森下一期「技能教授の再検討」『技術教育研究』第35号，1990年，pp.1-19。

22) M. J. エリス，森楙ほか訳『人間はなぜ遊ぶか』黎明書房，2000年。

23) 中内敏夫『新版 教材と教具の理論』あゆみ出版，1990年，p.131。

24) 大谷良光「技術科教育における科学的概念の獲得をめざす教材の基本的要件」『日本産業教育学会 研究紀要』第22号，1992年，pp.48-58。

25) 石谷清幹「技術史研究の経験から」『技術史教育』第2号，1990年，pp.2-4。

26) 中村静治『技術論入門』有斐閣，1977年。

27) 中内敏夫『新版 教材と教具の理論 教育原理Ⅱ』あゆみ出版，1990年，p.62。

28) 戦後新教育に対する批判「はいまわる経験主義」の二の舞となる危惧がある。詳しくは，平舘善明「後期新自由主義政策・教育改革と社会的構成主義の教育学にみる技術・職業教育研究活動の展望」『技術教育研究』第74号，2015年，pp.39-46，を参照。

29) G. モンジュ，山内一次訳『図法幾何学』山内一次遺稿刊行会，1990年。

30) 岩浅農也・横須賀薫『授業の展開と時間』国土社，1984年，参照。

31) 中内敏夫『増補 学力と評価の理論』国土社，1971 年，参照。

32) 岩浅農也・横須賀薫 前掲書 30)，p.51 参照。

33) 岩下修『指導案づくりの技術』明治図書，1991 年，参照。

34) 『中内敏夫著作集Ⅰ』藤原書店，1998 年，参照。

35) なお，戦前からの学力評価の展開は，戦前：カンや経験に基づく教師の主観性を基準とする絶対評価→戦後：教師の主観性を排するための相対評価，ただし子どもの序列化につながる→1970 年代：目標の到達目標化をめざし，形成的評価を組み込んだ到達度評価へと展開。木村元ほか『教育学をつかむ』有斐閣，2009 年，pp.104-105，などを参照。

36) 松下佳代『パフォーマンス評価』日本標準，2007 年，同「パフォーマンス評価による学習の質の評価」『京都大学高等教育研究』第 18 号，2012 年，pp.75-114，ほか，参照。

37) ダイアン・ハート，田中耕治監訳『パフォーマンス評価入門』ミネルヴァ書房，2012 年，序文，を参照。

38) 中央教育審議会初等中等教育分科会教育課程部会「児童生徒の学習評価に関するワーキンググループ」議事録を参照。

39) 松下佳代，前掲書 36) pp.54-55 ほか，参照。

40) 西岡加名恵ほか『新しい教育評価入門』有斐閣，2015 年，pp.139-140。

41) ジーン・レイブ，エティエンヌ・ウェンガー，佐伯胖訳『状況に埋め込まれた学習―正統的周辺参加―』産業図書，1993 年。

42) 木村元ほか，前掲書 35) pp.121-129 を参照。

あとがき

　まえがきにも述べたとおり，本書は技術教育研究会の活動から生まれたものです。

　会の活動として，本書編集のためのワーキンググループ（WG）を組織することになり，第1回の編集会議が行われたのは2018年7月のことでした。それ以来，連続した日程での集中的な検討を含んで編集会議を18回行い，編集作業を進めました。

　編集の過程では，今述べた18回の編集会議の他に，ビデオ通話システム（Skype）を用いた打ち合わせも6回行われました。ビデオ通話システムによる打ち合わせは，検討を深めるという点では，対面式の会議に及ばない点があるものの，対面式の会議参加に当たっての地理的・時間的な制約を取り払うという点で少なくない意義をもったと考えられます。

　毎回の編集会議は，苦しくも楽しい時間でした。WGのあるメンバーはその様子を「大学院のゼミが濃縮されたようだ」と評しました。これは共同研究の醍醐味といえるかもしれません。

　私たち技術教育研究会は，1960年の発足以来，「憲法，子どもの権利条約の精神に基づいて，国民的立場からひろく技術教育の理論と実際を研究すること」（会の規約第2条）を目的に掲げて活動している民間の教育研究団体です。会員には，小学校，中学校，高等学校，特別支援学校，高等専門学校，大学の教員をはじめ，職業訓練関係の教育機関の指導員，専修学校の教員，教育学研究者など，技術・職業教育に関わる広い層の人がいます。会報『技術と教育』（月刊）や会誌（研究誌）『技術教育研究』（年1回刊）を発行するほか，全国大会，公開研究会をはじめとした各種の研究会，地域でのサークル活動，テキストの出版，オンラインサークル等を通して，技術・職業教育に関わる研究活動を進めています。

情報通信技術の発達によって，現在は，さまざまな情報が居ながらにして実に容易に手に入るようになりました。そのこと自体は，積極的な面をもつと考えます。

　とはいえ，教育の営みが人間同士の関係において行われている以上，その営みをよいものにしていくための探究活動もまた，人間同士の共同的な関係において行われることが必要であり，そのためには各人が個別に情報を入手するだけで事足りるのではなく，互いに学び合う場があることがとても大切なのではないでしょうか。

　技術教育研究会はこれまでも，技術・職業教育の教師が互いに学び合う場の一つでした。私たちはこれからも，そうした場であり続けたいと考えています。ぜひ，私たちとともに，技術・職業教育の世界を歩みませんか。みなさんからの連絡・入会をお待ちします。

技術教育研究会 Web サイト
https://www.gikyouken.com/index.html
e-mail: info@gikyouken.com

　さて，本書出版のためのＷＧを立ち上げたときには予想もしないことでしたが，本書は，新型コロナウィルス（COVID-19）感染拡大により，WHO がパンデミック（世界的大流行）を宣言するという，極めて異常な状況下での刊行となりました。

　この，新型コロナ・パンデミックとでもいうべき事態が教育，とりわけ技術・職業教育にどのような影響を与えるのかを十分に見通すことは，現時点では困難です。未来からみれば杞憂かもしれませんが，現時点では，次のようなことが指摘できます。

　例えば，これまでの対面式の授業の代替策として行われている遠隔授業は，その有効性や固有の意義を認めた上でも，将来的に，対面式の授業が全面的

に遠隔授業に移行することは考えにくいでしょう。そして，遠隔授業と個別的な学習とは，イコールではないにしても親和性があるため，遠隔授業が推進されていけば，その結果として，学びの個別化も進行するでしょう。このことをどう考えるのか。個別化された世界と公共性とは相性が悪いという指摘もあります。

　また，技術・職業教育により関わる問題として，技能の教授を含んだ教育活動（実習等）は，遠隔授業やソーシャルディスタンス（社会的距離）を保った状態とはなじまないことは，おそらく明白であるように思われます。しかし，遠隔授業になじむ教育目標＝内容と，そうでないものとは，何が異なるのか，またそれらの違いがもつ意味は何か，ということについては，十分に明らかにはなっていません。今後の課題といえるでしょう。

　このように考えると，今回の新型コロナ・パンデミックは，教育にもたらされたクライシス（危機）であるとともに，今後の教育を考える必要を提起しているという意味においてもクライシス（転機）であるといえるかもしれません。今後も探究を続けていきたいと思います。

　最後に，出版事情が厳しい中，本書の出版を快く引き受けてくださった学文社の田中千津子社長をはじめ，レイアウト，装丁，印刷等，本書の制作に携わってくださったすべてのみなさまへ心からの感謝を申し上げます。

2020 年 7 月

技術科テキストワーキンググループ
井川大介・尾高進・川俣純・木下龍・笹倉千紗子・直江貞夫
沼田和也・平舘善明・安田京巳・横尾恒隆・吉澤康伸

索　引

執筆者略歴

井川大介（いかわ・だいすけ）教材紹介D）
1972年北海道札幌市生まれ。北海道教育大学教育学部釧路校技術科専攻卒，北海道教育大学大学院技術教育専修修了。北海道網走市・北見市公立中学校技術科教員・法政大学デザイン工学部『工業科教育法』兼任講師・北見市公立中学校特別支援教育担当を経て北見市立北小学校。修士（教育学）。

石川聖剛（いしかわ・せいごう）教材紹介B）
1987年北海道赤平市生まれ。北海道教育大学旭川校生活・技術教育専攻卒業。
北海道日高管内公立中学校教諭を経て名寄市立名寄東中学校。

＊尾高進（おだか・すすむ）第Ⅰ部第1章，コラム7
1967年埼玉県熊谷市生まれ。東京学芸大学大学院連合学校教育学研究科博士課程修了。博士（教育学）。工学院大学教授。

＊川俣純（かわまた・じゅん）第Ⅱ部第4章，教材紹介A）
1969年茨城県土浦市生まれ。東京学芸大学大学院修了。茨城県公立中学校教諭。2003年度よりロボットコンテスト実践に取り組み，2013年からはfacebook技術教室グループを主宰。

＊木下龍（きのした・りゅう）コラム8，9
1976年東京都八王子市生まれ。東京学芸大学大学院連合学校教育学研究科博士課程修了。博士（教育学）。日本学術振興会特別研究員を経て，現在は千葉大学教育学部准教授。主著は，『アメリカ合衆国技術教育教員養成実践史論』（学文社，2010年）ほか。

笹倉千紗子（ささくら・ちさこ）第Ⅱ部第3章
1981年富山県富山市生まれ。富山大学大学院教育学研究科技術教育専修修了。中学・高校・大学の技術科・情報科関係の非常勤講師として，都内複数校で勤務。デジタルアートスクール主宰。

＊直江貞夫（なおえ・さだお）第Ⅱ部第5章，コラム1〜3
1950年栃木県真岡市生まれ。岩手大学教育学部卒業。埼玉県公立中学校技術科教諭を経て千葉大学大学院教育学研究科修士課程修了。修士（教育学）。技能の獲得と人格形成の関係および栽培・農業分野の授業に注目している。工学院大学等非常勤講師。

沼田和也（ぬまた・かずや）第Ⅱ部第1章
同志社中学校教員。1968年生まれ。東京学芸大学大学院を修了し，土木学会に所属し

ながら，橋梁技術に関心を寄せている。ブリッジコンテストを世界に広めようとアジア（韓国，台湾，香港，インド，ベトナム，フィリピンなど）を中心に精力的に出前授業に出かけている。

樋口大輔（ひぐち・だいすけ）教材紹介C）
1987年北海道生まれ。静岡大学大学院教育学研究科修了。修士（教育学）。2011年に教職に就き，静岡県内公立中学校を経て，現在，御殿場市立原里中学校に勤務。

＊**平舘善明**（ひらだて・よしあき）第Ⅲ部，コラム6，10
1975年栃木県足利市生まれ。東京学芸大学大学院連合学校教育学研究科博士課程修了。博士（教育学）。現在は帯広畜産大学畜産学部准教授。主著は『教材にみる岡山秀吉の手工科教育論の特質と意義』（学文社，2016年）ほか。

安田京巳（やすだ・きょうみ）第Ⅱ部第2章
1965年生まれ。東京，沖縄，横浜，山形，インド，千葉，北海道，北京，香港で暮らす。2009年から現在まで千葉市公立中学校勤務。千葉大学大学院教育学研究科退学。

横尾恒隆（よこお・つねたか）コラム4，5
1955年神奈川県茅ケ崎市生まれ。名古屋大学教育学部卒業。同大学大学院教育学専攻博士課程後期課程満期退学。博士（教育学）。現在は横浜国立大学教授。主著は『アメリカにおける公教育としての職業教育の成立』（学文社，2013年）ほか。

吉澤康伸（よしざわ・やすのぶ）第Ⅰ部第2章
1983年生まれ。春日部工業高，東洋大学工学部卒業。東京都板橋区公立中学校教諭を経て八丈町立三原中学校。

（五十音順　＊は編者）

新　技術科の授業を創る─子どもの学びが教師を育てる─

2020年9月10日　第1版第1刷発行

編著者　尾　高　　　進
　　　　川　俣　　　純
　　　　木　下　　　龍
　　　　直　江　貞　夫
　　　　平　舘　善　明

発行者　田　中　千　津　子

発行所　株式会社　学　文　社

郵便番号　153-0064　東京都目黒区下目黒 3-6-1
電話（03）3715-1501（代表）振替　00130-9-98842